JN172140

Law of
Corporate
Finance
and M&A

会社法の
ファイナンスと
M&A

畠田公明

法律文化社

はしがき

　本書は，会社法における株式会社のファイナンスと組織再編・企業買収（M&A）を主な対象として取り上げたものである。

　本書の構成は，まず，コーポレート・ファイナンスの意義，企業価値・株式価値，および株式会社の資金調達の方法について総説する（第1章）。その後に，会社法において規定されている資金調達の方法として，募集株式の発行等（ここでは株式の意義・種類等も取り上げる），新株予約権の発行，および社債の発行を取り上げる（第2章～第5章）。さらに，合併，会社分割，株式交換・株式移転等（組織再編・事業譲渡も含む）を概説する（第6章）。最後に，企業買収（M&A）の意義・方法・手続を概観したのち，敵対的買収の予防策・防衛策およびこれらに関する主要な裁判例を取り上げ，企業買収における取締役の義務・責任についても言及する（第7章）。なお，平成29年民法（債権法）が改正され，この改正に伴う関係法律の整備等に関する法律によって会社法および商法等も改正されたので，本書において引用する民法・会社法・商法等の条文は上記改正法による改正後の条文による。

　本書は，大学の学部などの講義において，会社法の企業金融等に関する分野を学ぶ者のために利用しやすいように工夫したものである。本書の本文のなかに重要な基本判例の事案の概要と判旨を紹介し，諸規定の説明では，できるかぎり図解等を掲載し，論点についてはその詳細を参照できるように，注書きで，各種の逐条解説書の該当頁を引用している。さらに，各章ごとに簡潔にまとめた問題を設けて，ケースメソッド・プロブレムメソッドにも対応できるようにしている。基本判例を読むことによって，教科書で説明されている制度や問題点が具体的な事案でどのようにとりあげられているのかがわかり，各章の必要と思われる所に設けた問題を考えることによって本書で理解したものをさらに具体化・深化させていくことができるように配慮している。設問には模範的な解答例を付してはいない。本書の内容をていねいに読んで理解していれ

ば，自分で考えて答えを導き出すことができるであろうし，また，問題の具体的な事例によってはいろいろな考えがありうるのであって，さらに新たな論点の展開につながることもあるであろう。本書の上記のような構成が読者の考える力を身につける一助になるならば，筆者の何よりの喜びとするところである。

　最後に，本書の刊行にあたっては，出版を快くお引き受けいただいた法律文化社の皆様方，また企画段階からご相談に応じていただき，校正その他で多大のご尽力をいただいた同社編集部長の小西英央氏に心よりお礼を申し上げる。

　　　平成29年7月10日

　　　　　　　　　　　　　　　　　　　　　　　畠田　公明

目　　次

凡　　例

1　法令の略語

委任状府令	上場株式の議決権の代理行使の勧誘に関する内閣府令
会社	会社法（平成29年民法〔債権法〕改正に伴う関係法律の整備等に関する法律による会社法の改正後の条文を引用する）
会社計算	会社計算規則
会社則	会社法施行規則
会社令	会社法施行令
企業開示	企業内容等の開示に関する内閣府令
企業担保	企業担保法
金商	金融商品取引法
金商定義	金融商品取引法第二条に規定する定義に関する内閣府令
金商令	金融商品取引法施行令
銀行	銀行法
公開買付府令	発行者以外の者による株券等の公開買付けの開示に関する内閣府令
社債株式振替	社債，株式等の振替に関する法律
商	商法（会社法と同様，平成29年民法〔債権法〕改正に伴う関係法律の整備に関する法律による商法の改正後の条文を引用する）
商登	商業登記法
承継	労働契約承継法
消費契約	消費契約法
信託	信託法
税特措	租税特別措置法
大量保有開示府令	株券等の大量保有の状況の開示に関する内閣府令
担信	担保付社債信託法
長銀	長期信用銀行法
独禁	独占禁止法
破	破産法
非訟	非訟事件手続法
法適用	法の適用に関する通則法
保険	保険法
民	民法（平成29年民法〔債権法〕改正後の民法条文を引用する）
民訴	民事訴訟法

民保	民事保全法
連結財務規	連結財務諸表の用語，様式及び作成方法に関する規則

＊図表中では，条文番号を略式表記する。たとえば，会社202条3項3号は「会社202
Ⅲ③」と略記する。

2　裁判関係

大判	大審院判決
最大判（決）	最高裁判所大法廷判決（決定）
最判（決）	最高裁判所小法廷判決（決定）
高[支]判（決）	高等裁判所［支部］判決（決定）
地[支]判（決）	地方裁判所［支部］判決（決定）
下民	下級裁判所民事判例集
金判	金融・商事判例
金法	金融法務事情
高民	高等裁判所民事判例集
裁判集民事	最高裁判所裁判集民事
資料版商事	資料版商事法務
商事	旬刊商事法務
大民集	大審院民事判例集
判時	判例時報
判タ	判例タイムズ
民集	最高裁判所民事判例集
民録	大審院民事判決録

＊本文中に裁判例の事案および判旨を掲載したもの，および本文中に当該掲載のない
企業買収関係の裁判例の主要なものについて，便宜的に略語の事件名を付する。

3　文献略語

会社法コンメ	江頭憲治郎＝森本滋編集代表『会社法コンメンタール』（商事法務，2008年～）
相澤編著・一問一答	相澤哲編著『一問一答新会社法〔改訂版〕』（商事法務，2009年）
坂本編著・一問一答	坂本三郎編著『一問一答・平成26年改正会社法〔第2版〕』（商事法務，2015年）
逐条解説	酒巻俊雄＝龍田節編集代表『逐条解説　会社法』（中央経済社，2008年～）
畠田・会社の目的	畠田公明『会社の目的と取締役の義務・責任』（中央経済社，2014

年）

論点体系　　　　　　江頭憲治郎＝中村直人編著『論点体系　会社法（1）～（6）〈補完〉』（第一法規，2012年，2015年）

第 1 章　コーポレート・ファイナンス

1　総　　説

（1）コーポレート・ファイナンスの意義

　会社は，営利企業であり，コーポレート・ファイナンスの観点からは，事業への投資によって経済的価値を創造し，企業の価値を増大させることを目的とする。

　会社は，投資プロジェクトについて投資決定をし，投資家（株主・債権者）から必要な資金調達をし，投資行動として土地・店舗・工場・設備・原材料等を購入（実物投資）して，生産・販売活動を行う。このような生産・販売活動によってえた収益から，人件費や原材料費などを支払い，さらに法人税を支払い，そして，投資家への還元として債権者に利息・元本を支払い，また株主には剰余金の配当を行うことになる。

　コーポレート・ファイナンスは，上記のような企業活動における資金調達か

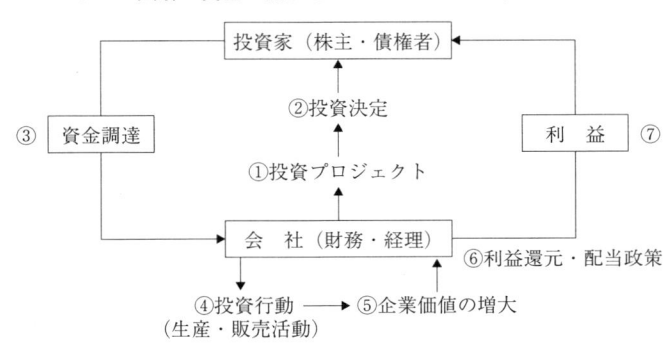

1−1図解：資金の流れとコーポレート・ファイナンス

ら投資行動を経て利益還元・配当という「資金の流れ」について，会社内の特に財務・経理部門において行われる企業価値を高めるための財務上の決定（投資決定・資本構成・配当政策等）の検討を対象とするものである。ちなみに，会社は本来，営利を目的とするものであり，会社の経営者（取締役・執行役）は，会社の利潤最大化ひいては企業価値の最大化を図るために，会社に対して善管注意義務・忠実義務（会社330条・355条・419条2項）を負い，最終的に株主の利益最大化がもたらされるものと考えられる[1]。

（2）キャッシュ・フローと資本コスト

　（ア）キャッシュ・フロー　　キャッシュ・フローとは，コーポレート・ファイナンスでは，現金流出入額を意味し，現金の出はキャッシュ・アウトフロー，現金の入りはキャッシュ・インフローといわれ，この出と入りの差額がキャッシュ・フローの額となる。この差額は，企業がその活動の成果として，自由に資金提供者（株主・債権者）に還元できる資金である。このように事業活動から生まれたキャッシュ・フローを営業フリー・キャッシュ・フロー（Free Cash Flow〔FCF〕）という。営業フリー・キャッシュ・フローから，債権者等の株主以外の資金提供者への事業へのキャッシュ・フロー，すなわち有利子負債などを除いたものを，株主に帰属するフリー・キャッシュ・フローという[2]。フリー・キャッシュ・フローは，コーポレート・ファイナンスのキーワードの1つであり，企業価値の持続的向上のためには，このようなフリー・キャッシュ・フローを最大化することに努めることが重要である。

　（イ）資本コスト　　資金の提供者である投資家に対して支払われるコストは，資本コスト[3]といわれる。資本コストも，コーポレート・ファイナンスのキーワードである。資本コストは，投資家が将来のリターンを期待する期待収益率（要求収益率）であり，資本コストを稼げるプロジェクトでなければ，資金調達ができないといわれる。期待収益率は，投資利益（損失）を投資額で除して得られた収益率の平均である。

　リターンの額がいくらになるかについては，ビジネスにはリスク[4]がつきもので，不確実である。期待収益率から金利を引いたものがリスク・プレミアムで

あり，収益率の変動幅が大きいほど高いリスク・プレミアムが期待できることになる（ハイリスク・ハイリターンの関係）。

　企業の総資本コストは，負債コスト（税引後の金利〔r_d〕）と株式コスト（株式の期待収益率〔r_e〕）を負債比率（総資本に負債〔D〕の占める割合）と株主資本比率（総資本に株主資本〔E〕の占める割合）で加重平均した値であり，[5] 加重平均資本コスト（ワック〔Weighted Average Cost of Capital〔WACC〕〕）と呼ばれる。

　株式の期待収益率は，マーケット・ポートフォリオ（日経平均やTOPIXのような株価指数）の期待収益率（CFt）から無リスク利子率（国債利回り〔r〕）を引いた値（マーケットのリスク・プレミアム）に[6] β（ベータ）を乗じてえられた値に，無リスク利子率を足したものである。[7] これは，資本資産評価モデル（キャップエム〔Capital Asset Pricing Model〔CAPM〕〕）と呼ばれる。

　（ウ）投資価値の評価　　①事業への投資価値の評価　　企業が事業への投資決定をする際に，投資により生ずる将来のキャッシュ・フロー（Cash Flow〔CF〕）と当該事業に必要なコストを比較するために，キャッシュ・フローを現在価値に換算する必要がある。投資家も，企業への資金提供の意思決定の際にキャッシュ・フローの現在価値は重要な情報となる。ディスカウンテッド・キャッシュ・フロー法（Discounted Cash Flow Method. 以下，DCF法という）は，将来受け取るキャッシュ・フローを，適当な割引率を用いて，現在価値（Present Value〔PV〕）に換算して投資価値を評価する方法である。

　リスクがないn年後のCFのPVは，CFを割引率（無リスク利子率）で除して得られた値となる。[8] リスクがあるn年後のCFのPVは，期待CF（CFの期待値）を，[9] リスク・プレミアムを加えた割引率で除してえられた値となる。[10] PVから投資コストを引いたものが，正味現在価値（Net Present Value〔NPV〕）である。NPVが投資額を上回る（プラスになる）投資プロジェクトは実施されることになるが，投資額を下回る（マイナスになる）場合は見送られることになる。

　②株式の現在価値　　株式のキャッシュ・フローは，将来の配当および株価（値上がり益〔キャピタルゲイン〕）と考えられる。投資家が株式を1年間保有する場合の現在価値（PV）は，1年後の1株当たりの予想配当と予想株価の合

計をこの株式の期待収益率で除して得られた値となる。[11] 計算された現在価値が現在の株価より高ければ「割安」と判断され，現在の株価より低ければ「割高」と判断されることになる。n年目の配当とn年目の期末株価まで予想したとする場合，1年目からn年目までに支払われる配当の現在価値の総和と，n年目の期末株価の現在価値の合計額となる。[12] しかし，株式の保有期間が無限大に近づくにつれ，将来のキャピタルゲインもかぎりなくゼロに近くなり，キャピタルゲイン部分は株式の現在価値に影響を与えないほどになる。最終的に，株式の理論価値は，現在の1株の保有によって将来得られる配当を投資家の期待収益率で割り引いた現在価値の合計と等しくなる。このような考え方で株式の価値を評価する方法は，「割引配当モデル」（Dividend Discount Model〔DDM〕）と呼ばれる。[13] 割引配当モデルの利用には，将来の各期の配当を予想する必要があるが，実際上不可能であるため，配当は毎期一定の成率（g）で成長すると仮定することにより，配当割引モデルを実用的な形に簡略化されることが行われている。[14]

（3）企業価値概念と評価方法

　（ア）企業価値概念　　企業価値の定義については論者によりさまざまであるが，実務上よく用いられている企業価値概念の体系として，①事業から創出される価値である「事業価値」，②事業価値に加えて，事業以外の非事業資産等の価値を含めた企業全体の価値である「企業価値」，[15] ③企業価値から有利子負債等の他人資本を差し引いた株主に帰属する価値である「株主価値」，[16] ④株主価値のなかで，特定の株主が保有する特定の株式の価値である「株式価値」とに，定義される。[17]

　（イ）企業価値の評価方法　　企業価値の評価方法として，コーポレート・ファイナンスでは，①貸借対照表の資産の時価評価額（清算価値）から事業負債を控除した価値とする方法や，[18] ②企業が事業から生み出すキャッシュ・フローの期待値を当該事業の期待収益率で割り引いた現在価値に非事業資産等の価値を含めた企業全体の価値とする方法などが用いられる。[19] ①の方法は時価純資産法といわれ，また，②の方法は，DCF法と呼ばれる。これらの方法によ

り求められた企業価値から，有利子負債を差し引いた価値が，株主価値（株主全体に帰属する価値，すなわち全株式の価値）となる。1株当たりの株式価値は，上記の株主価値を発行済株式総数で割ることによって求められる。

　上記の DCF 法は，継続企業の企業価値ないし株式価値の評価方法として，理論的に優れており，実務上も妥当なものとして重要視されてきている。

　（ウ）企業価値と最適資本構成　　①企業価値と資本構成との関連　　資本構成（負債と株主資本の比率）が企業価値に影響するかどうかについて，企業価値を決めるのは資産であり資本構成と無関連であるという命題が主張・論証されている（MM 理論[20]）。たとえ負債を持っている A 会社が負債を持たない B 会社と比べてマーケットの評価が低い場合でも，両会社の資産内容が同じであれば将来のキャッシュ・フローは等しくなることから，賢明な投資家は現時点で割高な B 会社の株式を売って割安な A 会社の株式・社債を買う裁定取引を行い，両会社のマーケットの評価が同じになるまで裁定取引が続けられると考えられる。しかし，現実には，企業の負債は法人税の減税の対象となり，負債の節税効果を通じて企業価値が高められ，また，財務的な破綻に陥って元本・利息の支払いができない場合にはデフォルト・コスト[21]の発生によって，企業価値が減少することになることから，上記 MM 理論の結論は修正されることになる。

　②最適資本構成　　企業価値を最大にする負債比率を最適資本構成とする場合に，最適資本構成より負債比率を高くするときはデフォルト・コストが顕在化し，最適資本構成より負債比率を低くすると節税効果が小さくなって，企業価値が低下することになる。

　実際には，最適資本構成は会社の規模・業種等により異なるが，収益が安定している会社ではデフォルトに陥る可能性が小さいので，負債の節税効果を重視して高い負債比率を選択することができる。他方で，収益が不安定な会社では，デフォルトを回避する必要があるので低い負債比率を選択するという財務政策をとることが考えられる。また，自社株買いにより株主に利益還元をするとともに，負債調達と組み合わせることによって，会社の資本構成を調整することもできる。

1) 畠田・会社の目的18頁以下参照。

2) 日本公認会計士協会「企業価値評価ガイドライン」(経営研究調査会研究報告第32号〔平成19年5月16日公表，平成25年7月3日改正〕) 33頁・40頁 (https://www.hp.jicpa.or.jp/specialized_field/files/2-3-32-2a-20130722.pdf〔2013〕) 参照。

3) 資金調達する会社側に発生する費用であるが，投資家の立場からはリターン (資金提供に対する見返り) である。

4) リスクとは，投資が生むキャッシュ・フローや収益率の変動性である。

5) 加重平均資本コスト(ワック) $= \dfrac{D}{D+E} \times r_d + \dfrac{E}{D+E} \times r_e$

6) β は，マーケット・ポートフォリオに対する株式の感応度をいう。マーケット・ポートフォリオが1パーセント変動した場合に，当該株式の変動値 (たとえば0.5パーセントあるいは1.5パーセント) である。

7) $CAPM = r + \beta \times (CFt - r)$

8) 簡便な計算式として，n年後のCFnのPV $= \dfrac{CFn}{(1+無リスク利子率)^n}$

9) 割引率は，無リスク利子率＋リスク・プレミアム＝期待収益率 (資本コスト) である。

10) 簡便な計算式として，n年後の期待CFnのPV $= \dfrac{CFn}{(1+期待収益率)^n}$

11) 株価のPV $= \dfrac{予想配当(D1) + 予想株価(P1)}{1 + 期待収益率(r)}$

12) 株価のPV $= \dfrac{D1}{1+r} + \dfrac{D2}{(1+r)^2} + \dfrac{D3}{(1+r)^3} + \cdots\cdots + \dfrac{Dn+Pn}{(1+r)n}$

$= \displaystyle\sum_{t=1}^{n} \dfrac{Dt}{(1+r)t} + \dfrac{Pn}{(1+r)n}$

13) 株価のPV $= \displaystyle\sum_{t=1}^{\infty} \dfrac{Dt}{(1+r)t}$

14) 株価のPV $= \dfrac{D1}{(r-g)}$ (ただし，r＞g)

15) 非事業資産とは，事業目的に利用されない会社の資産であり，遊休不動産，投資有価証券，定期預金などが該当する。

16) 有利子負債は，企業が利息 (金利) を付けて返済を要するもので，銀行などの金融機関から調達した短期借入金・長期借入金，債券市場から資金調達した社債などが含まれる。

17) 日本公認会計士協会・前掲注 (2) 4頁，畠田・会社の目的22頁注 (75) 等参照。

18) 企業価値＝時価資産合計－事業負債

19) 簡便な計算式　企業価値 $= \dfrac{将来の期待キャッシュ・フロー}{1 + 期待収益率}$

20) MM理論とは，論証した経済学者 Modgliani および Miller の2人の頭文字をとって呼ばれる理論をいう。

21) デフォルト・コストとは，デフォルト・リスクによる金利引上げ，銀行取引の制限，法的整理に伴う費用等をいう。

1−2図解：株式価値の算定方法

算定方法 ┬─ インカム・アプローチ（DCF法・配当還元法など）
　　　　　├─ マーケット・アプローチ（市場株価法など）
　　　　　└─ ネットアセット・アプローチ（純資産法など）

2　株式価値の評価

（1）株式価値の評価方法

　株式価値の算定方法として，大別すると，次の3つに分類される[22]。①インカム・アプローチは，会社の将来期待される利益ないしキャッシュ・フローに基づいて価値を評価する方法で，DCF法，配当還元法，収益還元法（利益還元法）等がある。②マーケット・アプローチは，上場会社等の同業他社や事業ないし取引事例と比較することによって相対的に価値を評価する方法で，市場株価法，類似業種比準法，取引事例法等がある。③ネットアセット・アプローチは，主として会社の貸借対照表上の純資産に基づいて価値を評価する方法で，簿価純資産法，時価純資産法等がある。

　①のインカム・アプローチにおいて，前述したDCF法により，事業価値から株主価値を算定するのではなくて，DCF法により株主価値を直接計算する場合には，株主に帰属するフリー・キャッシュ・フローの期待値を株主資本コストで割り引く方法がある。また，「配当還元法」は，株主への直接な現金支払いである配当金に基づいて株主価値を評価する方法で，株主における直接的な現金の受領額である配当金の期待値を割り引くことによって，株主価値が直接に計算される。株主に帰属するフリー・キャッシュ・フローがすべて配当されていれば，DCF法との結果と株主価値は同額となる。さらに，「収益還元法（利益還元法）」は，会計上の純利益を一定の割合で割り引くことによって株主価値を計算する方法であるが，割引率を株主資本コストとすると，DCF法や配当還元法で計算される価値とは矛盾する結果となる場合があるという問題がある。なお，上記の株主価値は株主全体に帰属する価値，すなわち全株式の価値であるから，株主価値を発行済株式総数で割ることによって，1株当たりの

株式価値が求められる。

　②マーケット・アプローチの典型的な評価法である「市場株価法」は，証券取引所や店頭登録市場に上場している会社の市場価格を評価する方法で，株式取引の相場価格そのものを基準に評価するもので，上場企業同士の合併比率や株式交換比率等の算定にも利用される[23]。

　③ネットアセット・アプローチ（コスト・アプローチ）では，各資産の時価が帳簿価額と乖離していることが多いため，「時価純資産法（修正簿価純資産法）」が一般的に利用される。貸借対照表の資産負債を時価で評価し直して純資産額を算出し，1株当たりの時価純資産をもって株式価値とする。時価純資産法には，再調達時価純資産法や清算処分時価純資産法がある。

　上場会社における株式価値は，市場の有価証券の価格に利用可能なすべての情報が織り込まれているという市場の情報効率性（効率的資本市場仮説）[24]について議論があるとはいえ，上場会社の株式は市場で形成された価格で評価されて売買されている。これに対し，市場価格がない非上場会社の株式の評価は，上記の①，②のなかの類似業種比準法・取引事例法等，および③の評価方法によらざるをえない。

（2）会社法上の株式価格の評価

　会社法上，裁判所に対し，株式等の価格の決定の申立てが認められる場合がある。①定款変更・組織再編等における反対株主の株式買取請求権により会社の買取価格を決定する場合[25]，②定款変更・組織再編等における反対新株予約権者の買取請求により会社の買取価格を決定する場合[26]，③譲渡制限株式売買価格を決定する場合（会社144条），④全部取得条項付種類株式の取得に反対する株主の申立てに基づき当該株式の取得価格を決定する場合（会社172条），⑤株式の相続人等に対する売渡しの請求における売買価格の決定（会社177条），⑥単元未満株主による買取請求または会社による単元未満株主に対する買取請求による単元未満株式の価格の決定（会社193条・194条）の場合である。

　これらの場合に，会社法が示す判断基準は，「公正な価格」（上記①・②の場合），「請求の時における株式会社の資産状態その他一切の事情を考慮」（上記

③・⑤・⑥の場合）を規定しているが，基準について特に規定していないものもある（上記④）。また，市場価格を株式価格の評価基準にすることを認める規定もある。[27]

　会社法は，「公正な価格[28]」の意義や考慮すべき要素を何ら明らかにしておらず，公正な価格の決定は，経済界において一般に公正妥当と認められる評価方法に基づき，裁判所の合理的な裁量にゆだねられている。[29]上場会社の場合には，判例は，上場株式は一般に当該企業の客観的価値が，投資家の評価を通して反映されているということができるとする立場をとり，株式市場での価格に基づいて算定している。[30]合併等の組織再編行為により，組織再編行為前の各当事会社の企業価値を超えるシナジー（相乗効果）が発生する場合，シナジーの問題が生じる。会社法では，「決議ナカリセバ其ノ有スベカリシ公正ナル価格」（商旧408条ノ3第1項）の文言を「公正な価格」に改正して，シナジーの評価をも適正に反映したものであると理解されている。[31]

　「会社の資産状態その他一切の事情を考慮」についても，会社法は，具体的な判断基準を明確に示しているとはいえない。ただし，「一切の事情を考慮」は，譲渡制限株式（会社144条・177条），市場価格のない株式（会社193条・194条4項）について規定されているにすぎない。すなわち，客観的な株価が形成されていない，いわゆる非上場株式の価格の評価の問題となる。

（3）非上場株式の価格の評価

　（ア）評価方法　　証券取引市場の株価が存在しない非上場会社の株式については，客観的に形成された株価がなく，その株式の価値の評価は困難をともなう場合が多い。非上場会社の株式価値の評価方法（価格の算定方法）は，前記（1）の株式価値の評価方法である①インカム・アプローチ，②マーケット・アプローチ（市場株価法以外の評価方法），③ネットアセット・アプローチが利用されうる。

　裁判所は，非上場株式の価格の決定について，かつて，国税庁の『相続税財産評価に関する基本通達』（昭和39直資56直審（資）17）が定める「取引相場のない株式の評価」の算定方式に従い，類似業種比準方式をもって株価の算定をし

たものなどがあった。[32] しかし，今日では，前記の①ないし③のなかから特定の評価法を単独で適用して価値評価を行う方法（単独法），複数の評価法を適用し，一定の幅をもって算出されたそれぞれの評価結果の重複等を考慮しながら，評価結果を導く方法（併用法），複数の評価法を適用し，それぞれの評価結果に一定の折衷割合を適用して，加重平均値から評価結果を導く方法（折衷法）によって，それぞれの評価結果を比較・検討しながら最終的に総合評価するのが実務上一般的であるといわれる。[33]

なお，継続企業（ゴーイング・コンサーン）を前提としてDCF法や配当還元法などで算定された額が，事業用財産を解体・処分した場合にえられる対価（解体価値または清算価値）を下回るときは，当該企業は解散されるべきであるから，純資産方式が採用され，解体価値に基づき算定される株式価格は株価の最低限を画するとする主張もある。[34]

（イ）非流動性ディスカウントおよびマイノリティ・ディスカウント　　非上場株式の価格の評価について，会社法は，「会社の資産状態その他一切の事情を考慮」について規定するが，一切の事情の具体的な内容は明らかでない。「一切の事情」のなかで，特に非流動性ディスカウントやマイノリティ・ディスカウントの考慮は認められるかという問題がある。[35]

譲渡制限株式の売買価格決定申立てについては，インカム・アプローチによる場合に非流動性ディスカウントを採用する裁判例が多い。[36] 上場会社のデータを参照した割引率によって算出された価格が譲渡困難性の分だけ経済価値の低くなる譲渡制限株式の価格よりも高くなるような場合には，合理的な算定根拠により，非流動性ディスカウントにより減価することは認められるべきである。

マイノリティ・ディスカウントについては，最終的な株価の総合評価の際に，選択された一定の評価方法による算定結果の額に，さらに重ねて非支配株式の理由でマイノリティ・ディスカウントを行うことに合理性は認められるべきではない。[37]

---

22)　日本公認会計士協会・前掲注（2）26頁以下，会社法コンメ（3）418頁（山本為三

郎），会社法コンメ（4）216頁（久保大作），逐条解説（2）324頁（齋藤真紀），論点体系（1）480頁（小出一郎）等参照。

23)　日本公認会計士協会・前掲注（2）43頁。

24)　効率的資本市場仮説には，3段階として，ウィーク型（過去に公開された情報をすべて価格に反映したものとする）」，セミストロング型（新たに公開される情報も即時に価格に反映されるとするもの），ストロング型（未公表の情報も即時に価格に反映されるとするもの）がある。わが国において，セミストロング型に肯定的な立場があり，裁判例（たとえば，最判平23・4・19民集65巻3号1311頁〔株式が上場されている場合，一般に，当該企業の客観的価値が，投資家の評価を通して反映されているということができるとする〕）も，株式市場での価格に基づいて算定する立場をとっている。会社法コンメ（18）115頁―116頁（柳明昌）。

25)　会社117条・470条・786条・798条・807条。

26)　会社119条・778条・788条・809条。

27)　本文中の⑥の場合に会社則36条・37条，所在不明株主の株式（会社197条）の場合に会社則38条。

28)　会社116条・469条・785条・797条・807条。

29)　会社法コンメ（3）208頁（柳明昌），会社法コンメ（18）115頁（柳明昌）。

30)　最決平23・4・19民集65巻3号1311頁等。会社法コンメ（18）116頁（柳明昌）。

31)　相澤編著・一問一答210頁―211頁，会社法コンメ（12）123頁―125頁（柳明昌）。最決平23・4・19民集65巻3号1311頁は，組織再編行為により企業価値の増加が生じない場合に，原則として，株式買取請求の日を基準日とし，承認決議がなければその株式が有したであろう価格と算定すべきであるとする。また，最決平24・2・29民集65巻3号1784頁は，組織再編行為により企業価値の増加が生じる場合に，原則として，組織再編対価が公正なものであれば，株式買取請求がされた日においてその株式が有している認められる価格であると解する。

32)　たとえば，大阪地堺支決昭43・9・26下民19巻9・10号568頁（株式譲渡制限を定める定款変更に反対する株主の株式買取請求権の行使の事案）。

33)　日本公認会計士協会・前掲注（2）29頁，会社法コンメ（3）210頁（柳明昌）・419頁（山本為三郎），論点体系（1）480頁（小出一郎）等。

34)　大阪高決平1・3・28判時1324号140頁，会社法コンメ（4）219頁（久保大作），逐条解説（2）326頁（齋藤真紀），論点体系（1）486頁（小出一郎）等。

35)　非流動性ディスカウントとは，譲渡制限株式等の取引相場のない株式はその処分が困難なことから上場会社の株式よりも経済的価値が低く評価されるので，マーケット・アプローチである類似業種比準法などを採用した場合に，算出結果の金額について一定割合の減価をすることをいう。また，マイノリティ・ディスカウントとは，企業買収などにより支配権の移動がともなう場合に，非支配株式（少数株主の株式）の理由で非支配株式の売買価格について支配権プレミアム（コントロール・プレミアム）程度の減価をすることをいう。日本公認会計士協会・前掲注（2）52頁・88頁，論点体系（1）488

頁（小出一郎）等。

36）　大阪地決平25・1・25判時2186号93頁（ディスカウント率30パーセント〔DCF法と配当還元法の併用〕），大阪地決平25・1・31判時2185号142頁（ディスカウント率15パーセント〔収益還元法と配当還元法の併用〕），東京地決平26・9・26金判1463号44頁（ディスカウント率30パーセント〔DCF法・純資産法および配当還元法の併用〕）等。これに対し，反対株主の株式買取請求の事案において，非流動性ディスカウントの採用に反対する裁判例として，最決平27・3・26民集69巻2号365頁（類似上場会社のβ（ベータ）値を参照した割引率を用いた配当還元法を採用）がある。

37）　大阪地決平25・1・31判時2185号142頁（収益還元法と配当還元法の併用），論点体系（1）488頁（小出一郎）等。

3　株式会社の資金調達

（1）総　　説

　企業は，事業活動に必要な資金として自己資金を利用するほかに，外部から資金を調達する。しかし，個人企業や中小企業では，その信用も薄いことなどから資金調達に限界がある。これに対し，大企業特に大規模株式会社では，多数の人から資金を集めるのに適した株式・社債制度の利用により，多額の資金調達が可能となり，大規模な事業経営を営むことができる。大きな事業は多額の収益を生じさせ，内部資金として使える額を大きくし，また大企業は信用も厚いことから多額の借入をすることもできる。

　資金調達には，企業の外部資金を調達する方法（株式・社債・借入金・企業間信用）と，内部資金を調達する方法（利潤の社内留保・原価償却）とに分類される。株式発行による資金調達をエクイティ・ファイナンス（Equity Finance）といい，社債発行・借入金のような負債による資金調達をデット・ファイナンス（Debt Finance）ということがある。内部資金を源泉とする資金調達を，「自己金融」ともいう。また，金融機関からの借入れによる資金調達を「間接金融」，株式・社債の発行による証券市場からの直接の資金調達を「直接金融」ということもある。さらに，企業が調達した資金のなかで，返済する義務を負わないものを「自己資本」（株式・利潤の社内留保），返済義務を負うものを「他人資本」（社債・借入金・企業間信用）という。それぞれの資金調達の長所・短所

1－3図解：資金調達の方法

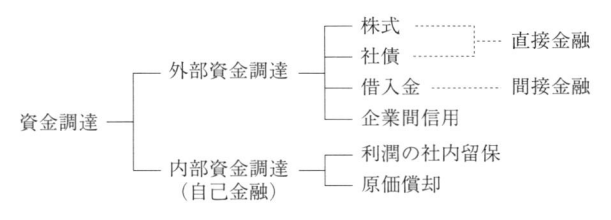

などはどのようなものかについて，以下で簡単に概観する。

（2）資金調達の方法

（ア）株式の発行　　会社設立の際の株式発行と，会社成立後の払込をともなう通常の募集株式の発行とがある。株式の発行により調達した資金は，自己資本となり，会社の存続中返済する必要はなく，利息の支払いも不要である。また，剰余金がなければ配当する必要もない。したがって，通常の募集株式発行による資金調達は，長期の設備投資などには最適である。しかし，募集株式発行は，会社の人的・物的規模の拡大をもたらし，持株比率の変動により会社の支配関係にも影響を及ぼし，募集株式にも剰余金の配当を要するため配当率を低下させるほか，課税所得の計算上の不利などもある。また，いつまでも配当負担が残るという問題もある。新株発行による資金調達は，上場会社のように市場取引のある株式発行の場合には，十分にその機能を果たす。これに対し中小企業のように株式の流通性がなく市場価格のない株式しか発行できない場合には，十分に機能しないのが実情である。

（イ）社債の発行　　社債の発行は，市場から直接資金を集める点では株式と同様である。会社がその組織を拡大することなく，公衆から長期資金を大量に調達することが可能である。しかし，社債は，会社にとって借入金であるから，確定利息の支払いがなされ，期限の到来により償還される。社債の償還期限は比較的長いので，株式に準ずる安定した長期資金として設備投資などに使用することができる。実際上，各会社の発行する社債については，その元利払いの確実性につき第三者の格付機関（たとえばS&P，ムーディーズなど）が符号

（AAA，AA，A，BBB，BBなど）で格付けを行っている。企業業績の悪化や格付けがBBB（トリプルビー）に下がると，社債発行コスト（利息の上昇）も高くなり，社債を発行できなくなるのが実情である。優良企業でないと，機動的に社債を発行することは困難である。

（ウ）金融機関からの借入れ　金融機関からの借入れは，迅速に外部資金を取り入れる方法である。しかし，貸付ける金融機関は担保を要求し，会社の財務内容を審査し，さらに役員を派遣するなど経営に干渉することが少なくない。借入金は，主に短期のものであるが，長期のもの（政府系金融機関などからの借入金）もある。株式や社債の公募が困難な中小会社は，長期借入金に頼る割合が大きいのが実情である。

（エ）企業間信用　企業間信用は，売手企業が買手企業に対して商品・役務等を販売する場合に，現金即時払でないとき，売手企業が売掛金や受取手形を手に入れて現金の受領を一定期間猶予する方法である。これにより，余裕資金のある企業が資金力の不足している企業に資金を融通することになる。売掛金の回収または手形の満期日における支払いにより現金を取得し，また満期前の手形を銀行で割引いてもらうこともできる。

（オ）利潤の社内留保　利潤の社内留保は，会社の事業活動による利益を，剰余金配当および自己株式の有償取得の形で社外に流出させず，社内に任意積立金（任意準備金）として留保する方法である。利潤の社内留保により蓄積した内部資金は，あらためて外部から調達する必要がないから，調達のための手続費用をほとんど要しないが，大量の資金需要を満たすことには限界がある。このような留保利益のうち，使途を定めた任意積立金についてはその積立の目的に即して使用することができ，また使途の限定されない積立金（別途積立金〔別途準備金〕）の使用には別段の制約はない。もっとも，使途を定めた任意積立金を取崩して別の目的に使用するには，その積立金を決定したのと同様の方法（定款または株主総会〔場合により取締役会〕の決議）を必要とする。しかし，任意積立金は，預金など特定の形で保有する必要はなく，その額に見合う資産が何らかの形で存在すればよいのであるから，取崩しをしないかぎり自由に使用することができる。

　（カ）減価償却　　減価償却は，固定資産につきその取得原価から毎決算期に相当の償却をする方法である。[38] 減価償却の累積額は，回収された投下資本の額を示し，固定資産の耐用年数が尽きたときに取替費用として使用される。しかし，年限が来ても設備がまだ使用できたり，耐用期間中も基金として別途積立てておく必要もないから，取替え以外の用途に利用されることもまれではない。この点で留保利益と厳密に区別されないので，内部資金の１つとして扱われる。減価償却により蓄積した内部資金も，利潤の社内留保と同様に，あらためて外部から調達する必要がないから，調達のための手続費用をほとんど要しないが，大量の資金需要を満たすことには限界がある。

（3）資金調達の状況と財務戦略

　（ア）財務体質の健全性　　上記のような資金調達方法のなかでどれを採用するかについては，企業は，その財務内容，資金調達の目的，資本政策，配当政策，金融市場・金融政策等の外部要因などを検討して，企業価値を最大にすることができる最適の資本構成を選択することになる。

　企業の財務体質の指標の１つとして，自己資本比率がある。これは，使用総資本（自己資本＋他人資本）に占める自己資本の割合である。この比率が高いと財務体質が健全であり，低ければ不健全であると一般にいわれている。わが国では，自己資本比率が著しく低い時期もあったが，近時の大企業の資金調達は，エクイティ・ファイナンス（株式または潜在的な株式の性格をもつ証券の発行による資金調達）により，間接金融への依存を脱して，直接金融の拡大がなされている。

　企業の財務戦略としては，小さいコストで多くの資金を集め，余剰資金はできるだけ有利に運用することによって，財務体質を健全に保つのが目標となる。株式や社債を発行する場合，どのような種類・態様の証券をどの市場で発行するかなどが検討されなければならない。本書では，会社法における資金調達の方法のなかで，特に株式・新株予約権および社債を取り上げる。

　（イ）その他の指標　　企業の財務内容や株式価値の評価尺度としてよく用いられる指標として，まず，企業の収益性を評価する，①総資産利益率（ROA：

Return On Asset) と②株主資本利益率（ROE：Return On Equity）とがある。こ
れらの指標は，投下した総資産（総資本〔負債＋株主資本〕ともいう）または株主
資本に対して，経営活動によってえた利益の割合である。上記①および②の利
益率が高い企業は，効率的経営を行う優良企業と考えられる。また，企業の株
価を判断する情報として用いられる指標で，市場価格に基づくものとして，③
株価収益率（PER：Price Earnings Ratio）[39]と④株価純資産倍率（PBR：Price Book-
value Ratio）[40]とがある。上記③の株価収益率（PER）は，株価を１株当たり当期
純利益（EPS：Earnings Per Share）で割ったものである。PER は，同業他社を
含めた業界の平均値と比較して高いときは，投資家にとって，一般に当該企業
の株価は割高とされ，低いときは割安となる。上記④の PBR は，当該企業に
ついて市場が評価した値段（時価総額）が，会計上の解散価値である純資産
（株主資本）の何倍であるかを表す指標であり，株価を１株当たり純資産
（BPS：Book-value Per Share）で割ることで算出できる。一般的には，PBR 水準
１倍が株価の下限であると考えられる。

（4）会社法・金融商品取引法による規制

　（ア）会社法　　会社法は，多数の者からの資金調達を可能にするために，
株式・社債の有価証券化，その株式・社債の譲渡方法，株主・社債権者の権利
行使の方法等に関して規定する。また，株式・社債を通じて株式会社に資金提
供する多数の者の間の利害調整，既存の株主・社債権者と新たに株主・社債権
者となる者との間，さらには，これらの資金提供者と他の債権者の利害調整を
するための規定をする。

　（イ）金融商品取引法　　金融商品取引法は，資金調達の目的で発行される株
式・社債等の証券が投資者（株式・社債を取得しようとする者）に取得されるま
での過程である発行市場と，すでに発行されている株式・社債等の証券を投資
者が取引する場である流通市場とにおいて，株式・社債やその発行会社に関す
る一定の重要な事項の開示（ディスクロージャー）を強制し，また，株式・社債
等の不公正な取引の禁止をして，証券市場（資本市場）の健全性を確保し，投
資者の保護に資することを目的としている（金商１条参照）。

　多数の者に対して募集がなされる公募の場合であって，かつ発行価額の総額が1億円以上の場合には，発行会社は，内閣総理大臣に有価証券届出書の提出を要し（金商4条・8条1項・15条1項），募集の際に目論見書を作成し投資者に交付しなければならない（金商13条・15条2項3項）。これに違反する場合，罰則の制裁があり，損害賠償責任が生じる（金商16条）。

　流通市場で取引される株式・社債等の発行会社の企業内容の継続開示として，有価証券報告書・半期報告書・四半期報告書・臨時報告書等を内閣総理大臣に提出しなければならない（金商24条1項・24条の4の7・24条の5）。これに違反する場合，罰則の制裁がある。その他，不公正な取引の禁止に関する規定や，会社による自己株式の取得の場合に関する規定などがある。

---

38)　減価償却は，建物・機械などの有形固定資産の取得原価から残存価額を控除した額を耐用年数にわたって費用として配分する場合に用いられる用語であり，特許などの無形固定資産の原価配分は単に償却などの用語で表現される場合がある。

39)　株価収益率 = $\dfrac{株価}{1株当たり純利益}$

40)　株価純資産倍率 = $\dfrac{株価}{1株当たり純資産}$

41)　金商197条1項1号・金商197条の2第1号・207条1項1号2号。
42)　金商197条1項1号・金商197条の2第5号6号・200条5号・207条1項1号2号。
43)　金商157条〜159条・164条・166条等。
44)　金商27条の22の2・162条の2等。

問　題
1　公開会社であるA株式会社は，同業他社と比べると若干負債比率が高いとはいえ，業績自体は悪くない。A会社は，新規の事業分野へ進出するために，1年間のプロジェクトFの実施を計画し，その投資コストは3,000万円と決めた。以下の問に答えなさい。
　(1)　A会社の資本コストを求めると，その株式の資本コストはCAPMにより15パーセントと推計された。現在の金利は3パーセントで，A会社の負債比率は0.6，株主資本比率は0.4であった。プロジェクトFの収支プランは景気の好況・

不況の平均で3,300万円のキャッシュ・フローが期待される。このプロジェクトF
の投資決定については，コーポレート・ファイナンスの観点からは，実施すべき
か，見送るべきか。

(2) A会社は，プロジェクトFのために必要な3,000万円の資金を調達したいと
考えた場合に，その調達方法として，募集株式の発行と募集社債の発行は，それ
ぞれの長所・短所としてどのようなものが考えられるか。また，A会社は小規模
の会社であって業績もよくないとするならば，上記のプロジェクトFのために，
どのような資金調達が最適であるか。

2　A株式会社の現在の株価は，1株2,500円である。A株式の1年後の予想株価
が1株3,000円，1株当たりの予想配当が60円であるとする。投資家がA会社の株
式の投資に対して10パーセントの期待収益率を要求する場合，この株式の現在価値
を計算するとき，A会社の株式は割安であるか，割高であるか。

3　A株式会社，B株式会社およびC株式会社は，同一の業種・形態の会社であ
る。A会社の株式は，株価8,000円，1株当たり純利益400円である。B会社の株式
は，株価1万2,000円，1株当たり純利益400円である。C会社の株式は，株価
6,000円，1株当たり純利益600円である。A会社などの業界平均の株価収益率
（PER）は，20である。各会社の上記純利益をもとにして，業界平均のPERを用い
て算定するならば，A会社，B会社およびC会社の株式の価格はそれぞれ，いくら
になるか。また，どちらの会社の株式を購入したほうが買い得と考えられるか。

第2章 株 式

1 株式の意義と種類

（1）株式の意義と株主の権利・義務

（ア）意 義 株式とは，株式会社において細分化されて均一の割合的単位の形（会社109条1項・308条1項本文参照）をとる社員の地位をいう。その株式を所有する者が株主といわれるが，各株主は，その株式を複数所有することができる（持分複数主義）。株主自ら勝手に1株未満に細分化すること（たとえば株主が1個の株式を2分して半分を他に譲渡する場合など）は認められないが（株式の不可分性），株式を2人以上の者が共有（民264条〔準共有〕）することは認められ，その権利行使者の指定・通知（会社106条[1]）および会社からの通知等の受領者を定めることを要する（会社126条3項・4項）。

（イ）株主の権利・義務 ①自益権・共益権 株主の権利は，会社から直接に経済的な利益を受けることを目的とする権利（自益権）と，会社の管理・運営に参与することを目的とする権利（共益権）とに分類されることが多い[2]。自益権は，剰余金配当請求権（会社105条1項1号2項・453条）と残余財産分配請求権（会社105条1項2号2項・504条）が中心である。共益権は，株主総会の議決権（会社105条1項3号・308条1項）が中心である。

②単独株主権・少数株主権 株主の権利は，権利行使の基準となる株式数による分類として，1株を有する株主でも行使することができる権利（単独株主権）と，会社の発行済株式総数の一定割合以上，または総株主の議決権の一定割合もしくは一定数以上を有する株主のみが行使することができる権利（少数株主権）に分類される。

③株主の義務 株主は，その有する株式の引受価額を限度とする責任を負

うだけであり（会社104条），それ以外に，義務や責任を負わない。これは，株主有限責任と呼ばれる。

　（ウ）株主平等の原則　　会社は，株主を，その有する株式の内容および数に応じて，平等に取り扱わなければならない（会社109条１項）。これを株主平等の原則と呼ぶ。株主平等の原則に反する定款の定め，株主総会の決議，取締役会の決議，取締役等の業務執行行為などは，会社の善意・悪意にかかわらず，無効である[3]。ただし，株主平等の原則の例外規定がある[4]。

　（エ）株主の権利行使に関する利益供与の禁止　　会社は，何人に対しても，株主の権利の行使に関し，財産上の利益の供与（当該会社またはその子会社の計算〔子会社に資金を拠出させる〕においてするものに限る）をしてはならない（会社120条。罰則について，会社970条。また，会社968条〔贈収賄罪〕参照）[5]。

（２）株式の内容と種類

　（ア）総　説　　株主の権利は平等に取り扱われ，その有する各株式の権利の内容は同一であることが原則である。しかし，会社法は，企業家，個人投資家（投資株主・投機株主），機関投資家（投資信託委託業者・投資顧問業者など），またはベンチャーキャピタル・ファンド（たとえば投資事業有限責任組合）などの多様な経済的ニーズに応じて株式による資金調達を容易にしたり，上場会社・閉鎖会社あるいはベンチャー企業ごとの種々の株主の必要性に応じて，議決権を通じた会社支配のあり方の多様性を認めるため，一定の範囲と条件のもとで多様な株式を定めている。

２−１図解：株式の内容と種類

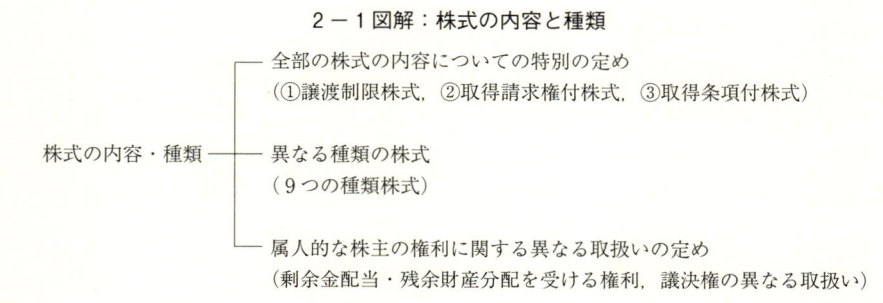

20

　会社法は，①その発行する全部の株式の内容として一定の事項の特別の定め（会社107条）をすること，②一定の事項について異なる定めをした内容の異なる 2 以上の種類の株式（種類株式〔会社108条〕）を発行することを認めている。これらの内容を定款で定めなければ，すべての株式はその内容が会社法で定められるものとしての「普通株式」である。

　（イ）全部の株式の内容についての特別の定め　　①株式の内容　　会社は，その発行する全部の株式の内容として，次に掲げる 3 つの事項を定めることができる（会社107条 1 項柱書）。これは，会社が 1 種類のみの株式を発行している場合におけるものである。

　(a)譲渡制限株式　　譲渡による当該株式の取得について当該会社の承認を要することを定めるものである（会社 2 条17号，107条 1 項 1 号・ 2 項 1 号）。

　(b)取得請求権付株式　　当該株式について，株主が当該会社に対してその取得を請求することができることを定めるものである（会社 2 条18号，107条 1 項 2 号・ 2 項 2 号）。

　(c)取得条項付株式　　当該株式について，当該会社が一定の事由が生じたことを条件としてこれを取得することができることを定めるものである（会社 2 条19号，107条 1 項 3 号・ 2 項 3 号）。

　以上の 3 つに限定される（会社107条 1 項 1 号～ 3 号）。これらの個別の内容の詳細は，後に，種類株式の内容のなかでまとめて各箇所で述べる。

　②株式の内容変更に係る定款の変更の手続の特則　　会社は，全部の株式の内容として上記の事項を定めるときは，定款で会社法所定の事項を定めなければならない（会社107条 2 項）。その発行する全部の株式の内容として譲渡制限を設ける定款の変更を行う場合は，既存株主の投下資本回収の機会に重大な変更を及ぼすことから，通常の定款変更に必要な株主総会の特別決議（会社466条・309条 2 項11号）よりも厳格な特殊決議を必要とする（会社309条 3 項 1 号。株式買取請求権について，会社116条 1 項 1 号）。

　発行する全部の株式の内容として取得条項の事項についての定款の定めを設け，または当該事項についての定款の変更（当該事項についての定款の定めを廃止するものを除く）をしようとする場合（会社が種類株式発行会社である場合を除く）

には，それが強制的に株主としての地位を奪うことになるから，株主全員の同意をえなければならない（会社110条）。取得請求権を定める場合は，株主総会の特別決議（会社466条・309条2項11号）でよい。

　（ウ）種類株式　　①意義　　会社法は，株主の多様な経済的ニーズに応じて，会社が下記の9つの事項について異なる定めをした内容の異なる2以上の種類の株式を発行することを認めている（会社108条）。2以上の種類の株式を発行する会社を，種類株式発行会社という（会社2条13号。会社911条3項7号〔登記〕）。会社法108条1項各号に列挙した事項を内容とする各種類株式の詳細については，個別に後述する。

　②株式の内容変更に係る定款の変更の手続の特則　　会社が2以上の種類株式を発行する場合には，会社法所定の事項および発行可能種類株式総数を定款で定めなければならない（会社108条2項）。前記の全部の株式の内容についての特別の定めの場合と同様に，種類株式の内容として譲渡制限（会社108条1項4号）または全部取得条項（会社108条1項7号）の事項についての定款の定めを設ける場合には，当該定款の変更は，当該種類株主総会の特別決議（その種類の株式を全部取得条項とする場合）または特殊決議（その種類の株式に譲渡制限を新設する場合）がなければ，その効力を生じない（会社111条2項・324条2項1号・3項1号。株式買取請求権について，会社116条1項2号）。

　また，種類株式の発行後に定款を変更して当該種類の株式の内容として取得条項（会社108条1項6号）の事項についての定款の定めを設け，または当該事項についての定款の変更（当該事項についての定款の定めを廃止するものを除く）をしようとするときは，当該種類の株式を有する株主全員の同意をえなければならない（会社111条1項）。

　③定款の定めと定款記載事項の緩和　　上記のように定款で定めることを要求するのは株主保護のためであるが，しかし，剰余金配当優先株の優先配当額など，あらかじめその内容を定めることが困難で，むしろ種類株式を発行する時点で，機動的に，適宜・具体的な内容を定めるほうが適当な事項もある。そこで，会社法は，一定の重要事項を除き，その内容の要綱のみを定款に定め，当該種類の株式を初めて発行するときまでに，株主総会または取締役会の決議

によって定める旨を定款で定めることができるとしている（会社108条3項，会社則20条1項1号〜9号）。

　④株主名簿・株券への記載と登記　　株主名簿に，株式の種類・数を記載・記録しなければならない（会社121条2号）。また，譲渡制限株式である旨および株式の種類・その内容は，株券の記載事項（会社216条3号4号・976条7号〔過料〕）である。また，発行する株式の内容，種類株式発行会社では発行可能種類株式総数および発行する各種類の株式の内容は，登記事項である（会社911条3項7号・976条1号〔過料〕）。

（3）剰余金の配当に関する種類株式

　（ア）意　義　　会社は，剰余金の配当について内容の異なる種類の株式を発行することができる（会社108条1項1号）。従来，剰余金の配当について，標準となる株式が普通株式，普通株式よりも優先的な権利を与えられる株式が「優先株式」，普通株式よりも劣後的な権利を与えられる株式が「劣後株式」（後配株式）と呼ばれてきた。また，ある事項については優先するが，他の事項では劣後するという株式は「混合株式」と呼ばれている。業績の不振な会社は，優先株式を発行することによって資金調達が容易になるし，また，業績の好調な会社は，既存の株主の利益を害さないように（あるいは既存の株主の同意をえやすくするように），劣後株式を発行することによって資金調達を行うことができることになる。

　さらに，会社が有する特定の完全子会社・事業部門等の業績にのみ価値が連動するよう設計された株式，いわゆる「トラッキング・ストック[7]」を発行する場合がある。また，1株当たりの剰余金の配当の分配額について，普通株式に対して決議された分配額の2倍の配当を受ける株式の発行も考えられる。これらは，配当について優先権を有するというわけではなくて，剰余金の配当について異なる定めをした種類株式である。

　会社法は，上記のようなニーズに応えるために，配当優先株式に限定せずに，剰余金の配当について内容の異なる定めをすることができる種類株式を認めている。

（イ）定款の定め　　会社は，①交付する配当財産の価額の決定の方法，②剰余金の配当に関する取扱いの内容，および③発行可能種類株式総数を，定款で定めなければならない（会社108条2項1号）。ただし，定款記載事項の緩和措置が認められている（会社108条3項，会社則20条1項1号）。

　（ウ）配当優先株式　　普通株式への配当に優先して一定額の配当を受ける配当優先株式は，この優先配当後の残余の分配可能額からの配当についても普通株式とともに受け取れる株式である「参加的優先株式」と，残余の分配可能額からの配当に参加できない株式である「非参加的優先株式」とに区別される[8]。

（4）残余財産の分配に関する種類株式

　（ア）意　義　　会社は，残余財産の分配について内容の異なる種類の株式を発行することができる（会社108条1項2号）。前記の剰余金の配当に関する種類株式の場合と同様のニーズに応えるためであり，優先株式・劣後株式，混合株式，あるいは特定の財産の分配請求権を優先的に付与する種類株式の発行なども認められる。

　（イ）定款の定め　　会社は，①交付する残余財産の価額の決定の方法，②当該残余財産の種類その他残余財産の分配に関する取扱いの内容，および③発行可能種類株式総数を定款で定めなければならない（会社108条2項2号）。ただし，定款記載事項の緩和措置が認められている（会社108条3項，会社則20条1項2号）。

（5）議決権制限種類株式

　（ア）意　義　　会社は，株主総会において議決権を行使することができる事項について内容の異なる種類の株式を発行することができる（会社108条1項3号）。会社法は，株主総会のすべての決議事項について議決権を有する株式（議決権普通株式）に対し，①株主総会のすべての決議事項について議決権を有しない株式（完全無議決権株式），および②一定の事項についてのみ議決権を有する株式を，総称して，議決権制限株式という（会社115条）。

　この議決権制限種類株式は，優先的な剰余金の配当等に期待し，議決権の行

使には関心のない投資家に対して支配関係に変動を与えない資金調達を行ったり，中小企業の共同経営者間や合弁会社のパートナー間において持株比率に差があっても議決権比率は対等にする場合のように資本多数決によらない支配権分配を行うなどのニーズに応じた制度である。議決権が制限されるのと引き替えに配当等に優先権がある株式だけなく，議決権が制限されているのに配当等に優先権がない株式についても発行できることが認められている。

　（イ）定款の定め　　会社は，①株主総会において議決権を行使することができる事項，②議決権の行使の条件，および③発行可能種類株式総数を，定款で定めなければならない（会社108条2項3号）。ただし，定款記載事項の緩和措置が認められている（会社108条3項，会社則20条1項3号）。議決権制限株式において，議決権に関して認められる株式の内容の差異は，ある事項について議決権（1株1議決権）の行使をすることができるか否かということのみである[9]。

　（ウ）議決権の行使の条件　　たとえば，一定額以上の剰余金の配当がなされない場合，あるいは配当優先株式について議決権制限株式としたときに優先配当額の支払いがない場合に，当該議決権制限株式に議決権が生じることなどの条件（議決権復活条項）（平成13年改正前商242条1項但書・2項）を定めることができる（会社108条2項3号ロ）。

　（エ）議決権制限株式の株主の議決権以外の権利　　議決権制限株式の株主も，種類株主総会においては議決権を有することはいうまでもないが（会社324条），議決権を制限された事項についてはその議決権の存在を前提とする権利[10]を有しない。それ以外の権利は認められる。

　（オ）議決権制限株式の発行数の制限　　種類株式発行会社が公開会社である場合において，議決権制限株式の数が発行済株式の総数の2分の1を超えるに至ったときは，会社は，直ちに，議決権制限株式の数を発行済株式の総数の2分の1以下にするための必要な措置をとらなければならない（会社115条）。これは，公開会社において，議決権制限株式を利用することにより，少額の出資でわずかの議決権のある株式を有する経営者等の内部者が，会社を支配することを防止するためである。上記2分の1を超えさせた行為が当然無効となるわけではなく，また，違反に対する罰則もない[11]。

（6）譲渡制限株式

（ア）意　義　会社がその発行する全部または一部の株式の内容として，譲渡による当該株式の取得について当該会社の承認を要する旨の定めがある株式である（会社2条17号・107条1項1号・108条1項4号）。これは，株主の個性ないしは株主間の信頼関係が問題とされる閉鎖的な中小規模の会社または同族会社において，株式の自由な譲渡（会社127条）によって，好ましくない者が株主となることを防止するために認められたものである。発行する全部または一部の株式の内容として定款で譲渡制限の定めを設けていない会社が，公開会社である（会社2条5号）。譲渡制限株式の譲渡に係る承認手続について詳細な規定がなされている（会社136条〜145条）。

（イ）定款の定め　会社は，定款により，会社が発行する全部の株式の内容として（会社107条1項1号・2項1号），または，種類株式の内容として（会社108条1項4号・2項4号），①当該株式を譲渡により取得することについて当該会社の承認を要する旨，②一定の場合においては会社が当該株式の取得（会社136条・137条1項）の承認をしたものとみなすときは，その旨および当該一定の場合を，定めなければならない（会社107条2項1号・108条2項4号）。上記②は，定款により，たとえば，株主・従業員等の特定の者の取得，一定数未満の株式の取得等の場合には，会社の承認があったとみなし，会社の承認を求めることを要しないとすることを認めるものである。

　一部の種類株式について譲渡制限を定める場合には，会社は，上記①②および③その発行可能種類株式総数を定款で定めなければならない（会社108条2項柱書・4号）。ただし，定款記載事項の緩和措置が認められている（会社108条3項，会社則20条1項4号）。

（ウ）定款変更のための特殊決議　株主の権利に重大な制約を課することになるので，その発行する全部の株式の内容としてこの定め（会社107条1項1号）を設けるには，株主総会の特殊決議を要する（会社309条3項1号）。これに対し，種類株式の発行後に，その種類の株式につき譲渡制限の定め（会社108条1項4号）を設ける場合には，定款変更のための株主総会の特別決議（会社466条・309条2項11号）のほか，譲渡制限の定めを設ける種類株式，および，その

種類株式を取得対価とする定めのある取得請求権付株式・取得条項付株式の種類株主を構成員とする各種類株主総会の特殊の決議を要する（会社111条2項・324条3項1号）。

　これらの場合，反対株主には，株式買取請求権が与えられる（会社116条1項1号2号）。また，譲渡制限の定めを設ける種類株式を目的とする新株予約権の新株予約権者も，自己の有する新株予約権の買取請求をすることができる（会社118条1項2号）。

（7）取得請求権付株式

　（ア）意　義　　会社がその発行する全部または一部の株式の内容として，当該株式について，株主が当該会社に対して当該株式の取得を請求することができる旨の定めがある株式である（会社2条18号・107条1項2号・108条1項5号）。これは，会社の資金調達の多様化に資するためのものである。たとえば，取得請求権付きの剰余金配当に関する非参加的優先株式の株主が，取得請求の対価として普通株式あるいは金銭の交付を受けることが可能となる。

　（イ）定款の定め　　会社は，定款により，会社が発行する全部の株式の内容として（会社107条1項2号・2項2号），または，種類株式の内容として（会社108条1項5号・2項5号），①株主が当該会社に対して当該株主の有する株式を取得することを請求することができる旨，②取得の対価[12]，③取得請求期間を，定めなければならない（会社107条2項2号・108条2項5号イ）。発行する全部の株式が均一の内容の取得請求権付株式である場合（会社107条1項2号・2項2号）には，対価がその会社の株式であることはありえないので，取得対価には当該会社の株式が含まれていない。

　全部の株式の内容についての特別の定める場合（会社107条1項2号・2項2号）でなく，一部の種類株式を取得請求権付株式とする場合（会社108条1項5号・2項5号）には，会社は，上記①〜③のほかに，当該種類の株式1株を取得するのと引換えに当該株主に対して当該会社の他の株式を交付するときは，当該他の株式の種類および種類ごとの数またはその算定方法，およびその発行可能種類株式総数を，定款で定めなければならない（会社108条2項柱書・5号

ロ)。ただし，定款記載事項の緩和措置が認められている（会社108条3項，会社則20条1項5号）。

　（ウ）取得請求・効力発生　　①取得の請求　　取得請求権付株式の株主による取得の請求は，対価の内容が当該会社の他の株式（他の種類の株式）以外である場合には，対価である財産の帳簿価額が当該請求の日における分配可能額（会社461条2項）を超えているときは，株主は，会社に対し取得請求できない（会社166条1項但書〔108条2項5号ロを掲げていない〕）。株券発行会社である場合には，当該株式の株券を株券発行会社に提出しなければならない（会社166条3項）。

　②効力の発生　　取得請求権は形成権であり，会社はその請求の日に当該株式を取得し（会社155条4号〔自己株式〕・167条1項），対価が当該会社の社債・新株予約権・他の株式（他の種類の株式）等を交付する場合には，その請求の日にそれぞれ社債権者・新株予約権者・他の株式の株主等となる（会社167条2項）。交付される他の株式・社債等に端数があるときは，その端数を乗じてえた額に相当する金銭が株主に対して交付される（会社167条3項4項，会社則31条〜33条）。

　なお，他の株式を対価とする場合は，その数の合計数は当該種類の株式の発行可能種類株式総数から当該種類の発行済株式（自己株式を除く）の総数を控除して得た数を超えてはならない（会社114条2項1号）。また，取得の請求による発行済株式総数の増減[13]の変更登記は，毎月末日現在により，当該末日から2週間以内にすれば足りる（会社915条3項2号・976条1号〔過料〕）。

（8）取得条項付株式

　（ア）意　義　　会社がその発行する全部または一部の株式の内容として，当該会社が一定の事由が生じたことを条件として，当該株式を取得することができる旨の定めがある株式である（会社2条19号・107条1項3号・108条1項6号）。これは，会社が一時的な資金調達の必要から発行した優先株式を，将来の一定の時期に消却して財政上の負担を軽減しようとする場合などに，普通株式あるいは金銭を対価として会社が株主の意思にかかわらず当該株式を取得す

ることができる。

　（イ）定款の定め　　会社は，定款により，会社が発行する全部の株式の内容として（会社107条1項3号・2項3号），または，種類株式の内容として（会社108条1項6号・2項6号），①一定の事由（たとえば「株式の上場の決定」や「財務状況の好転」など）が生じた日に会社がその株式を取得する旨およびその事由，②会社が別に定める日が到来することをもって一定の事由とするときは，その旨，③上記①の事由が生じた日にその株式の一部を取得することとするときは，その旨および取得する株式の一部の決定方法¹⁴⁾，④取得の対価¹⁵⁾を，定めなければならない（会社107条2項3号・108条2項6号イ）。

　発行する全部の株式が均一の内容の取得条項付株式である場合（会社107条1項3号・2項3号）には，対価がその会社の株式であることはありえないので，取得対価には当該会社の株式が含まれていない。

　一部の種類株式を取得条項付株式とする場合（会社108条1項6号・2項6号）には，会社は，上記①～④のほかに，当該種類の株式1株を取得するのと引換えに当該株主に対して当該会社の他の株式を交付するときは，当該他の株式の種類および種類ごとの数またはその算定方法，およびその発行可能種類株式総数を，定款で定めなければならない（会社108条2項柱書・6号ロ）。ただし，定款記載事項の緩和措置が認められている（会社108条3項，会社則20条1項6号）。

　（ウ）定款変更のための株主全員の同意　　定款を変更して会社が発行する全部の株式またはある種類の株式の内容として取得条項付株式の定めを設け，または当該事項についての定款の変更（当該事項についての定款の定めを廃止するものを除く）をしようとする場合には，通常の定款変更手続（会社466条・309条2項11号）のほかに，株主全員の同意（会社110条）または当該種類の株式を有する株主全員の同意（会社111条1項）を得なければならない（会社110条・111条1項）。

　（エ）取得決定・効力発生　　①取得の決定　　会社は，定款に別段の定めがない限り，取得する日の決定およびその取得する取得条項付株式を，株主総会（取締役会設置会社では取締役会）の決議によって決定しなければならない（会社168条1項・169条1項2項）。当該日を定めた場合には，会社は，対象となる取得条項付株式の株主・その登録株式質権者に対し，当該日の2週間前までに，

当該日を通知あるいは公告しなければならない（会社168条2項3項）。これは，当該決定が株主の投資判断等に影響するので，事前の通知・公告が必要とされる。

　会社が取得条項付株式の一部を取得しようとする場合において，その取得の対象となる株式を決定したときは，その取得条項付株式の株主・登録株式質権者に対し，直ちに，当該取得条項付株式を取得する旨を通知あるいは公告しなければならない（会社169条3項4項）。また，株券提出手続が必要となる（会社219条1項4号・220条）。

　なお，交付される財産の帳簿価額が一定の事由が生じた日における分配可能額（会社461条2項）を超えているときは，定款の定めにかかわらず，取得の効力は発生しない（会社170条5項）。この場合に対価の交付は，株主に対する払戻しに相当するからである。

　②効力の発生　　会社は，一定の事由が生じた日[16]に当然に取得の効力が生じ，対象となる取得条項付株式を取得し（会社170条1項），当該株式は会社の自己株式となる（会社155条1号）。同時に，取得対象株式の株主は，対価として，当該会社の社債・他の株式等を交付する場合には，上記の一定の事由が生じた日に，定款の定めに従い，社債権者，他の株式の株主等となる（会社170条2項）。そこで，会社は，一定の取得事由が生じた後，遅滞なく，取得対象となる取得条項付株式の株主・その登録株式質権者に対し，当該事由が生じた旨を通知または公告しなければならない（会社170条3項本文・4項。なお，通知・公告の不要の場合について，会社170条3項但書）。

　なお，取得条項付株式の株主（当該会社を除く）が取得することとなる他の株式の数の合計数は，当該種類の株式の発行可能種類株式総数から当該種類の発行済株式（自己株式を除く）の総数を控除して得た数を超えてはならない（会社114条2項2号）。また，交付される株式・社債等に端数があるときは，会社は，その端数の合計数に相当する数の株式を競売または売却し，かつ，その端数に応じてその競売（売却）によりえられた代金を権利者に交付しなければならない（会社234条1項1号・2項〜6項）。

（9）全部取得条項付種類株式

　（ア）意　義　　株主総会の決議によって，会社がその種類の株式の全部を取得する旨の定めがある株式である（会社108条1項7号・171条柱書・309条2項3号）。この全部取得条項付種類株式は，当初，会社が債務超過（破16条1項）に陥った場合に会社更生手続等をとらずに，株主全員の同意を得ることなく，株主総会の多数決によっていわゆる100パーセント減資[17]することを可能にするため，会社法において新たに導入された制度である。もっとも，会社法では，債務超過の要件を不要とし，また，株式の無償取得だけでなく有償取得も可能となったことにより，実際には，株式取得による企業買収後に残存する少数株主の締出し（キャッシュ・アウト[18]）の手段として利用されることが多くなっている。

　（イ）定款の定め　　会社は，定款により，種類株式の内容として（会社108条1項7号・2項7号），①取得対価（会社171条1項1号）の価額の決定の方法，②当該株主総会の決議をすることができるか否かについての条件（たとえば100パーセント減資の場合に債務超過という条件など）を定めるときは，その条件，および③発行可能種類株式総数を，定めなければならない（会社108条2項7号）。ただし，定款記載事項の緩和措置が認められている（会社108条3項，会社則20条1項7号）。

　（ウ）定款変更のための種類株主総会決議　　全部取得条項付種類株式の定めを設ける場合には，当該定款の変更は，定款変更のための株主総会の特別決議（会社466条・309条2項11号）のほか，全部取得条項の定めを設ける種類株式，および，その種類株式を取得対価とする定めのある取得請求権付株式・取得条項付株式の種類株主を構成員とする種類株主総会の特別決議（会社324条2項1号）がなければ，定款変更の効力を生じない（会社111条2項）。

　定款変更に反対の株主には，株式買取請求権が与えられ（会社116条1項2号），また，当該全部取得条項付種類株式を目的とする新株予約権の新株予約権者にも，自己の有する新株予約権の買取請求権が与えられる（会社118条1項2号）。

　（エ）取得決定・効力発生　　①取得の決定　　（a）レックス・ホールディン

グス事件（東京高決平20・9・12金判1301号28頁）　A株式会社（旧レックス）（平成19年9月1日，Y株式会社に吸収合併された）は，フランチャイズシステムによる飲食店，コンビニエンスストアおよびスーパーマーケットの経営等を営む会社の株式を所有することにより当該会社の事業活動を支配・管理することなどを目的とする会社である。平成18年11月10日，マネジメント・バイアウト（MBO）のために設立されたY株式会社は，A会社の普通株式1株につき23円を買付価格とする公開買付けを実施する旨を公表した。A会社は，同日，本件公開買付けにつき賛同の意を表明し，本件公開買付けが成立した後に，発行済みのすべての普通株式に全部取得条項を付すこと等を公表し，平成19年3月28日に株主総会において上記の議案に係る決議をした。　A会社の株主であったX1らが，同日に開催されたA会社の株主総会に先立って，A会社による全部取得条項付株式の取得に反対する旨を通知し，同株主総会において当該取得に反対した上，会社法172条1項に基づいて，X1らが所有するA会社発行に係る全部取得条項付株式の取得価格の決定を求めた事件である[19]。

原決定（東京地決平19・12・19判時2001号109頁）が，本件における全部取得条項付種類株式の取得の価格を23万円と定めるのが相当であるとしたので，X1らは，即時抗告を行った。東京高裁は，次のように決定した。

「取得価格の決定の申立てがされた場合において，裁判所は，……当該株式の取得日における公正な価格をもって，その取得価格を決定すべきものと解するのが相当である。」，「裁判所が，……当該株式の取得日における公正な価格を定めるに当たっては，取得日における当該株式の客観的価値に加えて，強制的取得により失われる今後の株価の上昇に対する期待を評価した価額をも考慮するのが相当である。」，「一般に，株式市場においては，投資家による一定の投機的思惑の影響を受けつつも，各企業の資産内容，財務状況，収益力及び将来の業績見通しなどを考慮した企業の客観的価値が株価に反映されているということができ，本件取得日と上場廃止日がわずか11日しか離れていない本件株式の評価に当たっては，異常な価格形成がされた場合など，市場価格がその企業の客観的価値を反映していないと認められる特別の事情のない限り，本件取得日に近接した一定期間の市場株価を基本として，その平均値をもって本件株

式の客観的価値とみるのが相当である。」,「本件MBOと近接した時期において MBOを実施した各社の例をみてみると,……上記各社においては, 公開買付けの公表前の3か月又は6か月の間の市場株価の単純平均値に約16.7パーセントから27.4パーセントのプレミアムを加算した価格をもって買付価格としていること」,「平成12年から平成17年までの間に日本企業を対象とした公開買付けの事例（119例）では,……85例についてプレミアムの平均値を取ると, 公開買付公表日直前の株価の終値の27.05パーセントに達すること」,「Y会社は, ……プレミアムを設定した具体的な根拠については特に主張立証をせず, 事業計画書や株価算定評価書の提出もしないのであって, このことをも考慮するならば, 上記のような事例を参照し,……本件株式の客観的価値（28万0805円）に, 20パーセントを加算した額（33万6966円）をもって, 株価の上昇に対する評価額を考慮した本件株式の取得価格と認めるのが相当である。」

　(b)　取得の決定　　全部取得条項付種類株式を発行した種類株式発行会社は, 全部取得条項付種類株式の全部を取得する場合には, 取締役が株主総会においてその取得を必要とする理由を説明した上で（会社171条3項）, 当該株主総会の特別決議（会社309条2項3号）によって, ㋐取得対価の内容（株式・社債・新株予約権・新株予約権付社債・その他の財産）, 種類ごとの数またはその数の算定方法, ㋑全部取得条項付種類株式の株主に対する取得対価の割当てに関する事項（株主〔当該会社を除く〕の有する当該株式の数に応じて取得対価を割り当てることを内容とするもの）, ㋒取得日を, 決定しなければならない（会社171条1項・2項。会社則85条の2〔株主総会参考書類〕）。

　全部取得条項付種類株式を取得する株式会社は, 取得を決定する株主総会（会社171条1項）の2週間前の日または取得する旨を株主に通知・公告する日（会社172条2項3項）のいずれか早い日から, 取得日後6ヶ月を経過する日までの間, 取得対価の相当性・参考となるべき事項等の一定の事項（会社則33条の2）を記載した書面（または記録した電磁的記録）をその本店に備え置き, 株主の閲覧等に供さなければならない（会社171条の2〔事前開示〕）。価格決定の申立てや差止請求の機会を与えるためである。

　全部取得条項付種類株式の取得の対価は, 定款で定めた決定方法（会社108条

2項7号イ）に従うが，当該株式の全部の取得に関する株主総会で決議された取得対価に不満の株主には，取得日の20日前から取得日の前日までに裁判所に対する価格の決定の申立権が認められている（会社172条1項・868条1項・870条2項4号）[20]。この関係で，会社は，取得日の20日前までに，全部取得条項付種類株式の株主に対し，取得する旨を通知・公告することを要する（会社172条2項3項，社債株式振替161条2項）[21]。議決権のない株主等は，取得の事実を知らない可能性があるからである。

　全部取得条項付種類株式の取得が法令・定款に違反する場合において，株主が不利益を受けるおそれがあるときは，株主は，会社に対し，当該全部取得条項付種類株式の取得をやめること（差止め）を請求することができる（会社171条の3）。

　なお，交付される財産（当該会社の株式を除く）の帳簿価額の総額は，取得日における分配可能額（会社461条2項）を超えてはならない（会社461条1項4号）。また，株券発行会社の場合には，取得の効力が生ずる日までに当該会社に対し株券を提出しなければならない旨を，当該日の1ヶ月前までに，公告し，かつ，株主の登録株式質権者に各別に通知しなければならない（会社219条1項3号・220条）。

　②効力の発生　　会社は，取得日に，全部取得条項付種類株式の全部を取得する（会社173条1項・155条5号）。その株主は，取得日に，株主総会の決議による定めに従い，株主，社債権者，新株予約権者，新株予約権付社債の社債権者および新株予約権者となる（会社173条）。なお，交付される株式等の数に1株に満たない端数が生ずる場合の取扱いは，取得条項付株式の取得に際し交付される株式等の場合と同じである（会社234条1項2号・2項〜6項）。会社は，取得日後遅滞なく，全部取得条項付種類株式の取得に関する事項（会社則33条の3）を記載した書面（または記録した電磁的記録）を作成して，取得日から6ヶ月間，その本店に備え置き，株主等の閲覧請求等に供さなければならない（会社173条の2〔事後開示〕）。

（10）拒否権付種類株式

　（ア）意　義　　会社は，株主総会（取締役会設置会社では株主総会または取締役会，清算人会設置会社（会社478条8項）では株主総会または清算人会）において決議すべき事項のうち，当該決議のほか，当該種類の株式の種類株主を構成員とする種類株主総会の決議があることを必要とする内容の異なる種類の株式を発行することができる（会社108条1項8号）。この制度は，当該決議事項について，当該種類株主総会の決議がない限り，株主総会等の決議の効力が生じないという意味で，拒否権が与えられることになり，拒否権付種類株式といわれ，また，敵対的買収の防衛策との関係で黄金株とも呼ばれる[22]。

　（イ）定款の定め　　会社は，①種類株主総会の決議があることを必要とする事項，②種類株主総会の決議を必要とする条件，および③発行可能種類株式総数を，定款で定めなければならない（会社108条2項8号）。ただし，定款記載事項の緩和措置が認められる（会社108条3項，会社則20条1項8号。また，会社設立時について会社32条2項）。

　（ウ）種類株主総会の決議がない場合の効力　　上記の種類株式発行会社において，当該事項は，議決権を行使することができる種類株主が存しない場合を除き，その定款の定めに従い，株主総会等の決議のほか，当該種類株主総会の普通決議（会社324条1項）がなければ，その効力を生じない（会社323条）。この決議に基づかなくて代表取締役が行った業務執行は，その行為の無効を善意の第三者に対し対抗できない（会社349条5項）。

（11）取締役・監査役選任権付種類株式

　（ア）意　義　　全株式譲渡制限会社（指名委員会等設置会社を除く）は，当該種類の株式の種類株主を構成員とする種類株主総会において，取締役または監査役を選任することについて内容の異なる種類の株式を発行することができる[23]（会社108条1項9号）[24]。

　しかし，このような種類株式の発行は指名委員会等設置会社および公開会社に認められないが（会社108条1項柱書但書），これは，指名委員会等設置会社では指名委員会が株主総会に提出する取締役の選解任に関する議案の内容を決定

する権限を有することと（会社404条1項），種類株主による取締役の選任とは相容れないからである。また，公開会社においてこれを認めると，特別の合理的根拠がなく経営者支配の強化などのために一部の株主のみで取締役・監査役を選任するような濫用のおそれがあることから，全株式譲渡制限会社の場合に限定している。

（イ）定款の定め　会社は，当該種類の株式の種類株主を構成員とする種類株主総会において取締役または監査役を選任することについて内容の異なる種類の株式を発行する場合には，①当該種類株主を構成員とする種類株主総会において取締役または監査役を選任すること，および選任する取締または監査役の数[25]，②選任することができる取締役または監査役の全部または一部を他の種類株主と共同して選任することとするときは，当該他の種類株主の有する株式の種類および共同して選任する取締役または監査役の数[26]，③上記①または②に掲げる事項を変更する条件があるときは，その条件およびその条件が成就した場合における変更後の①または②に掲げる事項，④その他法務省令（会社則19条）で定める事項，および⑤発行可能種類株式総数を，定款で定めなければならない（会社108条2項9号）。ただし，定款記載事項の緩和措置が認められる（会社108条3項，会社則20条1項9号。また，会社設立時について会社32条2項）。

（ウ）取締役・監査役の選任・数等　取締役・監査役は，上記の定款の定めに従い，各種類の株主総会において選任される。この取締役・監査役の選任決議の定足数その他については，株主総会の場合に準じる（会社347条1項2項）。なお，ある種類株主総会によって選任された取締役は，すべての株主のために会社全体に対して善管注意義務（会社330条，民644条）・忠実義務（会社355条）を負うのであって，その種類株主に対してのみその義務を負うものではない。ある種類株主総会によって選任された監査役も，同様に，その種類株主に対してだけでなく，会社全体に対して善管注意義務を負う。

（エ）取締役の選任等に関する種類株式の定款の定めの廃止　法令または定款に定めた取締役・監査役の員数を欠くことになるため，当該員数に足りる数の取締役・監査役を選任すべき種類の株主が存在しなくなるときは[27]，前記（イ）の定款の定めの①・②の事項（会社108条2項9号イロ）の変更の条件およびその

条件が成就した場合における変更後の前記①・②の事項についての定款の定め（会社108条2項9号ハニ，会社則19条[28]）がない場合に，種類株主の取締役等選任権に関する定款の定めを廃止したものとみなされる（会社112条1項2項）。定款を定め直さないで，自動的に，別の種類株主が取締役の員数の全員を選任できるとすることは株主の意思に合致しないから，残る株主によって種類株主総会による取締役等を選任する旨の定款の変更をしないかぎり，一般原則に従って株主総会の決議により取締役・監査役の選任をするものとされる。

　（オ）株式譲渡制限を廃止する定款の変更　　種類株主総会による取締役等を選任する旨の定款の定めをした会社が株式譲渡制限を廃止する定款の変更（監査等委員会設置会社および指名委員会等設置会社がするものを除く）をする場合（公開会社となる場合），その取締役・監査役の任期は，その定款変更の効力が生じたときに満了する（会社332条7項3号・336条4項4号）。

　（カ）種類株主により選任された取締役等の解任　　上記の種類株主総会により選任された取締役・監査役は，いつでも，その選任した種類株主総会の決議により解任することができる（会社347条1項2項）。ただし，定款に定めがある場合，また取締役等の任期の満了前に当該種類株主総会において議決権を有する者を欠くに至った場合[29]には，その取締役等の解任は，通常の解任決議（会社339条1項・309条2項7号）による（会社347条1項2項。解任の訴えについて，会社854条1項3項4項参照）。

(12) 公開会社でない会社における株主の権利に関する株主ごとに異なる取扱い

　（ア）意　義　　公開会社でない会社は，①剰余金の配当を受ける権利，②残余財産の分配を受ける権利および③株主総会における議決権に関する事項（会社105条1項）について，株主ごとに異なる取扱いを行う旨を定款で定めることができる（会社109条2項）。これは，定款自治を広く認める趣旨で，株主相互間に緊密な結合関係のある閉鎖的な会社において，株主の持株数の増減とは関係なく，株主ごとに属人的な権利の配分を行う必要性に応えるものである。

　この制度は，種類株式が株式の属性として権利内容に差異を設けるものとは

異なり，特定の株主に属人的に与える（権利者の属性に基づく）定款の定めが認められることから，種類株式よりも柔軟性な異なる取扱いができる。

（イ）**剰余金の配当・残余財産の分配に関する異なる取扱い**　定款で定められる株主ごとに異なる取扱いの例として，たとえば，①持株数にかかわらず全株主に同額の剰余金の配当・残余財産の分配をするとか，②会社設立時の株主など特定の株主を他の株主よりも剰余金の配当額を優遇することなどが考えられる。このような定款の定めについての定款の変更（当該定款の定めを廃止するものを除く）を行う株主総会の決議は，総株主の半数以上（これを上回る割合を定款で定めた場合には，その割合以上）であって，総株主の議決権の4分の3（これを上回る割合を定款で定めた場合には，その割合）以上に当たる多数をもって行わなければならない（会社309条4項）。

（ウ）**議決権に関する異なる取扱い**　定款で定められる株主ごとに異なる取扱いの例として，たとえば，①持株数にかかわらず全株主の議決権を同一にするとか，②特定の株主の所有株式について1株に2とか10とかの複数議決権を与えるとか，③発行済株式総数の一定数または一定割合以上の株式を有する株主の議決権に上限を設けてその一定数・一定割合を超える部分について議決権を認めないとか，あるいは0.7または0.5とかの議決権とすることなどが考えられる。定款の定めについての決議要件については，上記（イ）の場合と同様である（会社309条4項）。

（エ）**法定事項以外の事項に関する異なる取扱い**　強行規定・公序または株式会社の本質に反しないかぎり，定款自治を広く認める観点から，上記の剰余金の配当・残余財産の分配および議決権に関する事項以外の事項についても（たとえば，取締役の資格を一定数以上の株式を有する株主に限ることなど），定款により属人的な権利の定めをすることができると解される。

（オ）**種類株式とみなす取扱い**　上記の剰余金の配当・残余財産の分配・議決権に関する異なる取扱いの定款の定めがある場合には，その株主が有する株式を剰余金配当請求権・残余財産分配請求権・議決権に関する事項について内容の異なる種類の株式（会社108条1項1号～3号）とみなして，会社法第2編（株式会社）および第5編（組織変更・合併等）の規定が適用される（会社109条3

項）。たとえば，属人的な権利内容として同じ取扱いが定められた株主を構成員とする種類株主総会が開催され，反対株主の株式買取請求権および株式併合などの取扱いについて，上記各事項の定めのある種類株式とみなされる。

1) 最判平9・1・28判時1599号139頁は，有限会社の持分の相続の場合，持分の過半数で権利行使者を定めることができるとする。最判平2・12・4民集44巻9号1165頁は，権利行使者の指定・通知を欠く場合でも，特段の事情がある場合に，各共有者の権利行使を認める。

2) 従来の通説・判例（最判昭45・7・15民集24巻7号804頁〔社員権説〕）は，株式が譲渡されれば自益権のみならず共益権も移転し，有限会社の持分を相続した者が原告の地位を承継（包括承継）することを認める。逐条解説（2）6頁（龍田節）。

3) 最判昭45・11・24民集24巻12号1963頁。

4) 会社109条2項3項・108条・188条・189条等。

5) 最判平18・4・10民集60巻4号1273頁は，会社から見て好ましくないと判断される株主が議決権等の株主の権利を行使することを回避する目的で，当該株主から株式を譲り受けるための対価を何人かに供与する行為は，株主の権利の行使に関し利益を供与する行為というべきであると判示する。

6) それぞれの種類株式の発行可能種類株式総数は，それぞれの種類株式ごとに定款で定められる（会社108条2項柱書）。発行可能種類株式総数の合計数が全体の発行可能株式総数（会社37条1項・113条）と一致することは，必ずしも必要ではない。株式総数を減少する定款変更後の発行可能株式総数または当該種類の株式の発行可能種類株式総数は，当該定款の変更が効力を生じた時における発行済株式の総数または当該種類の発行済株式の総数を下ることができない（会社113条2項・114条1項）。

7) トラッキング・ストックとして，たとえば，子会社から支払われる剰余金の配当額と同額を剰余金の配当として支払う場合が考えられる。これは，会社が完全子会社等に対する支配を維持しながら，当該子会社等の価値を株式市場で顕在化させたいときに発行される。ただし，たとえば子会社からの剰余金の配当がない場合には，トラッキング・ストックの株主への剰余金の配当が行われず，他の株主への剰余金の配当がなされるときもありうるので，トラッキング・ストックは剰余金の配当優先株式とはいえない。会社法コンメ（3）97頁以下（山下友信），逐条解説（2）71頁以下（松尾健一）。

8) わが国で多い非参加的優先株式は，経済的には社債に類似した性質を有する。また，ある事業年度に所定の優先配当額の全額が配当されなかった場合に，その不足額が累積して，次年度以降の分配可能額からその部分が補填的に配当される株式である「累積的優先株式」と，未払いの優先配当額は切り捨てられる株式である「非累積的優先株式」とに区別される。非参加的・累積優先株式は，経済的にはいっそう社債に類似することになり，さらにこの非参加的・累積優先株式を取得条項付株式・議決権制限株式とすれば法的にも社債に著しく接近する。

9) 議決権制限株式は，1株に2とか10とかの複数議決権を付与すること（複数議決権株式）などの形は認められない（会社109条2項・105条1項3号対比〔属人的な株主の権利の定め〕）。しかし，単元株式数（会社188条）を定めて，A種類株式10株を1単元，B種類株式100株を1単元とすることにより（A種類株式の議決権はB種類株式の議決権の10倍となる），実質的に複数議決権株式と同様のことを定めることができる（複数議決権株式方式）。

10) 株主総会で決議できるすべての事項について議決権を行使できない株主については，招集通知に関する規定を適用しない旨の規定がなされず（会社298条2項括弧書），また，議決権を行使できない事項については当該少数株主の行使は認められず，その要件の算定において分母・分子に算入されない（たとえば，総会招集請求権〔会社297条1項3項〕，株主提案権〔会社303条1項2項4項・305条1項3号〕，総会検査役選任請求権〔会社306条1項〕）。

11) 会社が制限違反を解消すべき措置をとらなかった場合の法的効果については，総会決議の取消事由となると解する見解と，会社が正当な事由がない場合には無効になると解する見解がある。会社法コンメ（3）196頁（山下友信），逐条解説（2）131頁（伊藤靖史）。

12) 取得の対価については，会社が発行する全部の株式の内容の場合は，社債・新株予約権および当該会社の株式等（株式・社債・新株予約権をいう）以外の財産〔金銭等〕の内容・数・額またはこれらの算定方法を定めなければならない（会社107条2項2号）。種類株式の内容の場合は，上記に定める事項（会社108条2項5号イ）のほかに，当該会社の他の株式の種類および種類ごとの数またはその算定方法を定めなければならない（会社108条2項5号ロ）。

13) たとえば，会社が優先株式を取得し，その対価として，普通株式を新たに発行する場合，普通株式の発行済株式総数が増加する。

14) 決定方法について，株主平等の原則から，所有株式数に応じた按分比例・抽選等の公平な方法によらなければならないとする見解，抽選の方法による場合は平等とはいえないとする見解，定款に定めれば株主を平等に取り扱う必要がないとする見解がある。会社法コンメ（3）56頁（山下友信），逐条解説（2）57頁—58頁（松尾健一）。所有株式数に応じた按分比例の方法によるのが，最も公平な方法と考えられる。

15) 取得の対価については，取得請求権付株式の場合（前掲注（12））と同様である（会社107条2項3号・108条2項6号）。

16) 取得条項付株式の一部を取得する場合には一定の事由が生じた日，または会社法169条3項・4項の規定による通知・公告の日から2週間を経過した日のいずれか遅い日となる。会社170条1項柱書括弧書。

17) 100パーセント減資とは，会社が既発行の株式のすべてを消却し，まったく新しい株主構成とすることである。従来，債務超過に陥った会社の再生を図るために行われた。全部取得条項付種類株式を利用した100パーセント減資において，株主総会決議取消しの訴え等がなされた事例として，福岡高判平26・6・27金判1462号18頁（請求棄却）が

ある。

18)　キャッシュ・アウト（cash out）とは，全部取得条項付種類株式の取得の対価として，少数株主に金銭を交付して会社から締出すこと（金銭対価の強制退出）をいう。

19)　買収会社が最高裁に抗告したが，最決平21・5・29金判1326号35頁は，本件事実関係のもとにおいては，所論の点に関する原審の判断は，その裁量の範囲内にあるものとして是認することができるとした。

20)　東京高判平20・9・12金判1301号28頁（前掲レックス・ホールディングス事件）は，株式の取得価格について，当該株式の取得日における公正な価格を定めるに当たっては，取得日における客観的価値に加え，強制的取得により失われる今後の株価上昇に対する期待を評価した額を考慮するのが相当であると判示する。

21)　会社は，裁判所が決定した価格に取得日後の法定利率による利息を支払わなければならないが（会社172条4項），取得価格の決定があるまでは，会社が公正な価格と認める額を支払うこと（仮払い制度）により（会社172条5項），当該支払額について当該支払後の利息を支払う義務を負わないこととなる（民492条・494条参照）。

22)　拒否権付種類株式は，合弁会社・ベンチャー企業等における会社運営に関する株主間契約の内容（たとえば，取締役の選任決議）について法的位置づけを明確にするために利用することが可能となる。また経営者側に取締役選任の種類株式（黄金株）を発行することによって，敵対的買収を阻止できるように利用することも考えられる。ただし，この種類株式は，後述の取締役等の選解任についての種類株式とは異なり，取締役の選任決議等について拒否権が与えられているにすぎない。

23)　監査等委員会設置会社では，監査等委員である取締役またはそれ以外の取締役のそれぞれを選任する内容の株式を発行することができる（会社108条1項9号括弧書）。

24)　取締役等選任権付種類株式は，ベンチャー企業におけるベンチャー・キャピタル（Venture Capital〔VC〕）等が取締役会に取締役を派遣したり，合弁会社において出資割合や事業への関与の度合いに応じて各派が取締役を選任できるようにする株主間契約を制度的に保障しようとするものである。たとえば，A会社・B会社の出資により設立されたC会社の取締役5人のうち，3億円出資したA会社には3人の取締役を選任しうる内容のa種類株式を，2億円出資したB会社には2人の取締役を選任しうる内容のb種類株式を割り当てることができる。このような仕組みを，クラス・ボーティング（class voting）という。

25)　たとえば，定款により，発行済株式総数が少ない種類の株主が過半数の取締役を選任する旨を定めることができ，また，ある種類の株式については，取締役または監査役の一方または双方を1人も選任できない旨を定めることもできる（会社108条2項9号イ）。たとえば，3人の取締役を選任できる旨の定款の定めのあるa種類株式と，2人の取締役を選任できる旨の定款の定めのあるb種類株式を，剰余金配当について普通株式とし，取締役を選任できない旨の定款の定めのあるc種類株式を，剰余金配当について優先株式とする場合が考えられる。

26)　たとえば，定款により，a種類株式の株主とb種類株式の株主とが共同の種類株主総

会において5人の取締役全員を選任すると定めたり，5人中3人は共同で選任し，残り
の2人については1人ずつそれぞれの種類株主総会で選任することができるものと定め
ることもできる（会社108条2項9号ロ）。
27) たとえば，取締役の員数が5人と定められている会社において，定款の定めにより3
人の取締役を選任できるa種類株式と，2人の取締役を選任できるb種類株式があり，
b種類株式には取得請求権付株式・取得条項付株式または全部取得条項付種類株式であ
る場合，b種類株式の株主の取得請求権または会社の取得権の行使により，当該種類株
式が存在しなくなる場合がありうる。
28) たとえば，前掲注（27）の例で，a種類株式の種類株主総会において5人の取締役の
全員を選任することができるようにするために，b種類株式が存在しなくなったとき
（定款の定めの変更の条件），a種類株式の種類株主総会において5人の取締役の全員を
選任すること（条件が成就した場合における変更後の事項）を定めることが考えられ
る。
29) たとえば，取得請求権付種類株式の場合に，取得請求権の行使によって当該種類株式
について議決権を行使する者がいなくなるような場合がある。

2 単元株制度

（1）意　義

　単元株制度とは，定款により，一定の数の株式をまとめたものを1単元の株
式と定め，株主に1単元の株式について1個の議決権を認めるが，単元未満の
株式には議決権を認めない制度である（会社188条〜191条・308条1項但書・325
条・911条3項8号〔登記〕）。これは，株式の出資単位（1株の大きさ）の小さい
会社において，その株式の流通性の維持したまま，株主総会の招集通知（会社
299条）や添付書類の発送などによる株主管理コストを削減することができる
ようにするために設けられた制度である。ただし，上記の一定の数は，1,000
株および発行済株式総数の200分の1に当たる数を超えることはできない（会
社188条2項，会社則34条）。ごく一部の大株主等が議決権を独占できるようにす
るために単元株制度が濫用されることを防止するためである。

（2）単元未満株式についての権利の制限等

　（ア）権利の制限　　単元未満株主は，①株主総会および種類株主総会にお

2－2図解：単元株制度

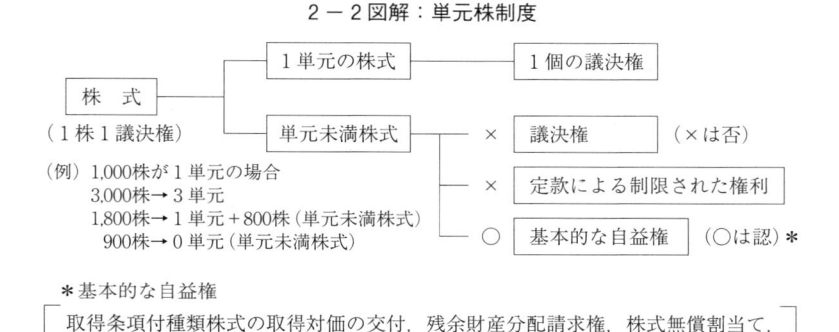

＊基本的な自益権
取得条項付種類株式の取得対価の交付，残余財産分配請求権，株式無償割当て，単元未満株買取請求などに関する権利

いて議決権を行使することができない（会社189条1項）。②原則として，議決権以外の株主権は認められることになるが，会社は，基本的な自益権以外の権利を定款で排除することができる（会社189条2項1号～6号）。

　（イ）単元未満株式の譲渡・買取請求・売渡請求　　単元未満株式の譲渡は，原則として制限はなく，株主名簿の名義書換えも認められる。ただし，定款で株主名簿の名義書換えなどを制限される（会社189条2項6号3号，会社則35条1項4号5号）。単元未満株主の投下投資の回収の機会を保障するための単元未満株主の買取請求（会社192条・193条），単元未満株主の売渡請求（会社194条），単元株式数の変更等（会社195条）などの定めがある。[30]

30)　単元未満株式の価格の決定について，単元未満株主からの請求があった場合には，裁判所は，市場価格がない場合に協議が調わないときは，1株当たり純資産額（会社141条2項，会社則25条）を基準に算定される（会社193条2項～5項）。

3　株式の消却・併合・分割・無償割当て

（1）株式の消却

　（ア）意　義　　株式の消却とは，特定の株式を消却させる会社の行為であ

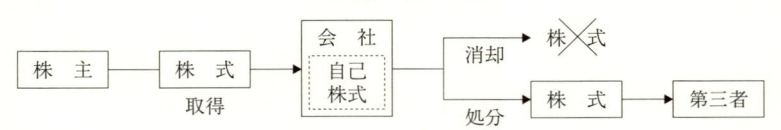

2－3図解：株式の消却

る。株式の消却は，消却により発行済株式総数が減少する点で株式の併合と同じであるが，全株式について一律に行われる併合とは異なり，特定の株式についてのみ行われる。会社法では，会社は保有する自己株式を消却することができる（会社178条1項）。

　(イ) 株式の消却の手続　　自己株式を消却する場合には，消却する自己株式の数（種類株式発行会社ではその種類および種類ごとの数）を定めなければならない（会社178条1項後段）。その決定には，取締役会設置会社では取締役会の決議（会社178条2項）を要する。

(2) 株式の併合

　(ア) 意　義　　株式の併合とは，数個の株式を合わせてそれよりも少数の株式（たとえば10株を1株，3株を2株）とする会社の行為である。会社は，株式の併合の手続により，株式の併合を自由にすることができる（会社180条1項）。すべての株式または特定の種類の株式（会社180条2項3号）について，一律に按分比例的に減少させることによって株式の単位を引き上げることになり，発行済株式総数が減少することになるが，会社の財産，資本金額，発行可能株式総数には変動を生じない[31]。

　(イ) 株式の併合の手続　　株主総会の特別決議を要する（会社180条2項・309条2項4号[32]）。

(3) 株式の分割

　(ア) 意　義　　株式の分割とは，既存の株式を細分化して従来よりも多数の株式（たとえば1株を10株，2株を3株）とする会社の行為である。株式の合併とは逆の形である。会社は，株式の分割を自由にすることができる（会社183

２−４図解：株式の併合
（３株を１株に併合の例）

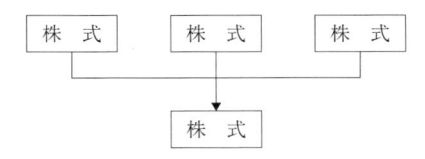

２−５図解：株式の分割
（１株を３株に分割の例）

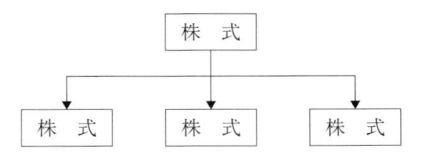

条１項[33]）。一律に一定の割合でその数を増加（株式の細分化）させることによって株式の単位を引き下げることになり，発行済株式総数が増加することになるが，会社の財産には変動を生じない。また，各株主は，その増加した数の株式を自己の持株数に応じて与えられるから，株主の会社に対して有する割合的地位には変更がない。

　（イ）株式の分割の手続　　株式の分割に関する事項の決定は，取締役会設置会社では取締役会の決議による（会社183条２項）。株式の併合の場合と異なり，株主総会の特別決議を要しない理由は，既存の株式が１株未満の端数となって株主の地位を失うことがないので，株主の利益を害することがないからである。効力の発生（会社184条１項），発行可能株式総数の増加（会社184条２項）などについて定めがある。

（4）株式無償割当て

　（ア）意　義　　株式無償割当てとは，株主（種類株式発行会社では，ある種類の種類株主）に対して，新たに払込みをさせないで当該会社の株式の割当てをすることをいう（会社185条）。

　（イ）株式無償割当ての手続　　株式無償割当てに関する事項の定めは，取締役会設置会社では取締役会の決議による（会社186条１項３項）。株式無償割当ての効力の発生等について定めがある（会社187条[34]）。

31）　株式の併合は，株主管理コストの削減，投資の対象としての単位の適正化等のために１株の株価を適正なものにしたり，会社の合併・分割等の場合に割当比率を調整するな

2−6図解：株式無償割当て

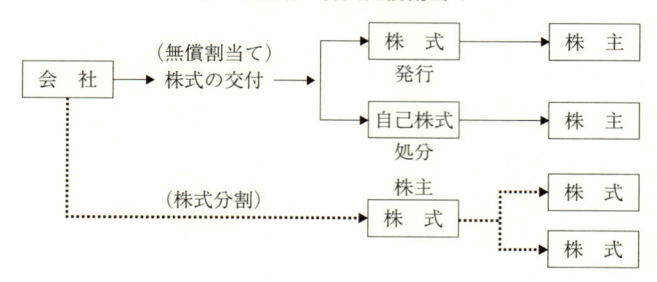

どのために行われる。

32) 発行可能株式総数の規制（会社180条3項），株主に対する通知・公告等（会社181条），事前の情報開示（会社182条の2，会社則33条の9），事後の情報開示（会社182条の6，会社則33条の10），端数株式の買取請求権（会社182条の4），株式の価格の決定等（会社182条の5），株式の併合の差止請求（会社182条の3）について定めがある。

33) 株式の分割は，株式の市場価格がきわめて高い場合に1株の市場価格を引き下げて市場性を高めたり，合併比率の適正化などのために利用される。

34) 手続違反等の効果については，株式無償割当ては，会社成立後における株式の発行（会社828条1項2号2項2号・834条2号）または自己株式の処分（会社828条1項3号2項3号・834条3号）にあたるので，その手続違反等については，株式の発行・自己株式の処分の無効の訴えによる（会社839条〜841条）。

問　題

1　A株式会社は，未上場の中小企業の株式への投資を行ってこの企業を育成し，最終的にはこの企業が上場（株式公開）することによってえられる収益を目的とするベンチャーキャピタル（VC）である。A会社が，ベンチャー企業であるB株式会社に資金の提供を申し出た。この場合について，次の問に答えなさい。

(1)　B会社の代表取締役社長Cは，会社の支配権を維持したいと考えている。A会社も，B会社の経営に積極的に参加することを望んでいなくて，一定の剰余金の配当があればよいと考えている。この場合に，B会社は，A会社に対して，どのような種類株式を発行すればよいか。

(2)　上記の(1)の場合に，A会社は，B会社の成長が望めないと判断される場合に，投資を回収する方法として，どのような株式の発行を要求したらよいか。

(3)　A会社がB会社に対して1億円の出資をすればB会社の発行済株式総数の40

　パーセントを取得することになる場合に，A会社は，B会社の経営に積極的に関与する方法として，B会社の取締役5人のうち3人の取締役をA会社側の取締役として選びたいと考えたとき，どのような種類株式の発行を求めたらよいか。

　(4)　上記の(3)の場合に，B会社がA会社側の取締役として2人の取締役のみを認めると回答してきたとき，A会社は，会社の重要な事項について影響力を及ぼしたいと考えるならば，どのような種類株式の発行を求めたらよいか。

2　A株式会社は，多角経営のため数多くの事業部門を有しているが，全部門の収支を合わせると収益性はよくなくて，株価も低迷している。しかし，特定の事業部門の収益性は著しく高い。そこで，A会社は，この事業をさらに強化するための株式の発行による資金調達を計画するとき，どのような種類株式を発行すればよいか。

3　1株式1議決権が原則であるが，すべての株主についてその持株数にかかわらず同一の議決権としたり，特定の株主の所有株式について1株に複数議決権を与えることが認められる場合はあるか。

第3章　募集株式の発行等

1　募集株式の発行等の意義と法規制

(1) 募集株式の発行等の意義

　募集株式の発行等とは，会社の成立後に新たに発行する株式（新株）を引き受ける者を募集する「株式の発行」（会社828条1項2号・829条1号参照）[1]と，会社が取得した自己株式を引き受ける者を募集する「自己株式の処分」（会社828条1項3号・829条2号参照）という2つの概念を合わせたものをいう（会社199条〜213条）。これらは，会社の資金調達を目的とするものであり，募集株式の発行等という規律に統一して同じ募集の手続で行われる。

　なお，従来，上記の資金調達を目的とする募集株式の発行は「通常の新株発行」と呼ばれ，それ以外の株式の発行は「特殊の新株発行」と呼ばれている[2]。特殊の新株発行は，それぞれの箇所で取り扱う。

(2) 関係者間の利害調整に関する法規制

　会社法は，株式会社の資金調達の便宜のために，取締役会等の判断で新株の発行を機動的に行うことができるようにする授権資本制度（授権株式制度）を

3−1図解：募集株式の発行等の意義

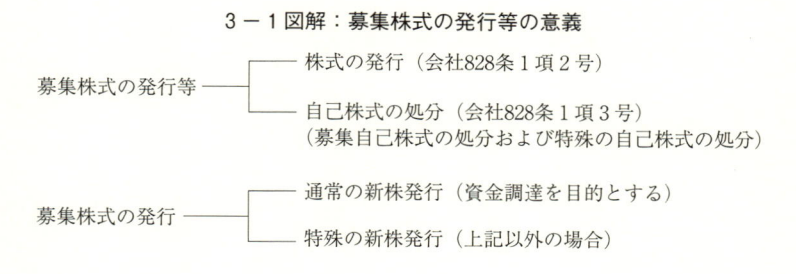

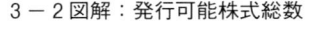

3－2図解：発行可能株式総数

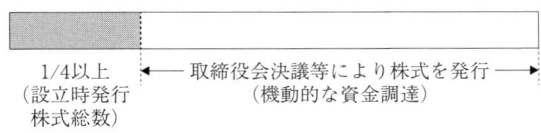

1/4以上　　←── 取締役会決議等により株式を発行 ──→
（設立時発行　　　　　　（機動的な資金調達）
株式総数）

認めている。他方では，新株の発行により，既存株主と新たに新株を取得して株主となる者との間の利害の対立（株価下落による経済的損失の発生，持株〔議決権〕比率の低下）が生ずることになるが，会社法は，既存株主と新たに株主となる者の間の利害調整について一定の規制をし，さらには会社財産を唯一の担保とする会社債権者のために，出資された金銭等が確実に会社に引き渡されることを確保するための規制を行っている。

　（ア）授権資本制度　　授権資本制度（授権株式制度）とは，株式会社が発行することができる株式の総数（発行可能株式総数）を定款で定めておき（会社37条・113条・911条3項6号），特に公開会社の場合は，会社設立時に発行可能株式総数の4分の1以上を発行しなければならず（会社37条3項本文），残りの部分は（換言すれば授権の範囲内で）会社がその必要に応じて取締役会決議等により随時株式を発行することを認める仕組みをいう。これによって，株式会社は，機動的な資金調達が可能となる。

　さらに，定款で定めた発行可能株式総数を超えて新株を発行するには，定款の変更（会社466条・309条2項11号）により発行可能株式総数を増加する必要があり，この場合には，変更後の発行可能株式総数は，当該定款の変更が効力を生じたときにおける発行済株式の総数の4倍を超えることができない（会社113条3項1号）とされ，また，公開会社でない会社が定款を変更して公開会社となる場合にも，同じく発行済株式の総数の4倍を超えることができないとされる（会社113条3項1号）。

　また，会社は，定款を変更して発行可能株式総数についての定めを廃止することができず（会社113条1項），定款を変更して発行可能株式総数（または発行可能種類株式総数）を減少するときは，変更後の発行可能株式総数（または発行可能種類株式総数）は，当該定款の変更が効力を生じたときにおける発行済株式

（また当該種類の発行済株式）の総数を下ることができない（会社113条 2 項・114条
1 項）。

　さらに，新株予約権者（または取得請求権付株式・取得条項付株式の株主）が取得することとなる株式（または種類株式）の数の合計数は，発行可能株式総数（または発行可能種類株式総数）から発行済株式（また当該種類の発行済株式〔自己株式を除く〕）の総数を控除して得た数を超えてはならない（会社113条 4 項・114条2 項）。

　なお，公開会社の議決権制限株式の数は，発行済株式の総数の 2 分の 1 以下でなければならない（会社115条）。

　（イ）既存株主と新たに株主となる者の間の利害調整　　①株価下落による経済的損失の発生　　会社の株式の証券市場における株価（市場価格）よりも低い払込金額で募集株式の発行等（処分する自己株式を引き受ける者を募集する場合も含む）をすれば，計算上，募集株式の発行後の株式の株価は下落し，その差額分の経済的損失を被ることになる[5]。

　会社法は，上記のような経済的損失の場合について，募集事項の決定は株主総会の決議（特別決議）によることを原則とするが（会社199条 2 項・309条 2 項 5号），その決定が取締役会の決議による公開会社においては，既存株主に株式の割当てを受ける権利（会社202条 1 項）を与えず，払込金額が募集株式を引き受ける者に特に有利な金額（公正な払込金額よりも低い払込金額）で株式の募集をするには，取締役会の決議だけでなく（会社201条 1 項），株主総会の特別決議を要求する（会社199条 2 項・309条 2 項 5 号）。

　このように株主総会の特別決議を要求し，その限度内で，既存株主が募集株式の発行等によって被る経済的損失という不利益に対処するための措置を規定する。ただし，特別決議で募集株式の発行等が承認されると，反対株主も経済的損失を甘受しなければならないことになる。

　②持株比率の低下　　会社が募集株式の発行等をしてその総株主の議決権数が増加した場合（議決権のない株式の発行等の場合は除く），既存株主にとって，その増加の比率に応じて既存株主の議決権数が増加しないかぎり，総株主の議決権数に対する持株（議決権）比率が下がることになる[6]。

50

　このような持株（議決権）比率の低下に対して，会社法は，公開会社でない会社については，株主に株式の割当てを受ける権利を与えないで株式の募集をする場合には，株主総会の特別決議を要求し（会社199条2項・200条1項・202条3項4号5項・309条2項5号），その限度内で既存株主の被る持株（議決権）比率の低下という不利益に対処している。

　他方，公開会社では，取締役会により株主に株式の割当てを受ける権利を与えることを定めないかぎり（会社202条3項3号），既存株主の持株（議決権）比率を維持する利益を保護するための直接の規定はない。実際上，多くの公開会社の場合には，個々の株主が有する総株主の議決権に対する議決権比率がそれほど大きくなく（たとえば1,000分の1から2,000分の1に低下する場合），それを維持する利益もそれほど大きくないと考えられている。

　なお，会社法は，著しく不公正な方法による募集株式の発行または自己株式の処分は差止めの事由となり（会社210条2号），また，前記（ア）でみたように，公開会社では定款記載事項である授権株式総数は発行済株式総数の4倍までに限るとし，その限度での授権株式数の枠まで持株（議決権）比率の低下を甘受しなければならないが，それ以上の希薄化には定款変更の株主総会決議が要求される。これらは，間接的に既存株主の持株（議決権）比率の低下という不利益に対処する規定であるということができる。

　（ウ）株主と会社債権者の間の利害調整　　会社債権者の担保となる会社財産の充実・維持を図るために，会社法は，現物出資財産の調査（会社207条），払込金額の全額の払込み（会社208条），不公正な払込金額で株式を引き受けた者の責任（会社212条），出資された財産等の価額が不足する場合の取締役等の責任（会社213条）などの規定によって，資本金の額（会社445条1項）に相当する財産が出資者から確実に拠出されることを要求している。また，会社の純資産額（資産から負債を控除した額）が資本金・準備金等の総額を上回る場合でなければ株主への剰余金の配当などをしてはならないとし（会社446条・461条・462条・465条など），さらに，株式会社の純資産額が300万円を下回る場合には，会社は株主に対し剰余金の配当などをすることができないと規定する（会社458条，会社計算158条6号）。

しかし，株主総会の決議によって，資本金・準備金の額の減少をすることが認められている[7]。また，募集株式の発行等の場合には，会社の設立の場合に規定されている失権催告手続（会社36条）や創立総会（会社65条以下）などはなく，出資を履行しない株式引受人は当然に失権し（会社208条5項），履行された出資の限度で新株発行等の効力が生じることになる（会社209条）。このように募集株式の発行等の場合は，資金調達の便宜のために，簡易迅速な手続が要求されている。

1)　改正前商法では，「新株ノ発行」（商旧280条ノ2〜280条ノ18）といわれていた。
2)　特殊の新株発行として，たとえば，①取得請求権付株式・取得条項付株式・全株取得条項付種類株式を会社が取得する際に対価としての株式の発行（会社108条2項5号ロ6号ロ・171条1項1号1イ），②株式無償割当てによる発行（会社185条），③新株予約権の行使の際の発行（会社282条），④吸収合併・吸収分割・株式交換の際の存続会社等による発行（会社749条1項2号イ・758条4号イ・768条1項2号イ），⑤株式分割（会社183条）などの場合である。これらの特殊の新株発行は，新たな株主の募集・出資の履行をさせるための手続は不要であり，また，会社にとって資金調達（新たな金銭等の出資）とはならない場合が多い（上記①・②，③のうち金銭の払込みがないもの〔会社272条5項・280条4項〕，および⑤）。上記③のうち金銭の払込みがあるものは発行手続が特殊なこともあり，また，上記④は経済的には現物出資による募集株式の発行に類似する点があるけれども，組織再編行為であることから，これらも特殊の新株発行とされている。
3)　公開会社でない会社〔非公開会社〕の場合は，このような制約はない（会社37条3項但書）。公開会社でない会社では，株式の発行は原則として株主総会の特別決議を要することから（会社199条2項・309条2項5号等），既存株主の待株比率の低下の限界を画するために発行可能株式総数を定款に定めて，取締役会への株式発行の授権に一定の制約を課する必要がないと考えられるためである。
4)　発行済株式の総数の4倍を超えることができないとする定め（いわゆる4倍規制）は，発行可能株式総数の増加についての決議当時においてではなくて発行可能株式総数の増加のときにおいて発行済みとなっている株式総数を基準とし，発行可能株式総数の増加を定める株主総会の決議の効力はこの総数増加の基準とされた発行済株式総数が現実に発行済みとなったときに発生する，という条件をつけることは認められる（最判昭37・3・8民集16巻3号473頁）。
5)　たとえば，株価10万円の場合に，払込金額を5万円として既発行株式数と同数の新株を発行して発行済株式数を2倍にすると，募集株式の発行後の株式の市価は計算上7万5,000円となる。

6)　たとえば，総株主の議決権数が 2 倍になったのに，既存株主の議決権数が増加しなければ，既存株主の議決権比率は以前の場合の 2 分の 1 に下がる。
7)　資本金の場合は特別決議（会社447条・309条 2 項 9 号），準備金の場合は普通決議（会社448条・309条 1 項）による。

2　募集株式の割当てを受ける権利を与える方法の分類

（1）株主割当て

株主割当ては，株主に対してその持株数に比例して株式の割当てを受ける権利を与える方法である（会社202条）。株主割当ての場合は，既存株主はその持株（議決権）比率の割合を維持することができ，また，募集株式の払込金額が株価より低くても株主自身の払込金額が低いので，募集株式の発行後の株価下落による経済的損失は生じない。したがって，募集株式の払込金額が「特に有利な金額」であっても，株主総会の特別決議を要するなどの有利発行規制は適用されない（会社202条 5 項参照）。

もっとも，譲渡制限株式（会社 2 条17号）の募集を行う場合に，募集事項の決定は株主総会・種類株主総会の特別決議によらなければならないから（会社199条 2 項 4 項・309条 2 項 5 号・324条 2 項 2 号），その決議により株主に「株式の割当てを受ける権利」を付与しないことの承認をえないかぎり，他の募集方法をとることはできない。株主割当ては，各株主が持株比率の維持に関心を有し，株式に証券市場における株価がない閉鎖的な会社の場合に利用しやすい方法である。

3－3図解：募集株式の割当ての方法

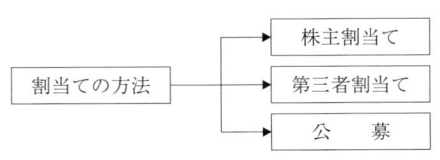

（2）第三者割当て

　第三者割当ては，特定の第三者に募集株式の割当てを受ける権利を与える方法である。結果的に，既存株主に株式の割当てを受ける権利が与えられる場合でも，株主の一部にその持株数と関係なしに与えられるときは第三者割当てとなる。実際には，特定の募集株式の引受人（会社）との資本提携・業務提携・経営参加などを目的として行われる。

　第三者割当ては，公開会社の株式（譲渡制限株式を除く〔会社199条4項参照〕）の場合には取締役会の決議（会社201条1項），公開会社でない会社の場合には株主総会の特別決議（会社199条2項・201条1項・309条2項5号）により行われる。なお，会社法には，株主割当てとそれ以外のものに分類がされているにすぎない。それ以外のものが，募集株式の最終的な取得者に着目して，第三者割当てと公募に区分されるが，会社法上の手続的な差異はない。

（3）公　　募

　公募は，株主割当て・第三者割当ての方法によらず，不特定・多数の者に対して募集株式の引受人を募集する方法である。募集する範囲を従業員・取引先等に限定して引受人を募集する方法は，「縁故募集」と呼ばれる。いずれの方法も，だれにも株式の割当てを受ける権利を与えず，株式を引き受ける者を募集する方法であり，会社は応募した者のなかから株式を割り当てる者を決定することができる（割当自由の原則）。第三者割当ての場合と同じ手続で，募集株式の発行等を行うことができる。

　公募は，上場会社または株式の新規公開をしようとする会社が市場価格のある株式を対象に行われる。この場合に，既存の株主に損害を与えないように，払込金額は，通常，市場の時価またはそれを若干下回る金額とされるので，「時価発行」とも呼ばれる。公募の場合に，一般投資家の保護のため，金融商品取引法の規制が及ぶ。実際上，発行会社は自ら募集事務を行わず，発行会社の委託を受けた金融商品取引業者が引受人（金商2条6項）として関与し，この引受人（引受証券会社）は投資家に株式取得を勧誘して売残りが出た場合にその残部を取得する。また，大規模な公募の場合，通常，金融商品取引業者が

買取引受け（金商2条6項1号）により一括して募集株式を引受けた後（会社205条・206条2号参照），投資家に取得させる方式がとられる。

8)　有利発行の場合は，株主総会の特別決議（会社199条3項・201条1項・309条2項5号）を要する。

9)　なお，東京証券取引所などでは，希釈率25パーセント以上または支配株主が異動する第三者割当ては，経営陣から独立した者による第三者割当ての必要性・相当性の意見の入手や，株主総会の決議などを要求するなどの自主的な規制が行われている。会社法コンメ（5）62頁—63頁（吉本健一）。また，平成26年会社法改正で，支配権の異動をともなう第三者割当てについて，一定の手続により株主総会の決議を要求する規定を設けている（会社206条の2）。

3　募集事項の決定等

（1）決定事項

　会社は，その発行する株式またはその処分する自己株式を引き受ける者の募集をしようとするときは，その都度，募集株式（当該募集に応じてこれらの株式の引受けの申込みをした者に対して割り当てる株式）について，次の募集事項（会社199条2項括弧書）を定めなければならない（会社199条1項柱書）。

　（ア）募集事項　　募集事項として，①募集株式の数（種類株式発行会社では募集株式の種類および数）（会社199条1項1号[10]），②募集株式の払込金額（募集株式1株と引換えに払い込む金銭または給付する金銭以外の財産の額）またはその算定方法[11]（会社199条1項2号），③金銭以外の財産を出資（現物出資）の目的とするときは，その旨ならびに当該財産の内容および価額（同項3号），④金銭の払込みまたは上記③の財産の給付の期日（払込期日）またはその期間（払込期間）（同項4号），⑤株式を発行するときは増加する資本金および資本準備金に関する事項

3－4図解：募集株式の発行等の手続の流れ

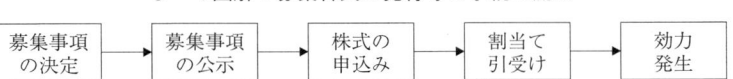

募集事項の決定　→　募集事項の公示　→　株式の申込み　→　割当て引受け　→　効力発生

		公募・第三者割当て 通常発行	公募・第三者割当て 有利発行	株主割当て
公開会社： 取役会設置会社	原則	取締役会の決議 （会社201 I）	株主総会の特別決議 （会社199 II III・ 201 I・309 II ⑤）	取締役会の決議 （会社202 III ③）
	例外	株主総会←定款 （会社295 II）	取締役会の決議←株主 総会の特別決議による 委任（会社200 I）	株主総会←定款 （会社295 II）
非公開会社： 取締役会（取締役）設置会社	原則	株主総会の特別決議（会社199 II III・201 I・309 II ⑤）		
	例外	取締役会の決議（取締役の決定）←株主総会の 特別決議による委任（会社200 I・309 II ⑤）		取締役会の決議（取締役の決定）←定款（会社202 III ①②）

（同項5号）が定められている。

　　（イ）募集事項の均等　　募集事項は，募集株式の募集ごとに，均等に定めなければならない（会社199条5項）。これは，恣意的に一部の者に対して特に有利な条件で募集株式の発行等をするのを抑制するためである。異なる種類の株式を同時に発行等をする場合には，種類ごとに異なる募集事項の内容を定めることができる。

（2）募集事項の決定機関

　　（ア）公開会社の場合　　①原則　　公開会社では，有利発行（会社199条3項）の場合を除き，募集事項の決定は，原則として，取締役会の決議によらなければならない（会社201条1項前段）。この場合には，取締役（取締役会）への決定の委任に関する規定（会社200条）は適用されない（会社201条1項後段）。

　　②例外　　有利発行の場合には，株主総会の特別決議で決定することになる（会社201条1項前段・199条2項3項・309条2項5号）。

　　③市場価格のある株式の払込金額の決定　　取締役会の決議によって募集事項を定める場合には，市場価格のある株式を引き受ける者の募集をするとき

は，会社の決定する払込金額・その算定方法（会社199条1項2号）に代えて，公正な価額による払込みを実現するために適当な払込金額の決定の方法を定めることができる（会社201条2項）。これは，上場株式など市場価格のある株式は，価額が変動するために，あらかじめ一定の払込金額を決定することができない場合に対処するため，いわゆるブックビルディング方式[12]により，公正な価額を決定することが認められている。

④募集事項の公示　公開会社は，取締役会の決議によって募集事項を定めたときは，募集株式の払込期日または払込期間（会社199条1項4号）の初日の2週間前までに（公示と払込期日・期間初日との間に丸2週間あることが必要），株主に対し，当該募集事項（上記③の決定の方法を含む）を通知（これに変わる公告）しなければならない（会社201条3項4項）[13]。既存株主に，差止め（会社210条）の機会を与えるためである。

ただし，この通知・公告は，会社が募集事項について上記期日の2週間前までに金融商品取引法上の届出（金商4条1項～3項）をしている場合その他の株主の保護に欠けるおそれがない一定の場合には，不要である（会社201条4項，会社則40条）。金融商品取引法によって，募集事項が周知されるからである。また，株主割当てで募集株式の発行等をする場合も，会社法202条4項により募集事項が通知されるため，上記の通知・公告は必要とされない（会社202条5項）[14]。

（イ）公開会社でない会社の場合　①原則　公開会社でない会社（非公開会社）では，募集事項の決定は，原則として，株主総会の特別決議によらなければならない（会社199条2項・309条2項5号）。公開会社でない会社（全株式譲渡制限会社）では，その発行する全部の株式の譲渡が制限され，各株主の持株比率の維持への関心が強いことから，会社法は，総会の特別決議によると規定することで，既存株主の保護を図っている[15]。

②例外　公開会社でない会社は，株主総会の特別決議によって，募集事項の決定を取締役（取締役会設置会社では取締役会）に委任することができ，この場合には，その募集株式の数の上限および払込金額の下限を定めなければならない（会社200条1項・309条2項5号）。資金調達の機動性を確保するためであ

る。上記の払込金額の下限が募集株式を引き受ける者に特に有利な金額である場合には，取締役は，上記の株主総会において，その理由を説明しなければならない（会社200条2項[16]）。上記の決議は，募集株式の払込期日・払込期間（会社199条1項4号）が当該決議の日から1年以内の日である募集についてのみその効力を有する（会社200条3項）。1年を経過すれば，あらためて株主総会の特別決議によって募集事項の決定の委任を要する。

（3）有利発行

（ア）株主総会の特別決議　　払込金額が募集株式を引き受ける者に「特に有利な金額」である場合（有利発行）には，公開会社でない会社のみならず公開会社の場合においても，募集事項の決定は株主総会の特別決議によらなければならない（会社199条2項3項・201条1項・309条2項5号）。既存株主が経済的損失を被らないという利益を保障するためである。また，会社は，株主総会の特別決議で払込金額の下限だけを定めて具体的な決定を取締役（取締役会設置会社では取締役会）に委任することもできる（会社200条1項・309条2項5号）。この場合の委任の有効期間は1年である（会社200条3項）。

　取締役は，株主総会において「特に有利な」払込金額でその者の募集をすることを必要とする理由を，株主が議案について合理的な判断をするのに必要な程度で，説明しなければならない（会社199条3項・200条2項）。その説明された理由が客観的合理性を有することまでは必要ではないと解される[17]。ただし，取締役の説明が不十分または虚偽であった場合には，決議取消しの訴え（会社831条1項1号）の事由に該当することになる。

（イ）有利な払込金額　　①宮入バルブ製作所事件（東京地決平16・6・1判時1873号159頁）　　Y株式会社（債務者〔株式会社宮入バルブ製作所〔発行済株式総数1,630万株〕〕）は，東京証券取引所第2部に上場しているバルブの製造・販売等を業とする会社で発行済株式総数は1,630万株であり，X1ないしX4は，Y会社の株主であった（4名の持株数合計598万8,000）。X1らが，Y会社に対し，定時株主総会において取締役・監査役選任の議案を求める株主提案書を送付したところ，Y会社は，平成16年5月18日開催の取締役会において，第三者割当増

資の方式により本件新株発行（普通株式770万株，1株の発行価額393円）を実施する旨を決議した（本件新株発行決議）。

　そこで，X1ないしX4は，Y会社の株式の価値は時価である1,010円もしくは直近6ヶ月間の平均株価721円67銭またはこれらに0.9を乗じた額であると主張して，Y会社に対し，商法旧280条ノ10（会社210条）に基づき，本件新株発行の差止めを求めた仮処分申立てを行った。東京地裁は，次のように判示して，仮処分申立てを認容した。

　「商法280条ノ2第2項（会社199条3項）にいう『特ニ有利ナル発行価額』とは，公正な発行価額よりも特に低い価額をいうところ……諸事情を総合し，旧株主の利益と会社が有利な資本調達を実現するという利益との調和の中に求められるべきものである。もっとも，上記の公正な発行価額の趣旨に照らすと，公正な発行価額というには，その価額が，原則として，発行価額決定直前の株価に近接していることが必要であると解すべきである（最高裁判所昭和50年4月8日第三小法廷判決・民集29巻4号350頁参照）。」，「X1らはY会社への経営参加や技術提携の要望を有しており，債務者に対する企業買収を目的として長期的に保有するために株式を取得したものであることが窺われ，本件全証拠を精査しても，債権者らが不当な肩代わりや投機的な取引を目的として株式を取得したものと認めるに足りる資料はない。また……Y会社の業績も改善していること，証券業界（会社四季報）における債務者の業績の評価も向上していること，Y会社と同様にバルブ事業を営む企業においても，昨年後半から今年にかけて株価が2倍ないし4倍に高騰している事例があることの各事実が認められ，これらの事実に加え，前記のとおりY会社の1株当たりの株価が今年に入って500円以上で推移している事実に照らせば，Y会社株式の株価の上昇が一時的な現象に止まると認めることはできない。

　そうすると，本件において，公正な発行価額を決定するに当たって，本件新株発行決議の直前日である平成16年5月17日の株価，又は本件新株発行決議以前の相当期間内における株価を排除すべき理由は見出しがたい。」

　②有利な払込金額　「特に有利な金額」とは，公正な払込金額と比較して，特に低い価額をいうものと解される。「特に」有利というのは，たとえ若

干有利であってもそれが軽微な場合を除いて，なるべく無用な紛争を排除する趣旨である。

　実際上，公開会社では募集事項の公示（会社201条3項）との関係で，遅くとも払込期日または払込期間の初日の2週間前までに，取締役会の決議によって払込金額を定めなければならず，その間に株式の時価が下落し，募集株式を引き受けた者が払込期日に時価より高い払込金額による払込みをしないとなれば，資金調達の目的を達成できなくなる。そこで，そのような事態を回避するためには，払込金額は時価よりも若干低く定めることが必要となる。

　公開会社では，株式の時価を基準として他の諸事情を総合して取引上公正妥当と認められる価額が求められることになる。[18] 特に上場会社の株式の公正な払込金額は，払込金額決定前の当該会社の株式価格，当該株価の騰落習性，売買出来高の実績，会社の資産状態，収益状態，配当状況，発行済株式数，新たに発行される株式数，株式市況の動向，これらから予測される新株の消化可能性等の諸事情を総合し，旧株主の利益と会社が有利な資本調達を実現するという利益との調和のなかに求められるべきものであるとされる。[19]

　この場合に，公正な発行価額を基準として10パーセント程度低くても「特に有利な金額」とはいえないとされ，[20] 一時的に株価が高騰している場合には，その時価ではなくて一定期間の平均値などの株価を基準として考える下級審裁判例が多い。[21] その後，払込金額の決定の方法（会社201条2項）として，ブックビルディング方式が用いられていることもあって，払込金額の市場価格から割引率は2パーセントから3パーセント程度まで下がってきているといわれている。[22] なお，日本証券業界の自主ルールである「第三者割当増資の取扱い関する指針」では，払込金額は，株式発行の取締役会決議の直前日ないし直近日の価額，または当該決議の直前日までの一定期間の平均の価額に0.9を乗じた額以上の価額とすると定めている。[23]

（4）株主割当ての場合の募集事項の決定

　（ア）決定事項　　会社は，株主に株式の割当てを受ける権利を与える場合（株主割当て）には，前記の募集事項（会社199条1項）のほか，①当該会社の募

集株式の割当てを受ける権利を与える旨，②募集株式の引受けの申込みの期日を定めなければならない（会社202条１項）。この場合には，株主（当該会社を除く）は，その有する株式の数に応じて募集株式の割当てを受ける権利を有するが，１株に満たない端数は切り捨てられる（会社202条２項）。

　　（イ）決定機関　　①公開会社　公開会社の場合は，募集事項および株主割当ての際に決定する事項（会社202条１項１号２号）について，取締役会の決議による（会社202条３項３号²⁴⁾）。

　　②公開会社でない会社　　公開会社でない会社の場合は，原則として株主総会の特別決議による（会社202条３項４号・309条２項５号）。ただし，定款の定めにより，取締役（取締役会設置会社である場合を除く）または取締役会の決議によって定めることができる（会社202条３項１号２号²⁵⁾）。

　　（ウ）株主に対する通知　　会社は，株主割当ての際に決定する事項（会社202条１項１号２号）を定めた場合には，申込期日（会社202条１項２号）の２週間前までに，株主（当該会社を除く）に対し，(a)募集事項，(b)当該株主が割当てを受ける募集株式の数，(c)払込期日を，通知しなければならない（会社202条４項）。株主に申込みをするかどうかの判断の機会を与えるためである。株式の割当てを受ける権利を有する株主を確定するために，必要であれば基準日が定められる（会社124条）。

　　（エ）適用除外　　株主に株式の割当てを受ける権利を与える場合には，募集事項の決定の場合の株主総会（種類株主総会）決議・有利発行規制（会社199条２項～４項），募集事項の決定の委任（会社200条）および公開会社における募集事項の決定の特則（会社201条）の規定は，適用されない（会社202条５項）。

---

10)　譲渡制限株式であるときは，原則として種類株主総会の決議を要する（会社199条４項・200条４項）。
11)　払込金額は，株主割当て以外の場合における既存株主の利益を害しないように，原則として，株式の時価を基準とする公正な価額でなければならない（会社201条２項・212条１項１号参照）。
12)　ブックビルディング方式とは，主幹事証券会社が発行会社の事業内容，株式の市場価格の動向，機関投資家等へのヒアリングなどを総合的に勘案して発行価額を決定する方

式である。このような方式などによって，払込期日の直前に具体的な払込金額を決定することが可能となる。

13) この通知・公告は，公開会社の特則であるので，公開会社でない会社では不要である。公開会社でない会社の株主は，株主総会で募集事項を知ることができる（会社199条2項・309条2項5号）。

14) 有利発行に関する株主総会の特別決議があった場合は上記の通知・公告は不要であるかについて，会社法は明文の規定はないが，公開会社においても，株主総会の特別決議で募集事項を知ることができるため，通知・公告は不要と考えるのが一般的である。会社法コンメ（5）26頁・31頁—32頁（吉本健一）。

15) 種類株式発行会社では，募集株式の種類が譲渡制限株式であるときは，定款の定めがないかぎり，原則として当該種類株主総会の特別決議（会社324条2項2号）を要する（会社199条4項）。

16) 種類株式発行会社では，募集株式の種類が譲渡制限株式である場合，当該種類株主総会の特別決議（会社324条2項2号）を要する（会社200条4項）。

17) 客観的合理性を否定するのが多数説であるが，肯定する厳格説もある。会社法コンメ（5）15頁（吉本健一），逐条解説（3）61頁（山田純子）。

18) 公開会社でない会社の場合には，株式の市場価格がないので，公正な払込金額は，株式の簿価，会社の資産状態，収益状態，配当状況などの事情を総合して判断されることになる。なお，判例は，非上場会社が株主以外の者に新株を発行するに際し，客観的資料に基づく一応合理的な算定方法によって発行価額が決定されていたといえる場合には，その発行価額は，特別の事情のないかぎり，有利発行には当たらないと判示している（最判平27・2・19民集69巻1号51頁〔アートネイチャー事件〕）。

19) 最判昭50・4・8民集29巻4号350頁。

20) 東京高判昭46・1・28高民24巻1号1頁（上告審の最判昭46・7・16判時641号97頁は原審の判断を結論として正当であると判示する），最判昭50・4・8民集29巻4号350頁。

21) 東京高判昭48・7・27判時715号100頁（後掲アイワ事件），大阪地決昭62・11・18判時1290号144頁，東京地決平1・7・25判時1317号28頁（忠実屋・いなげや事件），東京地決平16・6・1判時1873号159頁（前掲宮入バルブ製作所事件）など参照。

22) 逐条解説（3）63頁（山田純子）。

23) 会社法コンメ（5）17頁—18頁（吉本健一），逐条解説（3）63頁—64頁（山田純子）。

24) 指名委員会等設置会社等では，執行役等へ委任することができる（会社416条4項・399条の13第5項6項）。

25) 公開会社でない会社（全株式譲渡制限会社）では，通常，各株主が持株比率の維持に関心を有し，株主割当てによってその比率を維持することができるが，しかし，そのために株主が本来望まない募集株式の申込み・払込みを事実上強制されるおそれがある。そこで，原則として株主総会の特別決議が要求されるが，会社が迅速な手続による決定

を望むような場合に柔軟に対処できるように，定款において募集事項および株主割当ての際に決定する事項を取締役・取締役会が決定できる旨を定めることを認めている。

4　募集株式の割当ての手続

（1）募集株式の申込み

　（ア）会社からの通知　　会社は，その発行する株式またはその処分する自己株式を引き受ける者の募集（会社199条1項）に応じて募集株式の引受けの申込みをしようとする者に対し，①会社の商号，②募集事項，③金銭の払込みをすべきときは払込みの取扱いの場所，④その他法務省令で定める事項を通知しなければならない（会社203条1項，会社則41条）。ただし，会社が目論見書（金商2条10号）の交付等によって必要な情報を開示している場合には，当該通知は必要でない（会社203条4項，会社則42条）。総数引受けの場合も不要である（会社205条）。

　（イ）引受けの申込み　　募集株式の引受けの申込みをする者（申込者）は，①申込者の氏名または名称および住所，②引き受けようとする募集株式の数を，記載した書面を会社に交付しなければならない（会社203条2項）。ただし，申込者は，会社の承諾をえて，上記の書面に記載すべき事項を電磁的方法により提供することができる（会社203条3項，会社令1条1項4号，会社則230条）。

　（ウ）申込証拠金　　特に大規模な会社では，実際上，申込者に，株式の申込みの際に払込金額と同額の申込証拠金（払込期日に株式払込金に充当される）を払込取扱場所に払い込ませ，申込みの順に割当てをし，募集株式の予定数に達すれば申込みの受付を中止するという方法がとられることがある。かつて，株主割当ての場合の株式申込証拠金の適法性について争われたことがあるが，最高裁は，会社が新株を発行するに当たり，その資金計画を予定通り達成するため実際上その必要があるばかりでなく，事務処理にともなう著しい煩を避ける方法として，それ自体不当ないし不合理なものとはいえず，これを違法とする

3−6 図解：公募・第三者割当ての場合（公開会社）[注1]

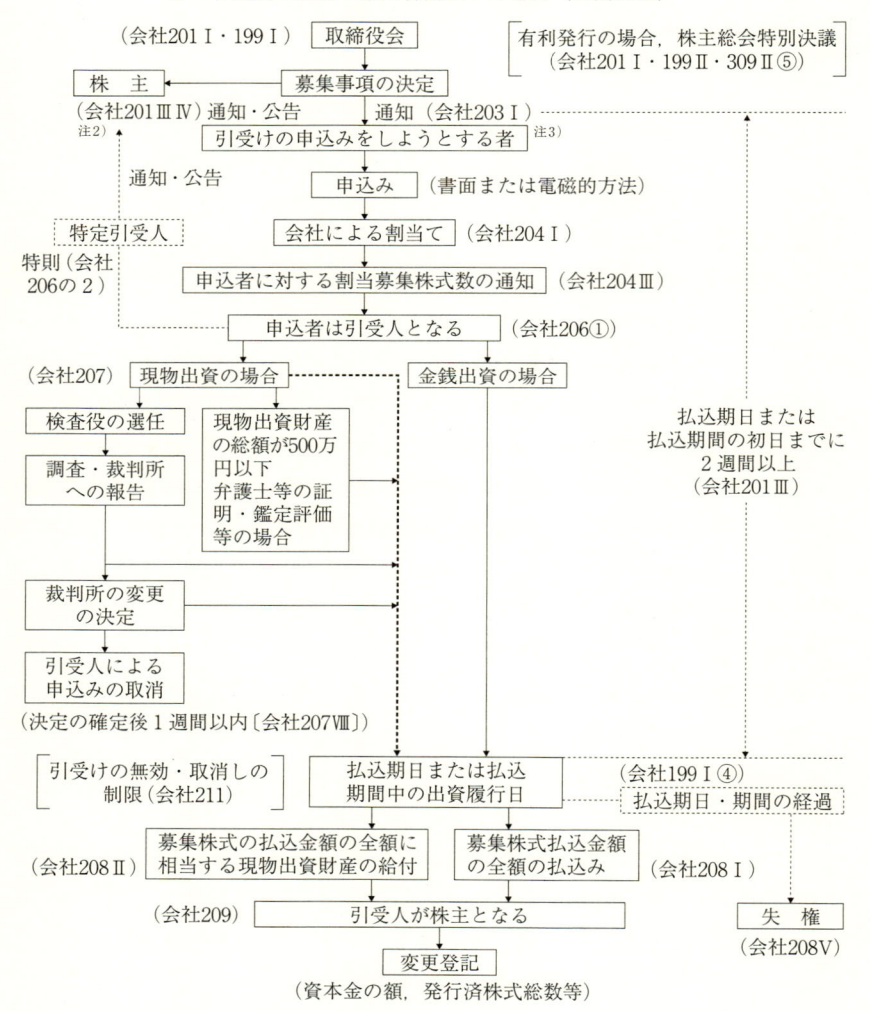

（会社201 I・199 I）　取締役会

有利発行の場合，株主総会特別決議
（会社201 I・199 II・309 II ⑤）

株　主 ← 募集事項の決定

（会社201 III IV）通知・公告　　通知（会社203 I）
[注2]

引受けの申込みをしようとする者 [注3]

通知・公告

申込み　（書面または電磁的方法）

特定引受人

会社による割当て　（会社204 I）

特則（会社
206の2）

申込者に対する割当募集株式数の通知　（会社204 III）

申込者は引受人となる　（会社206①）

（会社207）　現物出資の場合　　金銭出資の場合

検査役の選任

現物出資財産の総額が500万円以下弁護士等の証明・鑑定評価等の場合

払込期日または払込期間の初日までに2週間以上（会社201 III）

調査・裁判所への報告

裁判所の変更の決定

引受人による申込みの取消

（決定の確定後1週間以内〔会社207 VIII〕）

引受けの無効・取消しの制限（会社211）

払込期日または払込期間中の出資履行日

（会社199 I ④）

払込期日・期間の経過

募集株式の払込金額の全額に相当する現物出資財産の給付

募集株式払込金額の全額の払込み

（会社208 II）

（会社208 I）

（会社209）　引受人が株主となる

失　権

（会社208 V）

変更登記

（資本金の額，発行済株式総数等）

注1）　株主割当て（会社202）および総数引受け（会社205）の場合は，申込者が引受人となってからは
　　　（会社206），公募・第三者割当ての場合と同様の手続になる。
注2）　有価証券届出書を払込期日等の2週間前までに提出の場合などを除く（会社201 V）。
注3）　目論見書の交付などの場合を除く（会社203 IV）。

ことはできないと判示している²⁶⁾。

（2）募集株式の割当てと引受け

　（ア）**募集株式の割当て**　　会社は，申込者のなかから募集株式の割当てを受ける者を定め，かつ，その者に割り当てる募集株式の数を定め（会社204条1項），払込期日または払込期間の初日（会社199条1項4号）の前日までに，申込者に対し，当該申込者に割り当てる募集株式の数を通知しなければならない（会社204条3項・203条6項7項）。申込者のうちのだれに何株を割当てるかは，株主割当て（会社202条）の場合を除き，会社の自由であって，申込みの順序や申込株式数等に拘束されない（割当自由の原則）。

　募集株式が譲渡制限株式である場合には，上記の割当ての決定は，定款に別段の定めがないかぎり，株主総会の特別決議（取締役会設置会社では取締役会の決議）によらなければならない（会社204条2項・309条2項5号）。譲渡制限株式以外の割当ての決定は，それが重要な業務執行に該当しないかぎり（会社362条4項参照），代表取締役ないし執行役または業務執行取締役（会社363条1項2号）が行うことができる（会社349条4項・420条3項）。

　株主割当ての場合には，株主が申込期日（会社202条1項2号）までに申込み（会社203条2項）をしないときは，当該株主は，募集株式の割当てを受ける権利を失う（会社204条4項）。

　なお，募集株式を引き受けようとする者がその総数の引受けを行う契約を締結する場合（総数引受け〔買取引受けともいう〕）には，募集株式の申込みおよび割当てに関する規定は，適用されない（会社205条）²⁷⁾。

　（イ）**募集株式の引受け**　　①募集株式の申込者は会社の割り当てた募集株式の数について，②総数引受けの契約により募集株式の総数を引き受けた者はその者が引き受けた募集株式の数について，募集株式の引受人となる（会社206条）。引受人は出資義務を負い，出資の履行をしないと株主となる権利を失う（会社208条）。

　（ウ）**仮設人・他人名義による引受け**　　仮設人の名義によりまたは他人の承諾をえずにその他人名義により引き受けられた場合には，実際に引受けを行っ

た者自身が株式引受人であると解されている（実質説[28]）。この場合に，実際に引受けを行った者は民法117条１項の類推により払込義務を負い，他人の承諾をえている場合はその名義人と実質上の引受人が連帯して払込義務を負うが（商14条・会社9条の類推適用），会社側は名義人を引受人・株主として取り扱えばよいと解されている（実質上の株主は名義書換をしないと会社に対抗できない〔会社130条[29]〕）。

（3）公開会社における支配株主の異動をともなう募集株式の発行等に関する特則

（ア）趣　旨　　公開会社は，有利発行でないかぎり（会社199条３項），取締役会の決議により募集株式の発行等を決定することができ（会社201条１項），また，募集株式の割当てについても，取締役（会）でこれを決定することができる（会社204条２項参照）。ところが，募集株式の発行等により支配株主の異動がともなう場合に，取締役会の決定のみによって公開会社の経営の在り方に重大な影響を及ぼすことになる。

　そこで，会社法は，新たな支配株主が現れることになるような募集株式の割当てについては，株主に対する情報開示を充実させるとともに，株主の意思を問うための手続を設けている（会社206条の２）。

（イ）支配株主の異動をともなう募集株式の発行等　　公開会社において，募集株式の引受人（その子会社等を含む）がその引き受けた募集株式の株主となった場合に有することとなる議決権の数（分子）が，当該募集株式の引受人の全員がその引き受けた募集株式の株主となった場合における総株主の議決権の数（分母）に対する割合として，２分の１を超える場合が，支配株主の異動を伴う場合として，規制の対象となる（会社206条の２第１項本文）。ただし，当該引受人（特定引受人）が発行会社の親会社等（会社2条4号の2）である場合（この場合は支配株主の異動をもたらさない），または，株主割当ての手続による場合（会社202条）には，規制の対象とならない（会社206条の２第１項但書）。

（ウ）手　続　　①株主に対する情報開示　　支配株主の異動をともなう場合，会社は，払込期日（または払込期間の初日）の２週間前までに，既存株主に

対し，当該引受人（特定引受人）の氏名・住所等を通知・公告しなければならない（会社206条の2第1項〜3項，会社則42条の2，社債株式振替161条2項）[30]。

　②株主総会の決議　　総株主の議決権の10分の1以上の議決権（この場合の株主総会で議決権行使できない株主を除く）を有する株主が上記の通知・公告の日から2週間以内に特定引受人（その子会社等を含む）による募集株式の引受けに反対する旨を会社に通知したときは，会社は，払込期日（または払込期間の初日）の前日までに，株主総会の決議によって[31]，当該特定引受人に対する募集株式の割当てまたは当該特定引受人との間の総額引受けの契約の承認を受けなければならない（会社206条の2第4項5項）。

　ただし，会社の財産の状況が著しく悪化している場合において，当該公開会社の事業の継続のため緊急の必要があるときは，総会決議による承認を要しない（会社206条の2第4項但書）。会社の倒産の危機が迫っている場合などにおいてその救済のために緊急に資金注入するなどのようなときに，株主総会を開催して承認を受ける時間的余裕がないことが考えられるからである。

（4）金銭以外の財産の出資（現物出資）

　（ア）趣　旨　　金銭以外の財産の出資，すなわち現物出資については，目的物が過大に評価されると，会社の資本充実が損なわれるだけでなく，他の金銭出資した株主よりも多くの株式が不当に与えられることは不公平となることから，検査役の調査が行われる（会社199条1項3号・207条）。募集株式の発行等の場合は，取締役会等の決議事項することが認められており（会社200条1項・201条1項），また，現物出資者の資格についても制限がない[32]。

　（イ）検査役の調査　　会社は，現物出資の事項（会社199条1項3号）を定めたときは，募集事項の決定の後遅滞なく，現物出資財産の価額を調査させるため，裁判所に対し，検査役の選任の申立てをしなければならない（会社207条1項）。裁判所は，これを不適法として却下する場合を除き，検査役を選任しなければならず（会社207条2項），会社が当該検査役に対して支払う報酬の額を定めることができる（会社207条3項）。

　検査役は，必要な調査を行い，当該調査の結果を記載・記録した書面または

電磁的記録を裁判所に提供して報告をし（会社207条4項，会社則228条2号），会社に対し，上記の書面の写しを交付し，または電磁的記録に記録された事項を提供しなければならない（会社207条6項，会社則229条2号）。裁判所は，必要があると認めるときは，検査役に対し，さらに調査の報告を求めることができる（会社207条5項）。

　裁判所は，現物出資財産について定められた価額（会社199条1項3号）を不当と認めたときは，これを変更する決定を要する（会社207条7項）。この場合に，当該引受人は，当該決定の確定後1週間以内にかぎり，その募集株式の引受けの申込みまたは総数引受契約（会社205条）に係る意思表示を取り消すことができる（会社207条8項）。

　（ウ）検査役の調査が不要な場合　　検査役の調査に要する長い時間と多額の費用を軽減するために，次のように，現物出資について過大評価のおそれが少ない場合，裁判所の選任する検査役の調査を要しないものとされている。

　①現物出資財産を給付する募集株式の引受人に割り当てる株式の総数が発行済株式の総数の10分の1を超えない場合（会社207条9項1号），②現物出資財産について定められた価額（会社199条1項3号）の総額が500万円を超えない場合（会社207条9項2号），③市場価格のある有価証券（株式・社債等〔金商2条1項2項〕）の価額が市場価格を超えない場合（会社207条9項3号，会社則43条），④現物出資財産について定められた価額が相当であることについて弁護士・公認会計士・税理士等の証明（現物出資財産が不動産である場合には当該証明および不動産鑑定士の鑑定評価）がある場合（会社207条9項4号），⑤会社に対する金銭債権（弁済期が到来しているものに限る）について定められた価額（たとえば500万円）が当該金銭債権に係る負債の帳簿価額（たとえば800万円）を超えない場合（会社207条9項5号），検査役の調査は不要である。

26)　最判昭45・11・12民集24巻12号1901頁。会社法コンメ（2）208頁—209頁（鈴木千佳子），逐条解説（1）408頁—409頁（山田剛志）。

27)　募集株式が譲渡制限株式であるときは，定款に別段の定めがある場合を除き，株式会社は，株主総会（取締役会設置会社では取締役会）の決議によって，総数引受けの契約の承認を受けなければならない（会社205条2項）。

28)　実質説をとるのが，判例（最判昭42・11・17民集21巻 9 号2448頁〔仮設人・他人名義で株式を引き受けた者の責任を規定する平成17年改正前商201条に関する〕，多数説である。形式説と実質説の対立については，会社法コンメ（ 2 ）206頁―207頁（鈴木千佳子），逐条解説（ 1 ）407頁（山田剛志）。なお，会社法は，平成17年改正前商201条の規定を削除している。

29)　会社法コンメ（ 2 ）206頁―207頁（鈴木千佳子），逐条解説（ 1 ）407頁（山田剛志）。

30)　金融商品取引法に基づく届出書の提出がある場合等は，通知・公告は不要である（会社206条の 2 第 3 項，会社則42条の 3 ）。

31)　株主総会の決議は，普通決議（会社309条 1 項）であるが，会社の経営を支配する者を決定するという点において支配株主の異動と取締役の選任との類似性から，役員の選任・解任の場合（会社341条）と同じ定足数の要件が課されている。

32)　会社の設立の場合，現物出資については定款に定めることが要求されるから（会社28条 1 号），株主総会の開催が必要となり，また，現物出資者の資格について発起人に限られる（会社34条 1 項・63条 1 項対比）。

33)　上記①・②の場合は，現物出資の規模が小さいため，既存株主や債権者の利益に及ぼす影響が軽微であるからである。

34)　上記③・④の場合は，客観的な評価額が一定程度の保証がされるからである。なお，これらの弁護士等がその証明をすることができない，欠格事由の定めがある（会社207条10項）。

35)　上記⑤の場合は，既存株主や債権者の利益は害されないからである。この⑤は，会社に対する債権を株式に換えるいわゆるデット・エクイティ・スワップ（DES）を容易にするために会社法で新設されたものである。業績が悪化した会社の再建などのため，債権者がその債権を債務会社の株式に換える方法が実務で用いられる。弁済期が到来しているものに限られるのは，弁済期の到来により会社が弁済しなければならない額が確定することになり評価の問題が生じない趣旨であると考えられる。会社が弁済期未到来の債務について期限の利益を放棄する場合も，その放棄についての取締役の任務懈怠による責任（会社423条）の問題があるとしても，検査役の調査を免れる。なお，特に DES の対象となる債権の弁済期が未到来の場合，金銭債権の評価を実質価値で評価する説（評価額説）と債権の名目額評価する説（券面額説）の対立がある。評価額説と券面額説の対立について，会社法コンメ（ 5 ）80頁―84頁（川村正幸），逐条解説（ 3 ）114頁―119頁（梅本剛正）。

5　出資の履行

（1）払込金額の払込み

募集株式の引受人は，払込期日または払込期間内（会社199条 1 項 4 号）に，

会社が定めた銀行等の払込みの取扱いの場所において，それぞれの募集株式の払込金額の全額を払い込まなければならない（会社208条1項・34条2項，会社則7条〔銀行等〕）。申込証拠金が払い込まれている場合には，これが払込金に充当される。会社の募集設立の場合（会社25条1項2号・57条）と異なり，払込金保管証明書の交付は要求されておらず（会社64条と対比），登記の添付書類として，払込みがあったことを証する書面（金融機関の口座の残高証明書・預金通帳の写しなど）が要求されるにすぎない（商登56条2号）。会社はすでに成立しており，設立詐欺のような問題は生じないからである[36]。

（2）現物出資の給付

現物出資財産を給付する募集株式の引受人は，払込期日または払込期間内（会社199条1項4号）に，それぞれの募集株式の払込金額の全額に相当する現物出資財産を給付しなければならない（会社208条2項[37]）。

（3）相殺の禁止

募集株式の引受人は，出資の履行（払込金額の払込みまたは現物出資財産の給付）をする債務と会社に対する債権とを相殺することができない（会社208条3項）。資本充実を図るためである。しかし，会社法は，明文で引受人からの相殺を禁止するのみで，会社からの相殺は禁止していない。これは，会社にとって，出資者からの払込金を弁済期の到来した債務（会社に対する債権）の弁済に充てることができ，相殺を禁止する理由がないという趣旨からであると考えられる[38]。会社法は，弁済期が到来した会社の債務をその債権者が現物出資とする場合に，検査役の選任を要しないと規定する（会社207条9項5号）。

（4）権利株の譲渡と失権

出資の履行をすることにより募集株式の株主となる権利（権利株）の譲渡は，会社に対抗することができない（会社208条4項）。これは，株主名簿の作成など株主となるべき者を確定するための会社の事務処理手続上の便宜のためである。権利株の譲渡は，当事者間では有効である。

　募集株式の引受人は，出資の履行をしないときは，当該出資の履行をすることにより募集株式の株主となる権利を失う（会社208条5項）。出資の履行があった株式についてのみ，募集株式の発行等の効力が生じる。これは「打切り発行」といわれる。

36)　会社の資金による払込みの仮装（いわゆる見せ金）の場合（会社資金を引受人へ貸し付ける場合），資本充実を害するとして，その払込みは無効となると解される（東京高判昭48・1・17高民26巻1号1頁）。しかし，仮装払込みの場合，引受人・仮装に関与した取締役（執行役）が払込金額の全額の支払義務を負うことから（会社213条の2・213条の3），募集株式の発行等の無効事由とはならない（最判平9・1・28民集51巻1号71頁）。

37)　現物出資の場合に，登記の添付書類として，検査役の報告書，有価証券の市場価格を証する書面，弁護士等の証明書，金銭債権の記載のある会計帳簿が要求される（商登56条3号）。

38)　会社の側からする相殺の可能性について，会社法コンメ（5）93頁（川村正幸），逐条解説（3）130頁（洲崎博史）。

6　募集株式の発行等の効力発生と変更の登記

（1）募集株式の引受人が株主となる時期

　（ア）払込期日を定めた場合　募集株式の引受人は，払込期日（会社199条1項4号）を定めた場合には，当該期日に出資の履行（払込金額の全額の払込みまたは現物出資財産の給付）をした募集株式の株主となる（会社209条1項1号）。会社法は，募集株式の発行等の効力の発生時期について直接の明文の規定はないが，払込み・給付のあった募集株式について，払込期日からその発行等の効力が生じて，募集株式の引受人はその日に株主となることになる。新株効力の発生時期を払込期日の翌日（平成16年改正前商280条ノ9第1項）ではなくて，払込期日と規定するのは，払込資金の支払いと株式の交付を同時に履行（delivery versus payment）することにより決済リスクを減少させたいという要請に応えるものである。

　（イ）払込期間を定めた場合　募集株式の引受人は，払込期間（会社199条1

項4号）を定めた場合には，出資の履行をした日に，出資の履行をした募集株式の株主となる（会社209条1項2号）。これは，実際上，申込証拠金のように払込期日前に募集株式の引受人が払込金相当額を支払うような場合に，金銭の支払いの時点と株式取得の時点とをできるだけ接近させることに資するためのものである。この場合には，出資を履行した日に募集株式の発行等の効力が生じて株主となるので，株主となる時期がそれぞれの株主相互間で一致しないことになる。

（2）出資の履行の仮装

（ア）趣　旨　　募集株式の発行等に際して出資の履行が仮装された場合，本来拠出されるべき財産が拠出されずに発行済株式の総数が増加することにより，既存株主の有する株式1株当たりの価値が減少（希釈化）するため，既存株主から募集株式の引受人に対して，不当な価値の移転が生じる。

　そこで，会社法は，仮装払込みをした募集株式の引受人および当該仮装に関与した取締役（執行役）が会社に対し連帯して金銭等の支払義務（会社213条の2・213条の3）を負わせるとともに，これらの義務が履行されない間は，当該引受人が株主の権利を行使することができないと規定する（会社209条2項3項）。

（イ）仮装払込みをした募集株式の引受人による株主の権利行使　　出資の履行が仮装された場合でも，外形的には払込みがあることから，新株発行等の無効の訴え（会社828条1項2号3号）の認容判決が確定するまでの間は，募集株式の発行等は有効なものとして取り扱われ（会社208条5項の適用がない），当該引受人が当該募集株式の株主ということになる。しかし，金銭等の支払義務が履行されていないのに株主の権利行使を認めるのは相当ではないと考えられる。

　そこで，会社法では，出資の履行を仮装した募集株式の引受人は，当該引受人・仮装に関与した取締役（執行役）の金銭等の支払い（会社213条の2・213条の3）がされた後でなければ，出資の履行を仮装した募集株式について，株主の権利を行使することができないと規定されている（会社209条2項）。[39]

　また，募集株式の取引の安全を図るため，当該募集株式を譲り受けた者は，

悪意または重大な過失がないかぎり，当該株式についての株主の権利を行使することができると規定されている（会社209条 3 項）。

　（ウ）出資の履行を仮装した場合の募集株式の引受人・取締役等の責任　①出資の履行を仮装した募集株式の引受人の義務　募集株式の引受人は，払込金額の払込みを仮装した場合または現物出資財産の給付を仮装した場合，会社に対し，払込みを仮装した払込金額の全額の支払い，または，給付を仮装した現物出資財産の給付をする義務を負う（会社213条の 2 第 1 項）。募集株式の引受人の負う義務は，総株主の同意がなければ免除することができない（会社213条の 2 第 2 項）。募集株式の引受人と取締役等が結託して，取締役等が当該引受人に対する責任追及を懈怠するおそれがあるからである。

　②取締役等の責任　　出資の履行を仮装した場合には，募集株式の引受人が出資の履行を仮装することに関与した取締役（指名委員会等設置会社では執行役を含む）として法務省令で定める者は，株式会社に対し，当該各号に規定する支払いをする義務を負う（会社213条の 3 第 1 項，会社則46条の 2 ）。会社に支払った金額について，当該取締役等は引受人に求償することになる。ただし，その者がその職務を行うについて注意を怠らなかったことを証明した場合には，責任を免れる（会社213条の 3 第 1 項但書）。出資の履行の仮装について支払義務を負う当該引受人と取締役等は，連帯債務者となる（会社213条の 3 第 2 項）。

（3）変更の登記

　募集株式の発行等の効力が生じたときは，会社の資本金の額が増額し発行済株式の総数に変更が生じるので，会社は，①資本金の額，および②発行済株式の総数ならびにその種類および種類ごとの数（会社911条 3 項 5 号 9 号）について，2 週間以内に，その本店の所在地において，変更の登記をしなければならない（会社915条 1 項，商登56条〔変更登記の申請書の添付書類〕）。ただし，払込期間（会社199条 1 項）を定めた場合における株式の発行による変更の登記は，当該期間の末日現在により，当該末日から 2 週間以内にすれば足りる（会社915条 2 項）。

39) 「株主の権利」には，配当受領権等の自益権のみならず，株主総会における議決権等の共益権も含まれる。坂本編著・一問一答159頁。

40) 現物出資財産の給付の場合，会社が金銭の補償を望むことも考えられるので，会社が当該給付に代えて当該現物出資財産の価額に相当する金銭の支払いを請求することができる（会社213条の2第1項2号括弧書）。

41) 当該出資の履行を仮装した者は無過失責任である（会社213条の3第1項但書括弧書）。

7 募集株式の引受けの無効・取消しの制限

心裡留保（民93条1項但書）・虚偽表示（民94条1項）の規定は，募集株式の引受けの申込み・割当てならびに総数引受契約（会社205条）に係る意思表示については適用されない（会社211条1項）。法律関係の早期の安定を図るためである。また，募集株式の引受人は，株主となった日から1年を経過した後またはその株式について権利を行使した後は，錯誤（民95条），または詐欺・強迫（民96条）もしくは消費者契約法上の事由（消費契約4条）を理由として募集株式の引受けの取消しをすることができない（会社211条2項，消費契約7条2項）。ただし，行為能力の制限（民5条・9条・13条・17条等），詐害行為（民424条）などを理由とする株式の引受けの取消しは制限されていない。

8 違法な募集株式の発行等に対する措置

（1）総　説

会社成立後における募集株式の発行等の手続等に法令・定款違反がある場合に，会社法は，①募集株式の発行等が効力を生じるまでの間は，違法な募集株式の発行等の差止め（会社210条），②募集株式の発行等が効力を生じた後は，新株発行無効の訴え・自己株式の処分の無効の訴え（会社828条1項2号3号・2項2号3号）および新株発行等の不存在の確認の訴え（会社829条1号2号），③不公正な払込金額で株式を引き受けた者等の責任（会社212条・213条），④出資の履行を仮装した募集株式の引受人・取締役等の責任（会社213条の2・213条の

3－7図解：違法な募集株式の発行等に対する措置

時　期		要　　　　　件	措　置　の　内　容
効力発生の前		①当該株式の発行または自己株式の処分が法令または定款に違反する場合 ②当該株式の発行または自己株式の処分が著しく不公正な方法により行われる場合 ③上記①・②のいずれであって，株主が不利益を受けるおそれがある場合	募集することの差止め（会社210）
効力発生の後	無効	法令・定款違反その他の無効事由が存する場合であって，効力発生後6ヶ月（公開会社でない会社では1年以内）以内に訴訟提起した場合	無効の訴え（会社828） （形成訴訟，提訴期間は効力発生日から6ヶ月〔公開会社でない会社では1年，将来効［会社839条]〕）
	不存在	募集が不存在である場合	不存在の確認の訴え（会社829） （確認訴訟，提訴期間は無制限）
	不公正発行の責任	①引受人が取締役と通じて著しく不公正な払込金額で募集株式を引き受けた場合	引受人が差額につき会社に対して支払義務（会社212Ⅰ①）
		②給付した現物出資財産の価額があらかじめ定めた価額に著しく不足する場合	引受人と取締役等が不足額につき会社に対して支払義務（会社212Ⅰ②・213）
		③取締役等の悪意・重過失で既存株主に損害を与えた場合	取締役等が損害額につき既存株主に責任（会社429Ⅰ）
	出資の履行の仮装	①引受人が払込みまたは給付を仮装した場合	引受人が仮装した払込金額の全額の支払または仮装した現物出資財産の給付（もしくは給付に代えて当該出資財産の価額に相当する金銭の全額の支払）につき会社に対して支払義務（会社213の2）
		②引受人が出資の履行を仮装することに取締役等が関与した場合	取締役等が，仮装した引受人の義務として規定する支払につき会社に対して支払義務（会社213の3）

3）の各措置が規定されている。これらの措置は，募集株式の発行等による既存株主と新たに株主となる者の間の利害調整，株主と会社債権者との間の利害調整のための手続等に法令・定款違反がある場合に対して，救済手段を定めるものである。[42)]

（2）募集株式の発行等の差止め

（ア）意　義　　募集株式の発行または自己株式の処分が，①法令・定款に違反する場合，または②著しく不公正な方法により行われる場合に，株主が不利益を受けるおそれがあるときは，株主は，会社に対し，募集株式の発行・自己株式の処分をやめること（差止め）を請求することができる（会社210条）。

この差止請求権は，会社の利益保護のために認められる株主による取締役（執行役）の法令・定款違反行為の差止め（会社360条・422条）と異なり，会社に損害が生じるおそれは要件ではなくて，株主に直接の不利益が生じるおそれがあることを要件とするものであり，違法・不公正な募集株式の発行等により不利益を受ける株主自身の利益保護のために認められたものである[43]。

（イ）差止事由　　①法令違反　　法令・定款違反とは，たとえば，募集事項の決定に関する株主総会・取締役会等の決議の欠缺（会社199条2項4項・201条1項・202条3項・204条2項・322条1項4号），株主総会の決議を経ないで行われる株主以外の者に対する有利発行（会社201条1項），株主の募集株式の割当てを受ける権利が無視される場合（会社202条1項1号），株主に対する通知義務違反（会社201条3項・202条4項），現物出資の検査役による調査がない場合（会社207条）などが考えられる。

②定款違反　　定款違反とは，たとえば，定款所定の発行可能株式総数（会社37条・113条）を超過する発行，定款に定めのない種類の株式（会社108条）の発行，株主割当ての場合に募集事項を定款で定める決定機関の決定の方法によって定めない場合（会社202条3項）などが考えられる。

③著しく不公正な方法　　(a)ベルシステム24事件（東京高決平16・8・4金判1201号4頁）　　東証一部上場のＹ株式会社は，その発行済株式総数の約40パーセントを保有する筆頭株主であるＸ株式会社の連結対象子会社であった。Ｘ会社とＹ会社間では，Ｙ会社の経営方針や役員構成を巡って両者の間で対立が生じていたところ，Ｙ会社の取締役会が，発行済株式総数を上回る新株発行を証券会社系列の投資会社に対し第三者割当ての方法により行う旨の決議をした。そこで，Ｘ会社は，本件新株発行が，Ｙ会社には資金需要は存在しないにもかかわらず，Ｙ会社の現経営陣の一部がその支配権を維持し，Ｘ会社の支配権を

侵奪することを唯一の目的として行われているものであり，商法旧280条ノ10（会社210条）所定の「著シク不公正ナル方法」による株式発行に当たる旨主張して，新株発行差止仮処分の申立てをした事案である。原決定（東京地決平16・7・30判時1874号143頁）は，本件新株発行は不公正発行ではないとして，X会社の申立てを棄却したので，X会社が抗告した。東京高裁は，次のように述べて，本件抗告を棄却した。

「本件新株発行において，Y会社代表者をはじめとするY会社の現経営陣の一部が，X会社の持株比率を低下させて，自らの支配権を維持する意図を有していたとの疑いは容易に否定することができない。」，「しかしながら，……Y会社には本件事業計画のために本件新株発行による資金調達を実行する必要があり，かつ，競業他社その他当該業界の事情等にかんがみれば，本件業務提携を必要とする経営判断として許されないものではなく，本件事業計画自体にも合理性があると判断することができ」，「仮に，本件新株発行に際しY会社代表者をはじめとするY会社の現経営陣の一部において，X会社の持株比率を低下させて，もって自らの支配権を維持する意図を有していたとしても，……支配権の維持が本件新株発行の唯一の動機であったとは認め難い上，その意図するところが会社の発展や業績の向上という正当な意図に優越するものであったとまでも認めることは難しく，結局，本件新株発行が商法280条ノ10所定の『著シク不公正ナル方法』による株式発行に当たるものということはできない。」

　(b)著しく不公正な方法　　著しく不公正な方法とは，不当な目的を達成するために募集株式の発行等が利用される場合をいう。たとえば，会社の支配権につき争いがある場合に，特定の株主の持株比率を低下させ現経営者の支配権の維持・強化を図る目的[44]，反対派の少数株主権を排除する目的[45]などのために，第三者割当てによる募集株式の発行等を行う場合，著しく不公正な方法に該当する[46]。

　近時の裁判例において，公開会社における会社の支配権の維持・争奪に関連して募集株式の発行等が問題とされた事案で，募集株式の発行等の目的について，現経営陣の支配権の維持の目的と，資金調達その他の会社の正当な目的が考えられる場合，前者の支配権の維持の目的が主要な目的であるとき，募集株

式の発行等を不公正発行と判断する考え方が主流となっている[47]。この判例理論は「主要目的ルール」と呼ばれる[48]。

　実際上，会社に具体的な資金調達の必要性が認定されれば，その調達方法として第三者割当てを行った場合でも，原則として取締役会の判断を尊重して，著しく不公正な方法による募集株式の発行等とはいえないとされる傾向が強いといわれている[49]。これに対し，例外的に，支配権維持目的の発行等が正当化される場合があることを認める有力な見解がある[50]。

　④株主が不利益を受けるおそれ　　上記①から③に該当する募集株式の発行等であっても，株主が不利益を受けるおそれがある場合でなければ，募集株式の発行等の差止事由とはならない。募集株式の発行等の差止請求権は，株主自身の利益を保護するために認められたものであるからである。しかし，上記①から③の事由があれば，株主が不利益を受けるおそれがあることは事実上推定される。

　（ウ）差止請求手続等　　差止めの請求をすることができるのは，募集株式の発行等により不利益を受ける株主である。議決権を有する株主であるかどうかは問わない。請求の相手方は会社である（会社360条1項・422条1項対比）。管轄裁判所は，会社の本店所在地の地方裁判所である（民訴4条1項4項）。

　株主は，会社に対して，裁判外でも，書面・口頭で差止めの請求をすることができる。募集株式の発行等の効力が生じた後は，差止請求権を行使できなくなる。そこで，会社が差止めの請求に応じないときは，募集株式の発行等の差止めの訴えを提起し，その訴えを本案とする差止めの仮処分の申請を行うことになる（民保23条1項）。その差止めの訴えの終局判決を待っていたのでは，その間に募集株式の発行等の効力が生じてしまって，差止めの目的を達することができず，その訴えが却下されるおそれがあるからである。

　上記の差止仮処分命令に違反する募集株式の発行等は，差止請求権の実効性を担保するために，募集株式発行等の無効の訴えの原因となると解するのが判例である[51]。

（3）新株発行無効の訴え・自己株式の処分の無効の訴え

　（ア）総　説　　募集株式の発行等に法律上瑕疵がある場合に，一般原則に従って募集株式の発行等を無効とすると，いつでもだれでも無効を主張することができることから，法的安定性に欠けることになる。そこで，会社法は，新株発行の無効の訴えおよび自己株式の処分の無効の訴え[52]の制度（以下，募集株式の発行等の無効の訴えと呼ぶ）を設けて[53]，募集株式の発行等の無効は，訴えのみによって主張することができるとしている（形成訴訟）。

　（イ）無効事由　　会社法は，募集株式の発行等の無効原因となる事由を定めておらず，解釈にゆだねられているが，株式取引の安全など募集株式の発行等に基づく法律関係の保護の観点から，無効事由は，特に重大な瑕疵に限定して解されている[54]。

　①無効事由と認められる場合　　(a)明星自動車事件（最判平5・12・16民集47巻10号5423頁）　タクシー事業・貸切バス事業等を営むY株式会社は，取締役会においてA株式会社に対する第三者割当てによる新株発行を決議したところ，Y会社の株主Xは，本件新株発行は現在の取締役会の方針に反対する株主の持株比率を減少させY会社の支配確立を目的としたものであるとして，裁判所に商法旧280条ノ10（会社210条）に基づく新株発行差止請求訴訟を本案とする新株発行差止めの仮処分の申立てをし，仮処分命令（本件仮処分命令）をえた。その上で，Xは，他の株主とともに，新株発行差止請求の訴えを提起した。しかし，Y会社は，本件新株発行をそのまま実施してしまった。

　新株発行差止請求の訴えの係属中に，Y会社から本件新株発行はすでに実施されているから新株発行差止請求は訴えの利益がなくなったとの主張がされたため，Xらは，本件仮処分命令に違反する新株発行は効力を生じないが，仮に効力を有するとすれば，予備的に，上記新株発行差止請求の訴えを商法旧280条ノ15（会社828条1項2号）に基づく新株発行無効の訴えに変更する旨の申立てをし，無効事由として仮処分命令違反が付加されたが，すでに同条1項に規定する提訴期間（発行の日から6ヶ月）は経過していた。第1審は，Xらの請求を棄却した。第2審は，原判決を取消し，XらのY会社に対する新株発行差止請求の訴えを却下したが，Y会社によるA会社に対する第三者割当てによる新

株発行を無効と判示した。そこで，Ｙ会社は上告したが，最高裁は，次のように判示して，上告を棄却した。

　(i)提訴期間経過後に株式発行の差止請求の訴えが無効の訴えに変更された場合について「本件新株発行に対する差止請求の訴えと右訴えを本案とする本件仮処分命令に違反してされた新株発行に対する無効の訴えとは，事前と事後の違いはあるが，……同一の経済的利益を追求するものということができる上，……旧訴である新株発行差止請求の訴えと新訴である新株発行無効の訴えとの間には請求の基礎に同一性があるものというべきである。」，「訴えの変更は，変更後の新請求については新たな訴えの提起にほかならないから，変更後の訴えにつき出訴期間の制限がある場合には，出訴期間の遵守の有無は，原則として，訴えの変更の時を基準としてこれを決すべきであるが，変更前後の請求の間に存する関係から，変更後の新請求に係る訴えを当初の訴えの提起時に提起されたものと同視することができる特段の事情があるときは，出訴期間が遵守されたものとして取り扱うのが相当である（最高裁昭和59年（行ツ）第70号同61年2月24日第二小法廷判決・民集40巻1号69頁参照）。」，「本件新株発行に対する差止請求の訴えは，……万一右仮処分命令に違反して新株が発行された場合には右新株発行の効力を争い，仮処分命令違反をその理由とする意思をも表明していると認められるから，本件で変更された新株発行無効の訴えについては，新株発行差止請求の訴え提起の時に提起されたものと同視することができる特段の事情が存するものというべきである。」

　(ii)新株発行差止めの仮処分命令に違反する新株発行の効力について「仮処分命令に違反して新株発行がされた場合には，右仮処分命令違反は，同法280条ノ15（会社828条1項2号）に規定する新株発行無効の訴えの無効原因となるものと解するのが相当である。けだし，同法280条ノ10（会社210条）に規定する新株発行差止請求の制度は，会社が法令若しくは定款に違反し，又は著しく不公正な方法によって新株を発行することにより従来の株主が不利益を受けるおそれがある場合に，右新株の発行を差し止めることによって，株主の利益の保護を図る趣旨で設けられたものであり，同法280条ノ3ノ2（会社201条3項4項）は，新株発行差止請求の制度の実効性を担保するため，払込期日の2週間

前に新株の発行に関する事項を公告し，又は株主に通知することを会社に義務付け，もって株主に新株発行差止めの仮処分命令を得る機会を与えていると解されるのであるから，この仮処分命令に違反したことが新株発行の効力に影響がないとすれば，差止請求権を株主の権利として特に認め，しかも仮処分命令を得る機会を株主に与えることによって差止請求権の実効性を担保しようとした法の趣旨が没却されてしまうことになるからである。」

　(b)無効事由　　裁判例によれば，⑦定款に定めのない種類の株式の発行（会社108条），⑦定款所定の発行可能株式総数を超過する発行（会社37条・113条）は，一般に無効事由と解されている。また，裁判例で，⑦株式の割当てを受ける権利（株主割当て）（会社202条2項）の無視は，一般的もしくは大部分の無視があった場合にのみ無効事由になると解される[55]。これに対し，譲渡制限株式（会社2条17号）について株主割当てを無視した発行等も，原則として無効事由とされる[56]。株主が持株比率の維持に重大な利害関係を有するからである。また，⑦譲渡制限株式である募集株式の発行等に必要な株主総会・種類株主総会（会社199条2項4項・202条3項4号・204条2項・322条1項4号）の決議に瑕疵がある場合も，原則として無効事由となると解されている[57]。持株比率に関心のある株主の権利を害するからである。⑦募集株式の発行等の差止仮処分命令に違反する場合は，差止請求権の実効性を担保するために，無効事由となるとされる[58]。また，⑦募集事項の通知・公告（会社201条3項4項）を欠いた場合には，株主の差止請求権（会社210条）の行使の機会を失わせることになるので，通知・公告の欠缺以外に差止事由がないため差止請求がかりにされても差止めは許容されなかったと認められる場合でないかぎり，無効事由となるとされる[59]。

　②無効事由と認められない場合　　　(a)マンリー藤井事件（最判平6・7・14判時1512号178頁）　　Y株式会社の取締役であったAは，創業以来の代表取締役で発行済株式の過半数を有するXと不仲となり，その信頼を失ったことから，Xが株主総会を招集してY会社を解散する決議をしたりまたはAを解任する決議をすることを恐れるに至った。そこで，Aは，これを阻止する目的をもって，もっぱら，XからY会社の支配権を奪い取り，自己および自己の側に立つ者が過半数の株式を有するようにするために，取締役会を開催して自らの代表

取締役選任決議を経て代表取締役に就任し，その後，当時入院中であったXに招集通知をしないで取締役会を開催し，本件新株発行の決議をえて，Xに秘したまま上記新株を発行し，その決議において新株の募集の方法は公募によるものとされていたが，その全部を自らが引き受けて払い込み，現在これを保有している。これにより，A・その妻およびAの異母兄弟の持株の合計は，発行済株式の27.9パーセントから51.9パーセントとなった。そこで，Xは，Xへの招集通知を欠いた取締役会での新株発行決議の無効，支配権をXから奪い取ることを目的とする不公正な方法による本件新株発行の無効などを求めて訴えを提起した。第1審・第2審ともに，本件新株発行は著しく不公正な方法によるものであるから無効であると判示した。そこで，Y会社が上告した。最高裁は，次のように判示して，原判決を破棄し，第1審判決中本件新株発行を無効とした部分を取り消し，この部分につきXの請求を棄却した。

「新株発行は，株式会社の組織に関するものであるとはいえ，会社の業務執行に準じて取り扱われるものであるから，右会社を代表する権限のある取締役が新株を発行した以上，たとい，新株発行に関する有効な取締役会の決議がなくても，右新株の発行が有効であることは，当裁判所の判例（最高裁昭和32年（オ）第79号同36年3月31日第二小法廷判決・民集15巻3号645頁）の示すところである。この理は，新株が著しく不公正な方法により発行された場合であっても，異なるところがないものというべきである。また，発行された新株がその会社の取締役の地位にある者によって引き受けられ，その者が現に保有していること，あるいは新株を発行した会社が小規模で閉鎖的な会社であることなど，原判示の事情は，右の結論に影響を及ぼすものではない。けだし，新株の発行が会社と取引関係に立つ第三者を含めて広い範囲の法律関係に影響を及ぼす可能性があることにかんがみれば，その効力を画一的に判断する必要があり，右のような事情の有無によってこれを個々の事案ごとに判断することは相当でないからである。」

　(b)無効事由とならない場合　　判例によれば，㋐取締役会の決議を経ないでなされた募集株式の発行等の場合に，無効事由にはならないとされる[60]。募集株式の発行等が取締役・取締役会の権限とされている場合（会社201条1項・202条

3項1号～3号・204条2項）に，募集株式の発行等は業務執行に準ずる性格のものであり，当該株式の取引の安全を考慮して，有効な決議等がなくても，代表取締役が募集株式の発行等をすれば有効と解されるからである。⑦株主総会の特別決議（会社199条2項3項・201条1項・309条2項5号）を経ないでなされた募集株式等の有利発行の場合も，無効事由にはならないとされる[61]。この判例は，⑦の立場を再確認し，株主総会の特別決議を欠く場合に発展させたものである。⑨著しく不公正な方法による募集株式の発行等も，募集株式の発行等は業務執行に準ずるものであるから，いったん発行された募集株式は無効事由とはならないとされる[62]。取引安全の要請からである。

　（ウ）募集株式の発行等の無効の訴えの手続　　募集株式の発行等の無効の訴えは，訴えをもってのみ主張することができ（形成訴訟〔会社828条1項2号3号〕），提訴権者（原告適格）は，株主（新旧両株主）・取締役・監査役（監査役設置会社の場合）・清算人・執行役（指名委員会等設置会社の場合）に限られる（会社828条2項2号3号）。被告は，会社である（会社834条2号3号）。

　提訴期間は，募集株式の発行等の効力が生じた日から6ヶ月（公開会社でない会社では1年間〔閉鎖的会社において株主は気づかない場合が多いことを考慮〕）である（会社828条1項2号3号）。新株発行無効の訴えにおいて提訴期間経過後に新たな無効事由を追加して主張することは，新株発行にともなう複雑な法律関係を早期に確定するために提訴期間を制限した規定の趣旨を没却するもので許されないとされる[63]。もっとも，提訴期間経過後に新株発行の差止請求の訴えが無効の訴えに変更された場合について，万一新株発行の差止仮処分命令に違反して新株が発行された場合にその新株発行の効力を争う意思をも表明していると認められるから，変更された新株発行無効の訴えについては，新株発行差止請求の訴え提起のときに提起されたものと同視することができる特段の事情が存する場合には，提訴期間が遵守されたものとして取り扱うのが相当であるとする判例がある[64]。

　募集株式の発行等の無効の訴えに関する専属管轄（会社の本店所在地を管轄する地方裁判所〔会社835条1項〕），悪意の原告株主に対する担保提供命令（会社836条），弁論・裁判の併合（会社837条），悪意・重過失のある敗訴原告の損害賠償

責任（会社846条）については，他の会社組織に関する訴えの場合と同様である。

　（エ）無効判決の効力　　①対世効　　募集株式の発行等を無効とする確定判決は，第三者に対してもその効力を有する（会社838条）。法律関係の画一的確定を図るためである（登記について，会社937条1項1号ロ，商登15条）。

　②遡及効の否定　　募集株式の発行等を無効とする判決が確定したときは，当該判決において無効とされた当該発行等の行為および当該行為に際して交付された株式は，将来に向かってその効力を失う（会社839条）。募集株式の発行等が効力を生じてから無効となるまでの間に，当該株式に関してなされた行為（議決権行使，剰余金の配当，株式の譲渡・質入れなど）が無効となることを防止し，法的安定性を確保するためである。自己株式の処分が無効となった場合も，当該処分行為のみならず，当該処分により交付された株式も無効となる。株式自体は有効（処分された株式の権利が会社に戻る）とすると，株券発行会社ではそれを第三者が善意取得するなどの事態が生じて，法律関係が混乱しかねないからである。

　③判決確定後の手続・支払い　　(a)発行済株式総数の減少と変更登記　　新株の発行を無効とする判決が確定すると，発行済株式総数がそれだけ減少するから，その旨の変更登記が必要となり（会社911条3項9号），また，未発行株式数は元に戻る。なお，新株の発行および自己株式の処分を無効とする判決が確定することによって，資本金・資本準備金は当然には減少しないとされる（会社計算25条2項1号2号・26条2項。資本金の変更登記について，会社911条3項5号）。

　(b)株主に対する支払い　　新株発行または自己株式の処分を無効とする判決が確定したときは，当該会社は，当該判決の確定時における当該株式・自己株式に係る株主に対し，払込みを受けた金額または給付を受けた財産の給付のときにおける価額に相当する金銭を支払わなければならない（会社840条1項前段・841条1項前段）。支払金額を，原則として，判決確定時の株式の時価（無効判決の遡及効が否定される以上，本来は時価によるべきである）とせずに，払込金額相当額としている理由は，手続の簡便さからだけでなく，有利発行の場合に当

該株主に不当な利益を与えることになるからである⁶⁵⁾。しかし，その金額が上記判決が確定したときにおける会社財産の状況に照らして著しく不相当であるときは，裁判所は，判決が確定した日から 6 ヶ月以内に会社または株主の申立てにより，当該金額の増減を命ずることができる（会社840条 2 項 3 項・841条 2 項）⁶⁶⁾。

（4）新株発行等の不存在の確認の訴え

（ア）総　説　　募集株式の発行等の実態が存在しない場合（たとえば法定の発行等の手続も払込金額の払込もなく変更登記のみが存在するような場合）には，新株発行等の不存在として，当該発行等の効力がないことを，いつでも，だれでも，どのような方法でも主張できる。しかし，募集株式の発行等による変更の登記がなされ，その募集株式が存在するような外観がある場合に，利害関係者が，対世効のある判決により当該発行等が不存在であることを確認する必要があるときは，①株式会社の成立後における株式の発行，②自己株式の処分については，当該行為が存在しないことの確認を，訴えをもって請求することができる（会社829条 1 号 2 号）。

（イ）訴えの提起　　新株発行等の不存在の確認の訴えは確認訴訟であり，出訴期間・原告適格の制限はなく，訴えの利益があるかぎり，だれでもいつでも訴えを提起することができる⁶⁷⁾。被告は，会社である（会社834条13号14号）。

（ウ）訴訟手続・判決の効力　　新株発行等の不存在の確認の訴えの訴訟手続は，新株発行等の無効の訴えと同様である⁶⁸⁾。確定判決には，無効判決と同様に，対世効がある（会社838条）。

（5）募集に係る責任等

（ア）不公正な払込金額で株式を引き受けた者の責任　　①アイワ事件（東京高判昭48・7・27判時715号100頁）　　テープレコーダー・ラジオ受信機・ステレオ等の電気機器の製造販売を業とし発行済株式総数1,200万株であった訴外A株式会社は，昭和44年 1 月10日取締役会において，普通株式1,200万株の新株を発行価額 1 株70円で発行し，その全株の引受権をY株式会社に付与する旨決議した。Y会社は，同月30日その引受権を付与された全株について株金の払込をし

た。A会社の昭和44年1月9日東京証券取引所における株価が145円であった。そこで，A会社の株主Xは，上記新株の発行価額は，1株につき145円の5パーセント引きの137円75銭とするのが公正であり，その約2分の1である70円とするのは著しく不公正であるとして，Y会社に対し，公正な発行価額と引受価額との差額に相当する8億2,740万円のうち2,000万円（第2審で500万円に減縮）をA会社に支払うことを求める訴えを提起した。第1審は，決定された発行価額と高騰した市場価額との間に差があっても，それが企業の提携に影響されない時期の市場価額（1年間の平均株価）ないし企業の客観的価値を基準として適正に定められているかぎり，商法旧280条の11第1項（会社212条1項）にいう著しく不公正な発行価額（会社法では払込金額）とはいえないとして，Xの請求を棄却した。そこで，Xは控訴したが，東京高裁は，次のように判示し，本件新株の発行価額は著しく不公正な発行価額にはあたらず，また特に有利な発行価額ということはできないとして控訴を棄却した。

「元来，新株の発行価額は，その決定時（すなわち，特段の定めのない限り，取締役会において新株の発行事項を決定する決議のなされた日）における，発行会社の株式の市場価格，企業の資産状態及び収益力（なお，これらは，通例，配当の状況によって端的に示される。），株式市況の見透し等を総合したうえ，更に株式申込時までの株価変動の危険及び新株式発行により生ずる株式の需給関係の状況等をも考慮して決定さるべきものであって，発行価額がこのようにして決定された時，その価額は発行会社の有する企業の客観的価値を反映した公正かつ適正なものということができる。」，「発行会社の株式が上場されている場合には，株式市場で形成される価格，すなわち株価は，通常は，前記公正な発行価額を決定する諸要素のうちの中心をなす，企業の資産状況及び収益力等を反映しその客観的価値を示すものであるから，右資産状況及び収益力等のほか前記のような諸要素をも考慮に加えて決定される新株式の発行価額は，多くの場合価額決定当時の株価の15パーセント減以内の価額となるべきものとし，この見地から，このような価額を以て公正ないし適正発行価額と観念することは，理由のないことではない。しかし，株式市場も一の競争市場である以上，そこで形成される株価が常に企業の客観的価値のみに基づくとは限らず，時として

は，企業の客観的価値以外の投機的思惑その他の人為的な要素によって，株価が企業の客観的価値を反映することなく異常に騰落することもあるのであるから，上場会社の新株の発行価額の決定に当たって，常に市場における株価だけを絶対視することは，ことの本質を見誤るものといわなければならない。」，「本件新株の発行は，Ａ会社に対するＹ会社の資本参加，業務提携の方法としてなされたものであって，Ｙ会社は発行新株1,200万株全部を引受けることになったものであるが，このような事情を考えると，本件における発行価額の決定に当たって，Ａ会社の株価のうち，上記参加，提携の機運を前提とする投機的思惑によって異常に高騰したと認められる部分が考慮されてはならないことはいうまでもないことであるから，Ｙ会社が右部分を排除しないで決定された価額によって本件新株を引き受けることをしなかったのは，もとより当然であったというべきである。」，「本件新株の発行価額1株70円は……冒頭に挙げた諸要素を総合した結果決定されたものであって，公正かつ適正な発行価額であると認められる。」

　②不公正な払込金額で株式を引き受けた者の責任　　募集株式の引受人は，取締役（指名委員会等設置会社では取締役または執行役）と通じて著しく不公正な払込金額で募集株式を引き受けた場合には，当該払込金額と当該募集株式の公正な価額との差額に相当する金額を支払う義務を負う（会社212条1項1号）。

　この責任は，取締役・執行役との通謀を要件とするから，一種の不法行為に基づく損害賠償責任と解されるが，実質的には，公正な払込金額との差額の支払いを内容とするから，追加出資義務の性質を有するものと解されている。[69]取締役・執行役と通謀した者の責任を会社が追及することは期待することが難しいので，株主代表訴訟が認められる（会社847条1項）。なお，資本参加・業務提携の方法による募集株式の発行の場合に，その効果が発行前に株価に反映されたときは，反映前の株価を基準として発行しても不公正な価額とはならないとされる（東京高判昭48・7・27判時715号100頁〔前掲アイワ事件〕）。

　特定の第三者に対し特に有利な払込金額で募集株式の発行等（有利発行）を行うについて，株主総会の特別決議（会社199条3項・201条1項・309条2項5号）による承認があった場合には，当該決議に瑕疵（たとえば有利発行を必要とする

理由〔会社199条3項〕についての虚偽の説明など）がないかぎり，原則として，当該引受人は上記の責任を負わない。[70]

　（イ）現物出資者の責任　　募集株式の引受人は，募集株式の株主となったとき（会社209条）におけるその給付した現物出資財産の価額がこれについて定められた価額（会社199条1項3号）に著しく不足する場合には，会社に対し，当該不足額を支払う義務を負う（会社212条1項2号）。しかし，現物出資財産を給付した募集株式の引受人が当該現物出資財産の価額がこれについて定められた価額（会社199条1項3号）に著しく不足することにつき善意でかつ重大な過失がないときは，募集株式の引受けの申込みまたは総数引受契約（会社205条）に係る意思表示を取り消すことができる（会社212条2項）。現物出資者の責任の内容が過酷すぎないようにするためである。支払義務の履行によるその他資本剰余金の額の増加（会社計算21条4号），株主代表訴訟（会社847条1項）についても規定されている。

　（ウ）出資された財産等の価額が不足する場合の取締役等の責任　　現物出資財産（会社207条1項）の価額がこれについて定められた価額（会社199条1項3号）に著しく不足する場合には，①当該募集株式の引受人の募集に関する職務を行った業務執行取締役（指名委員会等設置会社では執行役）その他当該業務執行取締役の行う業務の執行に職務上関与した者として法務省令（会社則44条）で定めるもの，②現物出資財産の価額の決定に関する株主総会の決議があったときは，当該株主総会に議案を提案した取締役として法務省令（会社則45条）で定めるもの，③現物出資財産の価額の決定に関する取締役会の決議があったときは，当該取締役会に議案を提案した取締役（指名委員会等設置会社では取締役または執行役）として法務省令（会社則46条）で定めるもの，以上の①・②・③の者（以下，取締役等という）は，会社に対し，不足額（会社212条1項2号）を支払う義務を負う（会社213条1項）。ただし，(a)現物出資財産の価額について検査役の調査（会社207条2項）を経た場合，または(b)当該取締役等がその職務を行うについて注意を怠らなかったことを証明した場合には，取締役等は，現物出資財産について支払義務を負わない（会社213条2項）。

　当該現物出資財産の価額の相当性を証明した者（会社207条9項4号）（以下，

証明者という）は，当該証明をするについて注意を怠らなかったことを証明しないかぎり，会社に対し不足額を支払う義務を負う（会社213条 3 項）。

　募集株式の引受人がその給付した現物出資財産についての不足額を支払う義務を負う場合において，取締役等および証明者が当該現物出資財産について不足額の支払義務を負うときは，これらの者は，連帯債務者とされる（会社213条 4 項）。

　（エ）仮装出資の場合の責任　　募集株式に係る払込み等を仮装した募集株式の引受人の責任（会社213条の 2 ），募集株式に係る払込み等を仮装した場合の取締役等の責任（会社213条の 3 ）についての規定は，本章 6 （ 2 ）（ウ）参照。

42）　会社の設立の際の株式発行の手続等について瑕疵がある場合には，設立無効の問題として処理され（会社828条 1 項 1 号 2 号・829条 1 号対比），また，発起人等の支払義務・責任（会社52条・52条の 2 ）などが規定されている。

43）　募集株式の発行等以外の一定の場合（たとえば，取得条項付株式等の対価として他の種類株式を交付する場合，組織再編の際に株式を交付する場合，株式無償割当てによる株式の発行の場合など）にも，会社法210条を類推適用すべきであるとする見解が有力である。会社法コンメ（ 5 ）105頁―107頁（洲崎博史）。

44）　東京地決平 1 ・ 7 ・25判時1317号28頁（忠実屋・いなげや事件），さいたま地決平19・ 6 ・22判タ1253号107頁（日本精密事件）。

45）　大阪地決昭48・ 1 ・31金判355号10頁。

46）　なお，公開会社とりわけ上場会社では，公募の方法により，結果的に反対派の株主の議決権の比率が下がったような場合に，著しく不公正な方法によるものとはいえないと解される（東京地決平18・ 7 ・26資料版商事270号257頁〔日本航空事件〔募集株式の発行によって調達する資金は航空機の購入資金に充てられる予定であるなどの事情を認定〕）。

47）　東京地決平 1 ・ 7 ・25判時1317号28頁（忠実屋・いなげや事件），東京高決平16・ 8 ・ 4 金判1201号 4 頁（前掲ベルシステム24事件），東京地決平20・ 6 ・23金判1296号10頁（クオンツ事件），東京高決平24・ 7 ・12金判1400号52頁（ダイヤ通商事件）等。

48）　従来の学説は，大別すると，㋐資金需要もないのに支配目的をもって特定の第三者に新株を割り当てることは不公正発行となるが，資金調達の目的があるかぎり，新株発行の結果既存株主の持株比率が低下しても不公正発行にならないとする伝統的見解のほか，㋑判例と同じく主要目的ルールを支持する見解，さらに，㋒会社の権限分配上，取締役は会社支配の所在に関し決定権限を有しないから，支配の帰属をめぐる争いのある時期に第三者割当てによる募集株式の発行等を行うことは，原則として著しく不公正な

方法に当たるとする見解（権限分配秩序論）も有力である。学説について，会社法コンメ（5）118頁—121頁（洲崎博史），逐条解説（3）144頁—147頁（伊藤靖史）。

49) 大阪地決平2・7・12判時1364号104頁（ゼネラル事件），東京高決平16・8・4金判1204号6頁（前掲ベルシステム24事件），大阪地決平18・12・13判時1967号139頁（名村造船所事件），東京地決平18・7・26資料版商事270号257頁（日本航空事件）など。

50) たとえば，いわゆるグリーン・メーラー（本書7章1（3）（イ）②(b)参照）に対抗するための第三者割当の場合，グリーン・メーラー側からの差止請求を認めないことが考えられる。会社法コンメ（5）127頁（洲崎博史）。このような場合，支配権維持により企業価値の維持・向上を図ることができるということであれば，差止請求は認められないと解すべきであろう。

51) 最判平5・12・16民集47巻10号5423頁（後掲明星自動車事件）。

52) 会社828条1項2号2項2号・834条2号・839条・840条。

53) 会社828条1項3号2項3号・834条3号・839条・841条。

54) 逐条解説（9）70頁（丸山秀平）。

55) 東京高判平6・2・24金判956号20頁（発行済株式総数の62.7パーセントを保有する株主に送付された書面が通知としての要件を欠き，割当てを受ける権利を喪失した場合には，新株発行は無効であると判示）。

56) 東京高判平12・8・7判タ1042号234頁（株式の譲渡制限会社において，発行済株式総数の15ないし17パーセントを保有し新株引受権を有する株主に対して新株割当ての通知をせずに行われた新株発行は無効であると判示）。

57) 最判平24・4・24民集66巻6号2908頁（公開会社でない会社〔非公開会社〕が株主総会決議を経ずに新株発行を行った場合に，株式発行の無効原因になると判示）。

58) 最判平5・12・16民集47巻10号5423頁（前掲明星自動車事件）。

59) 最判平9・1・28民集51巻1号71頁，最判平10・7・17判時1653号143頁。

60) 最判昭36・3・31民集15巻3号645頁，最判平6・7・14判時1512号178頁（前掲マンリー藤井事件）。

61) 最判昭46・7・16判時641号97頁。

62) 最判平6・7・14判時1512号178頁。

63) 最判平6・7・18裁判集民事172号967頁。

64) 最判平5・12・16民集47巻10号5423頁（前掲明星自動車事件）。

65) 株券発行会社の場合は，当該会社は，当該株主に対し，当該金銭の支払いをするのと引換えに，効力を失った株式（会社839条）に係る株券の返還を請求することができる（会社840条1項後段・841条1項後段）。

66) 質権が当該株式に設定されている場合，質権は，会社から支払われる金銭について存在し（会社840条4項・841条2項），その質権の登録株式質権者は，会社から金銭を受領し，他の債権者に先立って自己の債権の弁済に充てることができる（会社840条5項・841条2項）。その債権の弁済期が到来していないときは，登録株式質権者は，会社に上記の金銭に相当する金額を供託させることができ，この場合において，質権はその

供託金について存在する（会社840条 6 項・841条 2 項）。

67)　最判平15・ 3 ・27民集57巻 3 号312頁。

68)　管轄（会社835条），担保提供命令（会社836条），弁論等の併合（会社837条）。

69)　会社法コンメ（ 5 ）153頁（小林量），逐条解説（ 3 ）156頁（洲崎博史）。支払義務の履行により支払われた額の分は，その他資本剰余金の額の増加がする（会社計算21条 4 号）。

70)　株主総会の特別決議を経ずに有利発行を行った取締役・執行役は，公正な価額との差額についての会社に対する損害賠償責任（会社423条 1 項）が追及されるだけでなく，当該株式の発行による保有株式の価値減少について，損害を被ったとして株主から取締役・執行役の第三者に対する賠償責任（会社429条）を追及されたり（最判平 9 ・ 9 ・ 9 判時1618号138頁，その差戻控訴審である大阪高判平11・ 6 ・17判時1717号144頁），不法行為責任（千葉地判平 8 ・ 8 ・28判時1591号113頁）を追及される場合がありうる。

問　　題

1　上場会社が募集株式を発行する場合に，その株式の発行価額の公正さを判断するとき，発行直前の株価を基準とすることは妥当であるか。買占めが原因で株価が急騰している状況では，買占め前に形成された株価を基準とすることは，問題がないか。

2　A株式会社（公開会社であるが，指名委員等設置会社ではない）の発行済株式の 1 パーセントの株式を有していたBは，A会社の経営方針が気に入らなかったので，A会社株を買い増してA会社の発行済株式の35パーセントほど取得するに至った。これに対し，A会社の取締役はBの買い占めを嫌って，取引銀行に新株を割り当てて，Bの持株比率を低下させようとした。A会社は，スーパーマーケットを営業していたが，かねて，集客数を高めるために店舗内の拡張と駐車場の充実をすることが検討され，そのための資金を調達する必要があった。Bは，その募集株式の発行は著しく不公正な発行によるものであるとして，A会社に対してその発行の差止めを請求し，上記の資金は銀行からの借入や遊休施設の売却の代金によって調達することができると主張した。Bの差止めの請求は認められるか。

3　公開会社であるが，指名委員会等設置会社ではないA株式会社（発行済株式総数20万株， 1 株の時価1,000円）は，払込価額 1 株980円で10万株の募集株式の発行をしたが，その発行については適法な取締役会決議がなかった。そこで，A会社の株主Bは，取締役会決議がないことを理由として，その募集株式の発行は無効の訴えを提起した。

(1)　Bの訴えは認容されるか。

(2)　本件募集株式の発行について，かりに，取締役会決議により行われたとして，払込価額 1 株500円で第三者に対して発行する場合に，発行の効力は認められるか。

(3)　上記(2)の場合に，かりに，BがA会社による募集株式の発行についてその差止請求をしてこれを本案とする仮処分命令をえたとすれば，A会社がその差止仮処分に違反して募集株式の発行をしたとき，この効力は認められるか。

(4)　上記(2)の場合に，A会社が募集株式の発行に関する一定事項を公告せず，または株主に通知しないで募集株式の発行をしたとすれば，その発行は無効原因となるか。

第 4 章　　新株予約権の発行

1　総　　説

（1）新株予約権の意義

　新株予約権とは，その権利者（新株予約権者）が，会社に対して行使することにより，当該会社の株式の交付を受けることができる権利をいう（会社2条21号）。新株予約権の行使は，あらかじめ定めた一定期間（権利行使期間）（会社236条1項4号）内にあらかじめ定めた一定の財産の価額（権利行使価額）（会社236条1項2号3号）の出資をすることによって行われる。新株予約権を行使した新株予約権者は，当該新株予約権を行使した日に，当該新株予約権の目的である株式の株主となる（会社282条）。

　新株予約権の目的である株式の時価が上昇するほど，新株予約権者は利益を得る。新株予約権は，通常，その経済的価値に対応した対価（有償）で発行されるが，対価の払込みを要しない（無償）で発行される場合もある。

（2）新株予約権が利用される場合

　会社法では，新株予約権はその目的を問わず一般的に発行することができる。①会社の取締役等の役員や従業員にインセンティブ報酬としてストック・オプションを付与する場合以外に，②資金調達の目的のために，社債発行とともにしたり，将来の第三者割当てによる株式の払込金額を確定させるために，新株予約権の第三者割当てを行う場合，資金の乏しい会社（特にベンチャー企業）が融資を受ける条件を有利にするために新株予約権を発行する場合がある。また，③企業間の資本提携を目的として発行したり，④企業組織再編，自己株式取得の対価の柔軟化等にともない，その対価として新株予約権を交付す

ることも認められている[4]。さらに，⑤敵対的企業買収に対する防衛策として株主に新株予約権を交付する場合などに利用される[5]。

1)　新株予約権は，株式を買う権利という意味で，一種のコール・オプション（call option）である。売る権利という意味でのプット・オプション（put option）ではない。
2)　新株予約権・社債それぞれを分離して譲渡できない新株予約権付社債（会社 2 条22号・254条 2 項・267条 2 項）と，新株予約権と社債を同時に募集し，両者を同一人に割り当て，分離して譲渡できるものとする場合がある。
3)　たとえば，ベンチャー企業がベンチャー投資組合に割り当てる場合などがある。
4)　たとえば，会社107条 2 項 2 号ハ・749条 1 項 2 号ハなど。
5)　この場合，ライツ・プラン（rights plan）とかポイズン・ピル（poison pill）と呼ばれる。本書 7 章 4 （2）（ア）参照。

2　新株予約権の発行

（1）新株予約権の内容

　会社が新株予約権を発行するときは，①新株予約権の目的である株式の種類・数，②新株予約権の行使の際に出資される財産の価額（権利行使価額），③新株予約権の行使の際に現物出資する場合その内容・価額，④新株予約権の権利行使期間などの一定の事項（会社236条 1 項 1 号～11号）[6]を新株予約権の内容としなければならない（会社236条 1 項柱書）[7]。新株予約権の権利内容の一定の重要な事項は，登記しなければならない（会社911条 3 項12号。変更登記について会社915条 1 項）。また，新株予約権の行使による変更登記は，毎月末日現在により，その末日から 2 週間以内にすれば足りる（会社915条 3 項）。

　なお，新株予約権付社債に付された新株予約権の数は，当該社債の金額ごとに，均等に定めなければならず（会社236条 2 項），また，新株予約権が 2 以上の者の共有に属するときは，共有者は権利行使者 1 人を定めることを要する（会社237条）。

（2）新株予約権の発行手続

　新株予約権の発行手続については，募集株式の発行等の場合に準じて規定が

4 － 1 図解：新株予約権の発行手続の流れ

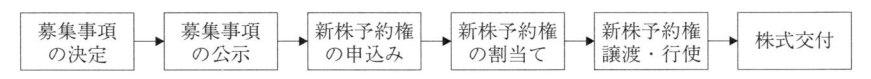

| 募集事項
の決定 | → | 募集事項
の公示 | → | 新株予約権
の申込み | → | 新株予約権
の割当て | → | 新株予約権
譲渡・行使 | → | 株式交付 |

設けられている。なお，新株予約権は，会社に対する一種の債権にすぎず，株式ではないので，会社による自己株式取得・処分のような規制はないことから，会社が保有する自己新株予約権の処分は，自己株式の処分とは異なり，募集の手続により行う必要がない（会社238条 1 項・199条 1 項対比）。

　（ア）募集事項の決定　会社は，その発行する新株予約権を引き受ける者の募集をしようとするときは，その都度，募集新株予約権（当該募集に応じて当該新株予約権の引受けの申込みをした者に対して割り当てる新株予約権をいう）について，①募集新株予約権の内容（上記（ 1 ）参照）・数，②募集新株予約権と引換えに金銭の払込みを要しないとする場合（無償発行）にはその旨，③無償発行以外の場合には募集新株予約権の払込金額（募集新株予約権 1 個と引換えに払い込む金銭の額）など一定の事項（募集事項）（会社238条 1 項 1 号～ 7 号）を定めなければならない（会社238条 1 項柱書）。[8]

　募集事項は，募集株式の発行の場合（会社199条 5 項）と同様に，新株予約権を引き受ける者の募集ごとに，均等に定めなければならない（会社238条 5 項）。

　（イ）決定機関　会社が新株予約権を発行するとき，当該新株予約権の内容（会社236条 1 項），当該新株予約権の数，払込金額などの募集事項（会社238条 1 項）を決定する機関は，募集株式の発行等と同じく（会社199条～201条），公開会社（会社 2 条 5 号）と公開会社でない会社（非公開会社）とでは異なる（会社238条～240条）。

　①公開会社　募集新株予約権の有利発行（会社238条 3 項）となる場合を除き，公開会社における募集事項の決定は，株主総会の特別決議は必要なく，取締役会の決議によることができる（会社240条 1 項）。有利発行の場合は，公開会社でない会社と同様，募集事項の決定を株主総会の特別決議で行うか，または総会の特別決議により取締役会に委任することができる（会社240条 1 項・238条 3 項・239条 1 項 2 項・309条 2 項 6 号）。

	公募・第三者割当て	公募・第三者割当て	株主割当て
	通常発行	有利発行	
公開会社	取締役会決議 （会社238Ⅰ・240Ⅰ）	株主総会の特別決議 （会社238ⅡⅢ） （取締役会に委任することも可〔会社239Ⅰ・Ⅱ〕）	取締役会決議 （会社238Ⅰ・241ⅠⅢ③）
非公開会社	株主総会の特別決議（会社238ⅡⅢ） （取締役・取締役会に委任することも可〔会社239ⅠⅡ・241ⅠⅢ〕）		

注）　譲渡制限株式を目的とする新株予約権の場合，種類株主総会の決議必要（会社238Ⅳ・239Ⅳ）。

②公開会社でない会社　　公開会社でない会社では，その決定は，原則として，株主総会の特別決議によらなければならない（会社238条2項〜4項・309条2項6号）。新株予約権の内容・数の上限，払込金額の下限について株主総会の特別決議で決定するならば，募集事項の決定を取締役（取締役会設置会社では取締役会）に委任することができる（会社239条・309条2項6号[9]）。

③新株予約権の有利発行とストック・オプション　　新株予約権が公正な価額よりも低い価額で発行されると，新株の有利発行と同様，既存の株主の経済的利益が害されるので，株主以外の者に対して「特に有利な条件」・「特に有利な金額」で新株予約権を発行する場合（有利発行）について，新株の有利発行に準じた規制をしている（会社238条3項・239条2項）。「特に有利な」発行であるかどうかについては，オプション価格評価モデルなどの算式の利用により新株予約権の金銭的価値を算定し，それを基準とした公正なオプション価額よりも大きく下回る払込金額で会社がその新株予約権を発行する場合が「特に有利な」発行となる[10]。ただし，公募発行の場合に，公正な価額について市場の評価を採用するときは，有利発行に当たらないと解される。

　ところで，従来，取締役や使用人に対して，インセンティブ報酬として付与されてきたストック・オプションは，新株予約権の無償発行として，有利発行に該当することになると解されてきた。しかし，ストック・オプションの付与について費用計上を義務づける会計基準が採用されたことから，その費用がオ[11]

プションの公正価値に対応する額として算定されるものである場合には，取締役等へのストック・オプションの付与は，新株予約権発行手続との関係では公正な払込金額による発行であると解され（取締役等の職務執行の対価としての報酬債権を新株予約権の発行対価の払込みに充てると考える[12]〔会社246条 2 項［相殺]]），会社法361条の報酬規制に服することになる。

　（ウ）株主割当ての場合　　株主に新株予約権の割当てを受ける権利を与える場合（株主割当て）における募集事項および決定機関も，募集株式の発行の場合と同様であり（会社241条），公開会社では取締役会の決議により，それ以外は，決定権限の取締役（または取締役会）への付与を，定款自治にゆだねている（会社241条 3 項）。

（3）募集新株予約権の割当て

　募集新株予約権の申込み・割当て（会社242条〜244条）[13]も，募集株式発行の場合と同様である[14]。もっとも，募集新株予約権の引受けの申込者または契約によりその総数を引き受けた者は，その払込み（会社246条 1 項）を待たず，割当日（会社238条 1 項 4 号）に，その割当てまたは総数を引き受けた募集新株予約権の新株予約権者となる（会社245条 1 項）[15]。

　募集株式の発行等とは異なり，募集新株予約権については，払込期日における払込みにより新株予約権者となるのではなく，割当日に新株予約権者となるとされる理由は，募集新株予約権の払込期日が定められない場合（会社238条 1 項 5 号）やその払込みが長期間にわたる場合もあることなどを考慮するものである[16]。したがって，割当日に募集新株予約権の効力が発生するものとして，登記等の開示規制を及ぼすことができるようになる（会社911条 3 項12号〔登記〕）[17]。払込みは，当該募集新株予約権の行使のための条件となる（会社246条 3 項）。

（4）公開会社における支配株主の異動をともなう募集新株予約権の
　　発行等に関する特則

　（ア）趣　旨　　募集新株予約権の発行についても，公開会社における支配株主の異動をともなう募集株式の発行等（会社206条の 2 ）の場合と同様の規制

4−3図解：公募・第三者割当ての場合（公開会社─総額引受けでない場合）

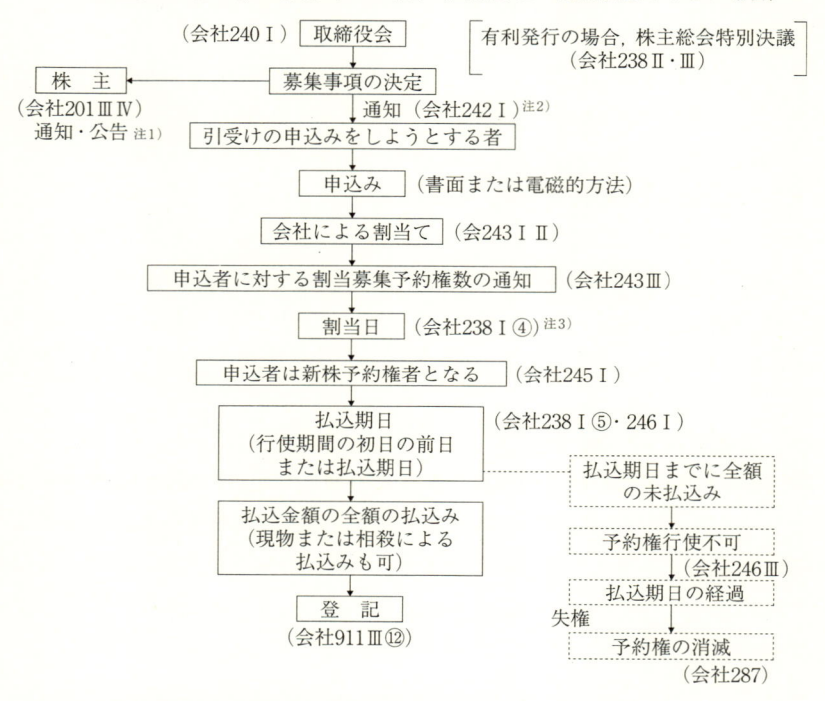

注1）　有価証券届出書を払込期日等の2週間前までに提出の場合などを除く（会社240Ⅳ）。
注2）　目論見書の交付などの場合を除く（会社242Ⅳ）。
注3）　募集株式のように払込期日ではなく，割当日に新株予約権者となる。

が設けられている（会社244条の2）。この規制がないとするならば，募集新株予約権の発行によって，募集株式の発行等の場合の規制が容易に潜脱されるおそれがあるからである。

　（イ）支配株主の異動をともなう新株予約権の割当て　　公開会社において，募集新株予約権の割当てを受けた申込または総数引受契約の締結により募集新株予約権の総数を受けた者（総称して「引受人」〔その子会社等を含む〕）がその引き受けた募集新株予約権に係る交付株式の株主となった場合に有することとなる最も多い議決権の数（分子）が，当該引受人（特定引受人という）がその「交付

株式」の株主となった場合における最も多い総株主の議決権の数（分母）に対する割合として，2分の1を超える場合が，支配株主の異動を伴う場合として，規制の対象となる（会社244条の2第1項本文）。ただし，当該特定引受人が発行会社の親会社等（会社2条4号の2）である場合，または，株主割当てによる場合（会社241条）には，規制の対象とならない（会社244条の2第1項但書）。

　（ウ）手　続　①株主に対する情報開示（会社244条の2第1項3項・4項，会社則55条の2，社債株式振替161条2項），②株主総会の決議（会社244条の2第5項6項）について，募集株式の規制と同様である。

（5）募集新株予約権の払込み

　新株予約権が無償で発行される場合は別として，有償で発行する場合には（会社238条1項3号），新株予約権者は，募集新株予約権についての行使期間（会社236条1項4号）の初日の前日，払込みの期日を定めた場合（会社238条1項5号）には当該期日（払込期日）までに，会社が定めた銀行等の払込みの取扱いの場所において，それぞれの募集新株予約権の払込金額の全額を払い込まなければならない（会社246条1項）。

　この払込期日までに，それぞれの募集新株予約権の払込金額の全額の払込みをしないときは，当該募集新株予約権を行使することができない（会社246条3項・287条〔失権〕）。ただし，新株予約権者は，会社の承諾をえて，上記の払込みに代えて，払込金額に相当する金銭以外の財産を給付し（現物出資），または当該株式会社に対する債権をもって相殺することができる（会社246条2項）。これは，新株予約権（一種の債権）の取得にすぎず，会社法において新株予約権に係る払込みは出資としてではなくて，単なる会社に対する債務の履行として取り扱っていることを意味し，一般原則により，代物弁済や相殺も可能となると考えられる。また，株式の払込みそのものではないことから，現物出資の場合の検査役の調査（会社284条）は要求されない。

（6）新株予約権無償割当て

　（ア）意　義　会社は，株主（種類株式発行会社では，ある種類の種類株主）に

対して新たに払込みをさせないで当該会社の新株予約権の割当て（新株予約権無償割当て）をすることができる（会社277条）。株式の無償割当て（会社185条〜187条）に準じた規定をし，株主からの申込みを必要とせず，自動的に新株予約権を割り当てるものである。会社が種類株式発行会社の場合には，株主の有する株式の種類と異なる種類の株式の交付を受ける新株予約権の無償割当てを受けることもできる。株主割当ての方法による募集株式の発行等に際し株主が当該割当てを受ける権利を譲渡できるようにする場合や，敵対的企業買収に対する防衛策として新株予約権の無償割当てをする場合[20]などに利用される。

　（イ）新株予約権無償割当てに関する事項の決定　会社は，新株予約権無償割当てをしようとするときは，その都度，株主に割り当てる新株予約権の内容および数，無償割当てがその効力を生ずる日など，一定の事項を定めなければならない（会社278条1項1号〜4号・2項）。

　（ウ）決定機関　上記の新株予約権無償割当てに関する事項の決定は，定款に別段の定めがある場合を除き，取締役会設置会社では取締役会の決議（取締役会を設置しない会社では株主総会の普通決議〔会社309条1項〕）によらなければならない（会社278条3項）。

　（エ）新株予約権無償割当ての効力の発生等　新株予約権の無償割当てを受けた株主は，その効力発生の日に，当該新株予約権の新株予約権者（新株予約権付社債の場合には新株予約権者および社債の社債権者）となる（会社279条1項）。株主に新株予約権の行使の機会を与えるために，会社は，当該新株予約権の行使期間（会社236条1項4号）の初日の2週間前までに，株主およびその登録株式質権者に対し，当該株主が割当てを受けた新株予約権について通知しなければならない（会社279条2項）。その通知が遅れた場合，行使期間の末日が当該通知の日から2週間を経過する日まで延長されたものとみなされる（会社279条3項）。

（7）新株予約権に係る証券

　（ア）新株予約権に係る証券の意義　新株予約権は譲渡することができるので（会社254条1項），会社法では，新株予約権の譲渡を容易にするために，新

株予約権を表章する有価証券の発行が認められている。新株予約権証券と新株予約権付社債券がある。

　新株予約権証券は，新株予約権が証券発行新株予約権である場合に，当該新株予約権について発行されているものである（会社249条3号ニ）。新株予約権付社債券は，新株予約権付社債が証券発行新株予約権付社債である場合に，当該新株予約権付社債について発行されているものである（会社249条2号）。

　（イ）新株予約権証券・新株予約権付社債券の発行等　会社は，証券発行新株予約権を発行した日以後遅滞なく，当該証券発行新株予約権に係る新株予約権証券を発行しなければならない（会社288条）。その他，株券の場合と同様の規定がある。

（8）新株予約権原簿

　（ア）新株予約権原簿の意義　会社は，新株予約権を発行した日以後遅滞なく，法定の事項を記載・記録した新株予約権原簿を作成しなければならない（会社249条）。新株予約権は譲渡性を有するので，新株予約権についても，株主名簿または社債原簿に準じて，新株予約権原簿制度が設けられている。

　（イ）新株予約権原簿の記載事項・備置き・閲覧等　新株予約権原簿には，①無記名式の新株予約権証券（会社249条1号〔無記名新株予約権という〕），②無記名式の新株予約権付社債券（同条2号〔無記名新株予約権付社債〕という），③上記①・②以外の新株予約権（同条3号）の区分に応じ，当該新株予約権の内容・数・当該証券の番号（新株予約権が信託財産に属するときはその旨〔会社272条の2第2項4号〕）を記載・記録しなければならない（会社249条柱書）。その他，株主名簿の場合と同様の規定がある。

6）　権利行使期間（同項4号）について，会社法では，その期間の始期・終期について制約がない。会社法コンメ（6）25頁〔税特措29条の2Ⅰ①では，ストック・オプションの場合に始期・終期の定めがあり，終期は新株予約権の付与決議の日後10年を経過する日までの間とする〕（江頭憲治郎），逐条解説（3）242頁（前田雅弘）。

7）　会社236条1項1号〜11号の事項以外でも，たとえば，ポイズン・ピルを目的とする新株予約権について，20パーセントを超える株式保有割合を有する株主以外の株主が行

使することができるなどの差別的行使条件も定めることは可能であると解されている（会社911条3項12号ハ参照）。新株予約権は株式ではないから，その権利内容について株式のような厳格な平等原則は存在しないと考えられるからである（ただし，最決平19・8・7民集61巻5号2215頁〔後掲ブルドックソース事件〕は，敵対的企業買収を阻止する目的の差別的行使条件が付された新株予約権に株主平等の原則の趣旨が及ぶとする）。

8) 種類株式発行会社（会社2条13号）において新株予約権の目的である株式の種類が譲渡制限株式（会社2条17号）である場合には，当該種類株主による種類株主総会の特別決議を要する（会社238条4項・324条2項3号）。

9) 最判平24・4・24民集66巻6号2908頁（全国保証事件）は，公開会社でない会社において，旧商法280条の21第1項（会社238条1項）に基づく株主総会決議の委任を受けて取締役会が新株予約権の行使条件を定めた場合に，新株予約権の発行後に上記行使条件を変更する取締役会決議は，明示の委任がないかぎり，上記株主総会決議による委任に基づき定められた新株予約権の行使条件の細目的な変更をするときを除き，無効であると判示する。

10) 東京地決平18・6・30判タ1220号110頁（サンテレホン事件）。

11) 企業会計基準第8号「ストック・オプション等に関する会計基準」・企業会計基準適用指針第11号「ストック・オプション等に関する会計基準の適用指針」（平17・11・29）。

12) 会社法コンメ（6）48頁—49頁（吉本健一），逐条解説（3）252頁—253頁（松井秀征）。

13) 募集新株予約権の目的である株式が譲渡制限株式である場合，または，募集新株予約権が譲渡制限新株予約権（会社262条〜266条）である場合には，その割当先の決定には，株主総会の特別決議（会社309条2項6号），または取締役会設置会社〔会社2条7号〕では取締役会決議を要する（会社243条2項・244条3項）。

14) 新株予約権付社債の場合は，当該新株予約権付社債の引受けの申込みをしたものとみなされる（会社242条6項）。

15) 新株予約権付社債の場合は，当該新株予約権付社債の社債権者となる（会社245条2項）。

16) たとえば，取締役等に対して職務執行の対価として付与する場合，割当てを受けた当該取締役等が払込みに相当する職務執行を終了するまでは新株予約権者ではないことになって，その開示もされないことになり不都合である。

17) 事業報告の内容として，会社則119条4号・121条4号・123条・124条6号参照。

18) 「交付株式」とは，①募集新株予約権の目的である株式（会社236条1項1号），②取得条項に基づく募集新株予約権の取得と引き替えに交付される株式（会社236条1項7号ニ），③その他募集新株予約権の新株予約権者が交付を受ける株式として法務省令で定める株式（会社則55条の3）をいう（会社244条の2第2項）。

19) 分母となる総株主の議決権数については，募集株式の規制の場合とは異なり，当該募

集新株予約権の引受人の全員ではなく，特定引受人（その子会社等を含む）のみが，その引き受けた募集新株予約権に係る交付株式の株主となった仮定して計算され，当該特定引受人以外の引受人がその交付株式の株主となったと仮定しないとされる。坂本編著・一問一答150頁。

20)　たとえば，最決平19・8・7民集61巻5号2215頁（後掲ブルドックソース事件），東京高決平17・6・15判時1900号156頁（後掲ニレコ事件）などの事案参照。

21)　証券発行新株予約権とは，新株予約権（新株予約権付社債に付されたものを除く）であって，当該新株予約権に係る新株予約権証券を発行する旨の定めがあるものである（会社249条3号ニ括弧書）。

22)　証券発行新株予約権付社債は，新株予約権付社債であって，当該新株予約権付社債についての社債につき社債券を発行する旨の定めがあるものである（会社249条2号括弧書）。

23)　会社289条〜294条等。

24)　会社250条〜253条等。

3　新株予約権の譲渡等

(1) 意　義

　新株予約権者は，その有する新株予約権を譲渡することができる（会社254条1項）。新株予約権の譲渡は，原則として自由である。ただし，新株予約権付社債については，新株予約権と社債を一体として譲渡することが要求されており（非分離型の新株予約権付社債），当該新株予約権付社債についての社債が消滅したときを除き，新株予約権付社債に付された新株予約権のみを譲渡することはできない（会社254条2項）。また，当該新株予約権付社債に付された新株予約権が消滅したときを除き，新株予約権付社債についての社債のみを譲渡することはできない（会社254条3項）。

　会社法では，分離型の新株予約権付社債は，新株予約権と社債とをそれぞれ別々にかつ同時に募集し，両者を同時に割り当てるものとして構成される。

(2) 譲渡の効力要件

　証券の発行されていない新株予約権の譲渡の効力要件については規定がないが，一般原則により当事者の意思表示（譲渡の合意）によると解される。

証券発行新株予約権の譲渡および証券発行新株予約権付社債に付された新株予約権の譲渡については，それぞれ，当該証券発行新株予約権に係る新株予約権証券の交付および当該証券発行新株予約権付社債に係る新株予約権付社債券の交付をしなければ，その効力を生じない（会社255条1項本文・2項本文）。[25]

（3）譲渡の対抗要件等

新株予約権の譲渡は，その新株予約権を取得した者の氏名または名称および住所を新株予約権原簿に記載・記録しなければ，会社その他の第三者に対抗することができない（会社257条1項・272条の2第1項4項〔新株予約権が信託財産に属する場合〕）。

記名式の新株予約権証券・新株予約権付社債券が発行されている場合は，新株予約権原簿への記載・記録は会社に対する対抗要件である（会社257条2項）。会社以外の第三者（たとえば差押債権者）に対する対抗要件は，証券の所持によってみたされる趣旨である。

無記名新株予約権（会社249条1号）・無記名新株予約権付社債（会社249条2号）の場合，新株予約権原簿への記載・記録が対抗要件とはされず（会社257条3項），証券の占有が会社その他の第三者に対する対抗要件となる。[26]

（4）新株予約権の譲渡の制限

会社は，新株予約権の内容として，譲渡による当該新株予約権の取得について，当該会社の承認を要する旨を定めることができる（会社236条1項6号）。株式の譲渡制限と同様の趣旨のものである。[27]

譲渡制限新株予約権を譲渡する場合，譲渡制限株式の場合と同様の譲渡等承認請求手続がとられる。[28]ただし，譲渡制限株式の場合（会社140条）と異なり，会社が譲渡制限新株予約権（会社243条2項2号）の譲渡・取得を承認しない場合に，当該新株予約権についての会社・指定買取人による買取は認められていない（事実上，譲渡禁止とすることが可能）。これは，新株予約権は，株式になる前の段階の権利で，株式を取得しうる権利にすぎず，また，譲渡制限新株予約権の発行の趣旨から新株予約権の対価の回収を保障を必要性は乏しく，新株予

約権者は，譲渡を承認されない場合でも新株予約権を行使して株式を取得し，その株式を譲渡して換価することができるからである。

（5）新株予約権の質入れ

　新株予約権の質入れについては，基本的に新株予約権の譲渡に準じた規定が設けられており，新株予約権者は，その有する新株予約権（新株予約権付社債の場合は新株予約権と社債の双方）に質権を設定することができる（会社267条）。その他，株式の質入れの場合と類似した規定がある。[29]

（6）振替制度における新株予約権についての権利の帰属

　（ア）振替新株予約権・振替新株予約権付社債の意義　振替新株予約権・振替新株予約権付社債とは，新株予約権の発行の決定（会社238条）において，当該決定に基づき発行する新株予約権・新株予約権付社債（その目的である株式が振替株式であるものに限り，譲渡制限の定め〔会社236条1項6号〕があるものを除く）の全部について社債株式振替法の規定の適用を受けることとする旨を定めた新株予約権・新株予約権付社債であって，振替機関が取り扱うものをいう（社債株式振替163条・192条）。

　（イ）権利の帰属　振替新株予約権・振替新株予約権付社債についての権利の帰属は，振替口座簿（社債株式振替165条～173条・194条～204条）の記載・記録により定まる（社債株式振替163条・192条）。会社・第三者に対する対抗要件としての新株予約権原簿の記載は要求されない（社債株式振替190条・224条により会社257条1項の適用除外）。振替新株予約権・振替新株予約権付社債については，新株予約権証券・新株予約権付社債券（会社288条1項・292条1項）を発行することができない（社債株式振替164条1項・193条1項）。

　振替新株予約権・振替新株予約権付社債の譲渡・質入れは，振替によりその口座において減少の記載・記録がされる加入者がその直近上位機関（社債株式振替2条6項）に対して行う振替の申請（社債株式振替168条2項・197条2項）により，譲受人・質権者がその口座における保有欄・質権欄に当該譲渡・質入れに係る数の増加の記載・記録を受けなければ，その効力を生じない（社債株式

振替174条〜176条・205条〜207条・224条)。

　振替機関等（社債株式振替2条5項）が社債等の振替を行うための口座を開設した加入者（社債株式振替2条3項）は，その口座における記載・記録がされた振替新株予約権・振替新株予約権付社債についての権利を適法に有するものと推定される（社債株式振替177条・208条）。振替の申請によりその口座において特定の銘柄の振替新株予約権・振替新株予約権付社債についての増加の記載・記録を受けた加入者は，当該加入者に悪意または重大な過失がないかぎり，当該銘柄の振替新株予約権・振替新株予約権付社債についての当該増加の記載・記録に係る権利を取得する（善意取得）（社債株式振替178条・209条）。

　（ウ）振替新株予約権・振替新株予約権付社債の公示　　振替新株予約権・振替新株予約権付社債の発行時の新規記載・記録（社債株式振替166条1項）の通知があった場合には，当該通知を受けた振替機関は，直ちに，振替新株予約権・振替新株予約権付社債の発行者の費用負担により，当該通知に係る振替新株予約権・振替新株予約権付社債の銘柄について，加入者が振替新株予約権の総数等（社債株式振替166条1項9号・195条1項9号など）を知ることができるようにする措置をとらなければならない（社債株式振替191条・225条）。その他，会社法の特例に関する規定がなされている。[30]

---

25)　自己新株予約権（会社が有する自己の新株予約権）および自己新株予約権付社債（会社が有する自己の新株予約権付社債）の処分による証券発行新株予約権の譲渡については，証券の交付を要しない（会社255条1項但書・2項但書・256条）。

26)　証券占有者の権利の推定・善意取得（会社258条），新株予約権原簿の名義書換えの請求（会社259条〜261条）は，株式の譲渡の場合と同様である。

27)　新株予約権の譲渡制限がなされるのは，新株予約権の目的である株式が譲渡制限株式（会社2条17号）である場合に新株予約権の行使により株主となる者を制約して会社の閉鎖性を維持したり，取締役等に対するストック・オプションの付与あるいは業務提携など新株予約権付与の実効性を確保するために必要とされる場合があるからである。なお，譲渡制限新株予約権は，振替制度の対象とすることができない（社債株式振替163条）。

28)　新株予約権者・新株予約権取得者からの譲渡制限新株予約権の譲渡・取得の承認請求（会社262条・263条），譲渡等承認請求の方法（会社264条），譲渡等の承認の決定等（会社265条），会社が譲渡等を承認したとみなされること（会社266条）などについて，譲

渡制限株式の場合と同様である。

29）　会社268条～272条。
30）　社債株式振替183条～189条・215条～220条等。

4　会社による自己の新株予約権の取得

（1）自己新株予約権の取得の意義

　自己新株予約権とは，会社が有する自己の新株予約権（会社255条1項括弧書）をいうが，会社法には，自己新株予約権の取得について，取得条項付新株予約権の取得（会社273条～276条）および買取請求の行使による取得（会社118条等）に規定があるにすぎなく，また，新株予約権は会社に対する一種の債権にすぎず，自己株式の取得のような弊害もそれほど考えられないことから，自己新株予約権の取得を制約する規定はない。したがって，財源規制はなく，また，会社が任意に新株予約権を新株予約権者から取得して（会社118条1項・280条6項参照），処分または償却（会社276条・287条）することは自由である。なお，会社は，自己新株予約権を行使することはできない（会社280条6項）。

（2）取得条項付新株予約権の取得

　会社が新株予約権の行使期間の満了前にその新株予約権を強制的に取得したい場合を考慮して，取得条項付株式の場合と同様の手続が定められている[31]。[32]

（3）新株予約権の買取請求

　新株予約権を発行する会社が，株式の内容についての定款の変更，組織変更や合併等の組織再編を行うことによって，重大な変更を生じる場合に，新株予約権者の利益を保護する必要がある。そこで，会社法は，譲渡制限その他の特定の事項に関する定款変更をする場合と組織再編の一定の場合に，新株予約権者に新株予約権の買取請求を認めている[33]。

（4）新株予約権の処分・消却

　会社法は，新株予約権の処分について規定を設けておらず，自己株式の処分が新株の発行の一環として取り扱われているのとは異なる。したがって，会社は，一般原則により，自己新株予約権を任意に処分することができ，また，自己新株予約権を消却することができる（会社276条）[34]。

---

31)　たとえば，インセンティブ報酬として新株予約権を付与された取締役等がすぐに辞めてしまった場合，ポイズン・ピル目的の新株予約権を消滅させたい場合などである。

32)　取得する日の決定（会社273条），取得する新株予約権の決定等（会社274条），効力の発生等（会社275条）。

33)　定款変更の場合（会社118条1項2項）については，株式の買取請求の場合（会社116条・117条）と同様の規定がある（会社118条3項〜10項・119条）。組織変更の場合については（会社777条1項2項），上記定款変更の場合と同様である（会社777条3項〜10項・778条）。組織再編の場合についても（会社236条1項8号・749条1項4号5号・753条1項10号11号・758条1項5号6号・763条1項10号11号・768条1項4号5号・773条1項9号10号・787条1項2項・808条1項2項），上記の場合と同様である（会社787条3項〜10項・808条3項〜10項・788条・809条）。

34)　取締役会設置会社では取締役会の決議，それ以外の会社では原則として取締役の過半数の決定（会社348条2項）による。

5　新株予約権の行使

（1）新株予約権の行使

　新株予約権の行使は，①その行使に係る新株予約権の内容・数，②新株予約権を行使する日（行使日）を，明らかにしてしなければならない（会社280条1項）。会社は，自己新株予約権を行使することができない（会社280条6項）。資本充実を害するからである。証券発行新株予約権を行使しようとするときは，新株予約権者は，当該新株予約権証券が発行されていないときを除き，当該新株予約権証券を会社に提出しなければならない（会社280条2項。新株予約権付社債券について，会社280条3項〜5項）。

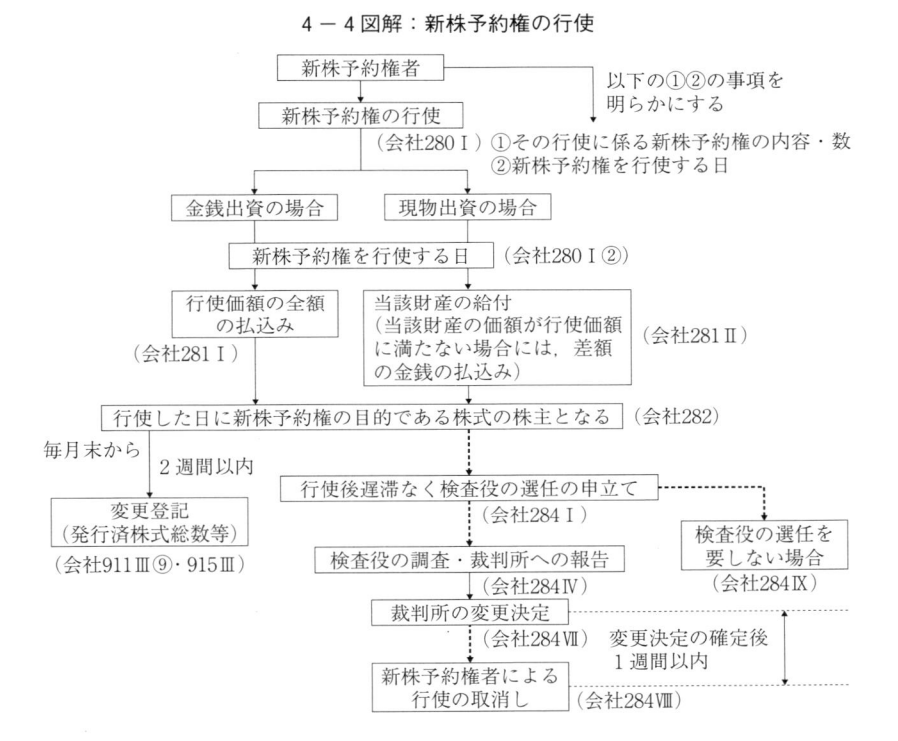

4－4図解：新株予約権の行使

（2）新株予約権の行使に際しての払込み

　金銭を新株予約権の行使に際してする出資の目的とするときは，新株予約権者は，行使日に，会社が定めた銀行等の払込みの取扱いの場所において，その行使に係る新株予約権についての行使価額（会社236条1項2号）の全額を払い込まなければならない（会社281条1項）。金銭以外の財産の出資の場合（会社281条2項）には，募集株式に関する現物出資の場合と同様に，検査役の調査を必要とする（会社284条）。また，資本充実を図るための相殺の禁止（会社281条3項），新株予約権を行使した日に当該株式の株主となること（会社282条1項・915条3項1号〔変更の登記〕，商登57条），1株に満たない端数の処理（会社283条）[35]についての規定がある。

（3）新株予約権の消滅

会社が自己新株予約権を消却した場合のほか，新株予約権者がその有する新株予約権を行使することができなくなったときは（権利行使期間の経過〔会社236条1項4号〕など），当該新株予約権は消滅する（会社287条）。また，組織再編の一定の場合においても，新株予約権は消滅する（会社750条4項・752条5項など）。

35) 新株予約権者が払込み・給付を仮装する場合には，募集株式の発行等の出資の履行が仮装される場合と同旨の規定がある（会社282条2項3項・286条の2第1項2号3号2項・286条の3，会社則62条の2）。

6　違法な新株予約権の発行に対する措置

（1）総　　説

募集新株予約権の発行に法令・定款違反ないしは不公正な発行がある場合に，会社法は，募集株式の発行等の場合と同様に，①募集新株予約権の発行の差止め（会社247条），②新株予約権の発行の無効の訴え（会社828条1項4号2項4号）および新株予約権の発行の不存在の訴え（会社829条3号），③不公正な払込金額で新株予約権を引き受けた者等の責任（会社285条・286条。払込みの仮装の場合の責任について，会社286条の2・286条の3）の各措置が規定されている。これらの措置は，新株予約権者がその新株予約権を会社に対して行使することにより会社の株式の交付を受けることができるものであるから，募集株式の発行等の場合と同様に，既存株主の利益保護のための規制をし，これに違反する場合に対して救済手段を定めるものである。

（2）募集新株予約権の発行の差止め

（ア）意　義　　募集新株予約権（会社238条1項）の発行が，①法令・定款に違反する場合，または②著しく不公正な方法により行われる場合において，株主が不利益を受けるおそれがあるときは，株主は，会社に対し，その発行をや

めることを請求することができる（会社247条）。これは，募集株式の発行等の
差止めと同様に，法令・定款違反または不公正な方法による発行により不利益
（持株比率の低下，株価の低下にともなう損害）を受けるおそれがある株主を事前
に救済する趣旨である。なお，新株予約権無償割当てについては募集新株予約
権の発行と同様の差止請求権が規定されていないが，新株予約権無償割当てに
ついても，それが株主の地位に実質的変動を及ぼす場合には，会社法247条の
規定が類推適用されると解されている[36]。

　(イ) **要 件**　　①法令・定款違反　　法令違反には，会社法が定める株主
総会・取締役会等の決定を経ない場合[37]，有利発行が株主総会の特別決議を経ず
に行われる場合[38]，募集事項が均等でない場合（会社238条5項），株主が新株予
約権の割当てを受ける権利を無視される場合（会社241条2項），株主が割当て
を受ける新株予約権の内容を当該株主に通知しない場合（会社241条4項），新
株予約権の内容が違法な場合[39]などが該当する。定款違反には，定款に定められ
た株主の新株予約権の割当てを受ける権利を無視した発行などが該当する。

　②著しく不公正な方法　　(a)ニッポン放送事件（東京高決平17・3・23判時
1899号56頁）　　Y株式会社は，一般放送事業（ＡＭラジオ放送），ＢＳデジタル
音声放送の企画・制作・運営，その他関連物の企画・制作・運営等を主たる事
業内容とする会社であるが，X株式会社がY会社の発行済株式総数の約29.6
パーセントに相当する株式を買い付けた後に，これに対する対抗措置として，
取締役会において発行済株式総数の約1.44倍に当たる数の株式を目的とする新
株予約権を同じ企業グループの一員であるA株式会社に対して発行する決議を
した。この新株予約権が行使された場合には，XのY会社株式の持株比率は約
42パーセントから約17パーセントとなり，A会社の持株比率は新株予約権を行
使した場合に取得する株式数だけで約59パーセントになることが認められる。
そこで，Xは，本件新株予約権の発行が著しく不公正方法によるものである
ことなどを理由として，新株予約権発行の差止めを求める仮処分の申立てを
行った。第1審は，Xの差止仮処分の申立てを認容した。これに対し，Y会社
が仮処分異議を申し立てたが退けられ，第1審仮処分決定は認可されたので，
Y会社は抗告した。東京高裁は，次のように決定して，抗告を棄却した。

「商法上，取締役の選任・解任は株主総会の専決事項であり（254条1項〔会社329条1項〕，257条1項〔会社339条1項〕），取締役は株主の資本多数決によって選任される執行機関といわざるを得ないから，被選任者たる取締役に，選任者たる株主構成の変更を主要な目的とする新株等の発行をすることを一般的に許容することは，商法が機関権限の分配を定めた法意に明らかに反するものである。……誰を経営者としてどのような事業構成の方針で会社を経営させるかは，株主総会における取締役選任を通じて株主が資本多数決によって決すべき問題というべきである。したがって，現経営者が自己の信じる事業構成の方針を維持するために，株主構成を変更すること自体を主要な目的として新株等を発行することは原則として許されないというべきである。」，「会社の経営支配権に現に争いが生じている場面において，株式の敵対的買収によって経営支配権を争う特定の株主の持株比率を低下させ，現経営者又はこれを支持し事実上の影響力を及ぼしている特定の株主の経営支配権を維持・確保することを主要な目的として新株予約権の発行がされた場合には，原則として，商法280条ノ39第4項（会社247条）が準用する280条ノ10（会社210条）にいう『著シク不公正ナル方法』による新株予約権の発行に該当するものと解するのが相当である。」，「もっとも，経営支配権の維持・確保を主要な目的とする新株予約権発行が許されないのは，取締役は会社の所有者たる株主の信任に基礎を置くものであるから，株主全体の利益の保護という観点から新株予約権の発行を正当化する特段の事情がある場合には，例外的に，経営支配権の維持・確保を主要な目的とする発行も不公正発行に該当しないと解すべきである。」，「例えば，株式の敵対的買収者が，〔1〕真に会社経営に参加する意思がないにもかかわらず，ただ株価をつり上げて高値で株式を会社関係者に引き取らせる目的で株式の買収を行っている場合（いわゆるグリーンメイラーである場合），〔2〕会社経営を一時的に支配して当該会社の事業経営上必要な知的財産権，ノウハウ，企業秘密情報，主要取引先や顧客等を当該買収者やそのグループ会社等に移譲させるなど，いわゆる焦土化経営を行う目的で株式の買収を行っている場合，〔3〕会社経営を支配した後に，当該会社の資産を当該買収者やそのグループ会社等の債務の担保や弁済原資として流用する予定で株式の買収を行っている場合，

〔4〕会社経営を一時的に支配して当該会社の事業に当面関係していない不動産，有価証券など高額資産等を売却等処分させ，その処分利益をもって一時的な高配当をさせるかあるいは一時的高配当による株価の急上昇の機会を狙って株式の高価売り抜けをする目的で株式買収を行っている場合など，当該会社を食い物にしようとしている場合には，濫用目的をもって株式を取得した当該敵対的買収者は株主として保護するに値しないし，当該敵対的買収者を放置すれば他の株主の利益が損なわれることが明らかであるから，取締役会は，対抗手段として必要性や相当性が認められる限り，経営支配権の維持・確保を主要な目的とする新株予約権の発行を行うことが正当なものとして許されると解すべきである。そして，株式の買収者が敵対的存在であるという一事のみをもって，これに対抗する手段として新株予約権を発行することは，上記の必要性や相当性を充足するものと認められない。」，「したがって，現に経営支配権争いが生じている場面において，経営支配権の維持・確保を目的とした新株予約権の発行がされた場合には，原則として，不公正な発行として差止請求が認められるべきであるが，株主全体の利益保護の観点から当該新株予約権発行を正当化する特段の事情があること，具体的には，敵対的買収者が真摯に合理的な経営を目指すものではなく，敵対的買収者による支配権取得が会社に回復し難い損害をもたらす事情があることを会社が疎明，立証した場合には，会社の経営支配権の帰属に影響を及ぼすような新株予約権の発行を差止めることはできない。」

　(b)著しく不公正な方法　　著しく不公正な方法には，会社の経営支配権に現に争いが生じているときに現経営者の経営支配権を維持・確保することを主要な目的として新株予約権の発行がされた場合[40]，将来出現する可能性のある敵対的買収者の株式保有割合を希釈してその議決権の数を相対的に減少させることを目的として，既存株主に対して無償割当てされた新株予約権が譲渡制限されているために，既存株主に損害を与える場合などが該当する[41]。

　募集株式の発行等の場合において従来の下級審裁判例が，主要目的ルールに基づき，会社に具体的な資金調達の必要性が認定されれば，著しく不公正な方法によるものとはしない傾向があったが，募集新株予約権の発行の場合には，

新株予約権が多様な目的で利用することが認められることから，原則として資金調達の必要性は要求されないと解される。なお，裁判例として，現に経営支配権争いが生じている場面において，経営支配権の維持・確保を目的とした新株予約権の発行がされた場合には，原則として，不公正な発行として差止請求が認められるべきであるが，株主全体の利益保護の観点から当該新株予約権発行を正当化する特段の事情があること，具体的には，敵対的買収者が真摯に合理的な経営を目指すものではなく，敵対的買収者による支配権取得が会社に回復し難い損害をもたらす事情（当該会社を食い物にしようとしている場合）があることを会社が疎明・立証した場合には，会社の経営支配権の帰属に影響を及ぼすような新株予約権の発行を差止めることはできない判示するものがある。[42]

　③株主が不利益を受けるおそれ　　法令・定款違反または著しく不公正な方法による募集新株予約権の発行が行われることによって，既存株主が持株比率の低下や株価の低下にともなう損害という不利益を受けることが必要である。前記の法令・定款違反または著しく不公正な方法に該当する事由があれば，株主が不利益を受けるおそれは事実上推定されるものと考えられる。

　（ウ）差止請求手続等　　募集株式の発行等の差止めの請求と同様に，不利益を受ける株主が請求でき，請求の相手方は会社であり（会社247条1項），また，管轄裁判所は会社の本店所在地の地方裁判所である（民訴4条1項4項）。株主は，会社に対して，裁判外でも，書面・口頭で差止めの請求をすることができるが，募集新株予約権の発行が効力を生じた後は，差止請求権を行使できなくなる。そこで，会社が差止めの請求に応じないときは，募集新株予約権の発行の差止めの訴えを提起し，その訴えを本案とする差止めの仮処分の申請を行うことになる（民保23条1項）。

（3）新株予約権の発行の無効の訴え

　（ア）総　説　　募集新株予約権の発行に法律上瑕疵がある場合に，一般原則に従って募集新株予約権の発行を無効とすると，いつでもだれでも無効を主張することができることから，法的安定性に欠けることになる。そこで，会社法は，新株予約権発行の無効の訴え[43]を設けて，募集新株予約権の発行の無効

は，訴えのみによって主張することができるとしている（形成訴訟）。これに対して，自己新株予約権の処分についての無効は，会社法に規定がなく，一般原則によるものと解される。

　（イ）無効事由　　会社法は，募集新株予約権の発行の無効原因となる事由を定めておらず，解釈にゆだねられているが，募集株式の発行等の場合と同様に，無効事由は特に重大な瑕疵に限定して解される。

　①無効事由と認められる場合　　(a)譲渡制限株式を目的とする募集新株予約権の発行に必要な株主総会・種類株主総会[44]の決議に瑕疵がある場合，(b)募集新株予約権の割当てを受ける権利（株主割当て）（会社241条2項）の無視，(c)公開会社における募集事項の通知・公告（会社240条2項3項）を欠いた場合，(d)募集新株予約権の発行の差止仮処分命令に違反する場合などは，無効事由となる。

　②無効事由と認められない場合　　(a)新株予約権の目的である株式数が会社の交付可能な株式数（会社113条4項）を超過する場合，(b)株主総会の特別決議（会社238条2項3号・240条1項・309条2項6号）を経ないでなされた募集新株予約権の有利発行，(c)著しく不公正な方法（会社247条2号）による募集新株予約権の発行，(d)上記①の(b)・(c)・(d)以外の発行手続上の法令違反などは，無効事由とはならないと解される。

　（ウ）訴訟手続・判決の効力　　募集新株予約権の発行の無効の訴えの訴訟手続は，新株発行等の無効の訴えと同様である[45]。新株予約権の発行の無効の訴えに係る請求を認容する判決が確定した場合の効力（会社842条）について，新株発行の無効判決の効力と同様の規定がある。

（4）新株予約権の発行の不存在の確認の訴え

　（ア）総　説　　募集新株予約権の発行の実態が存在しない場合には，募集新株予約権の発行の不存在として，当該発行の効力がないことを，いつでも，だれでも，どのような方法でも主張できる。しかし，募集新株予約権の発行による変更の登記がなされ，その募集株式が存在するような外観がある場合に，利害関係者が，対世効のある判決により当該発行が不存在であることを確認す

る必要があるときは，新株予約権の発行が存在しないことの確認を，訴えを
もって請求することができる（会社829条3号）。自己新株予約権の処分が存在
しないことについては，会社法に明文の規定がなく，一般原則によることにな
る。

　（イ）訴訟手続・判決の効力　　新株予約権の発行の不存在の確認の訴えについ
いても，訴訟手続・判決の効力は，新株発行等の不存在の確認の訴えと同様で
ある。[46]

（5）不公正な払込金額等の場合における新株予約権者等の責任

　不公正な払込金額で新株予約権を引き受けた者等の責任（会社285条），出資
された財産等の価額が不足する場合の取締役等の責任（会社286条）について
は，募集株式の場合と同様である。

（6）出資の履行の仮装

　新株予約権に係る払込み等を仮装した新株予約権者等の責任（会社286条の
2），新株予約権に係る払込み等を仮装した場合の取締役等の責任（会社286条
の3）について，募集株式の場合と同様の規定がある。

36）　東京地決平19・6・28金判1270号12頁（ブルドックソース事件申立審決定），東京高
　　決平19・7・9金判1271号17頁（同事件抗告決定）。会社法コンメ（6）102頁（洲崎博
　　史），逐条解説（3）313頁―314頁（松井秀征）。
37）　会社238条2項4項・240条1項・241条3項・243条2項。
38）　会社238条2項3項・240条1項・309条2項6号。東京地決平18・6・30判タ1220号
　　110頁（サンテレホン事件），札幌地決平18・12・13金判1259号14頁（オープンループ事
　　件）。
39）　会社236条1項・238条1項1号・278条2項・109条1項。最決平19・8・7民集61巻
　　5号2215頁〔後掲ブルドックソース事件〕は，株主平等の原則に反しないと判示する。
40）　東京高決平17・3・23判時1899号56頁（前掲ニッポン放送事件）。
41）　東京高決平17・6・15判時1900号156頁（後掲ニレコ事件）。
42）　東京高決平17・3・23判時1899号56頁（前掲ニッポン放送事件）。
43）　会社828条1項4号2項4号・834条4号・839条・842条。
44）　会社238条2項4項・241条3項4号・243条2項・322条1項5号。

45) 管轄（会社835条），担保提供命令（会社836条），弁論等の併合（会社837条），対世効（会社838条），無効の遡及効の否定（会社839条）。
46) 被告（会社834条15号），管轄（会社835条），担保提供命令（会社836条），弁論等の併合（会社837条），対世効（会社838条），無効の遡及効の否定（会社839条）。

問　　題

1　ベンチャー企業である株式会社が，融資を受ける条件をするために新株予約権を発行する場合に，融資先以外の者が株主とならないようにするためにはどうすればよいか。

2　公開会社であるＡ株式会社が，取締役会の決議のみによって，取締役・監査役に対し，新株予約権と引替えに金銭の払込みを要求することなく，インセンティブ報酬として新株予約権を付与した。
　(1)　上記のように新株予約権を付与することは認められるか。
　(2)　新株予約権の行使期間の満了前にインセンティブ報酬として新株予約権を付与された取締役等が辞めた場合に，会社が強制的にその新株予約権を取得するにはどうすればよいか。

第 **5** 章　社債の発行

1　総　説

（1）社債の意義

（ア）意　義　　社債とは，会社法の規定により会社が行う割当てにより発生する当該会社を債務者とする金銭債権であって，募集社債に関する事項（会社676条各号）についての定めに従い償還されるものをいう（会社2条23号[1]）。会社法の規定に基づく割当てにより発生するものであれば，発行地が日本国内か外国かを問わないが，外国法に基づき債務が発生する場合には会社法上の社債には当たらない。また，外国会社（会社2条2号）は，会社（会社2条1号）ではないから，日本国内で社債と称する債券を発行しても，それは会社法にいう社債ではない。以下では，主として株式会社が社債を発行する場合を取り扱う。

（イ）経済的機能　　会社が新たな資金を必要とする場合に，社債は，他人資本として，通常は公衆から巨額かつ長期の資金を調達する手段として発行されるものであるが，銀行等の特定の者からの金融を受ける手段として発行されること（私募債）もある。社債と同じく他人資本である通常の借入金の方法は，長期かつ多額の資金調達には適当ではなく，また募集株式の発行の方法は自己資本の増加を生じ会社組織の拡大をもたらすから，早晩回収されるべき資金の必要に応ずるには不便である。これに対して，社債は，会社がその組織を拡大することなく，比較的容易に巨額かつ長期の資金の需要をみたすことができる[2]。

（2）社債と株式の相違

（ア）経済的性質　　社債の発行による資金調達は，借入れによる資金調達

が間接金融といわれるのに対して，公衆から大量の資金を調達をするという意味では，株式と同じく直接金融といわれる。しかし，社債によって調達される資金は，他人資本（負債）となる点で，自己資本となる株式による資金調達とは異なる。

　（イ）法的性質　　社債と株式の法的性質は本来的にまったく異なる。①社債は，会社にとって純然たる会社債務であり，社債権者は会社債権者であるのに対し，株式を有する株主は会社内部の構成員（社員）である。したがって，②社債権者は，株主のように会社の経営に関与する権利（株主総会における議決権や各種の監督是正権など）を有しない。③社債権者は会社の分配可能額の有無に関係なく一定額の利息の支払いを受けるのに対して，株主は分配可能額の変動による不確定な剰余金の配当を受けることができるにすぎない。④社債権者は償還期限がくれば償還を受けるのに対して（会社は調達した資金の返還義務がある），株主は資本維持の原則から出資した株金の払戻しを原則として受けることができない（会社は調達した資金の返還義務がない）。⑤会社の解散の場合には，社債権者は株主に優先して通常の債権者とならんで会社財産から弁済を受けるのに対して，株主は会社債務の弁済後に残余財産の分配を受けるにすぎない。以上のことから，社債は，株式に比べるとはるかに投機性に乏しく，利殖性を有する。

　しかし，実際には，一般の株主は会社事業の経営にあまり関心を示さず，主として剰余金の配当または株式の市場価格に関心をもち，また，従来の会社では剰余金の配当の平均化を図るのが一般の傾向であったことから，社債と株式は社会経済的には著しく接近してきている。しかも，法律上の制度としても，両者の中間的な形態のものとして，一定額の剰余金配当がなされる非参加的累積的優先株式，完全無議決権株式，出資元本の返済を予定する取得請求権付株式・取得条項付株式のように社債権的性質をもった株式が認められるとともに，他方では，確定的な償還期限の定めがない永久債，一定額の利息に加えて株主への剰余金配当の際に追加的な支払いがなされる利益参加社債，新株予約権付社債のように株式的性質を加味した社債が認められており，社債と株式は制度的にもきわめて接近している。

（3）社債の法的性質と法規制

（ア）社債の法的性質　社債の法律関係は，申込み（会社677条2項）と承諾（会社678条）により成立する一種の契約であり，社債の法的性質は金銭債権（会社2条23号）であり，相殺の対象となる[3]。

（イ）法規制　社債は，会社を債務者とする金銭債権であるが，通常は公衆に対する起債によって生じる点で集団性を有し，かつ，巨額かつ長期的であるのが普通である。したがって，法規制として，①集団的な起債のための特別な技術的処理，②社債権者の保護，および③社債権者の団体的な取扱いが必要となり，さらには，④社債に強度の流通性を付与するための有価証券化（または振替制度の適用）を可能にするための規制も必要となる。そのため，会社法は，社債に関する一般的な規定を設けている[4]。

（4）社債の種類

（ア）普通社債と新株予約権付社債　①普通社債は，利息の支払いと期限における元本の償還のみが定められた社債である。これに対し，②新株予約権付社債は，新株予約権が付された社債である。新株予約権付社債のうち，新株予約権の行使時における出資財産の目的（会社236条1項3号）が当該社債であるもの（会社272条5項括弧書・280条4項参照）は，社債を株式に転換したのと同様の効果があるので，転換社債型新株予約権付社債と呼ばれる。

（イ）担保付社債と無担保社債　①担保付社債とは，担保付社債信託法に基づく物上担保が付けられた社債である。これ以外の保証のような人的担保その他の一般担保があるものは，担保付社債とは呼ばれない。②無担保社債は，担保付社債以外のすべてを指すこともあるが，狭義では，人的担保・一般担保のない社債をいう。無担保社債には，元利金の確実な履行を確保するため，発行会社が一定の事項を遵守する旨を約し，これに違反した場合には社債の期限の利益を喪失するなどを定める特約条項（財務上の特約）がつけられることが多いとされる。近年では，無担保社債の発行が増大しているといわれる。

（ウ）振替社債とそれ以外の社債　振替社債とは，①短期社債，および②当該社債の発行の決定において，当該決定に基づき発行する社債の全部について

社債・株式等の振替に関する法律の規定の適用を受けることとする旨を定めた社債で，振替機関が取り扱うものをいう（社債株式振替66条 1 号 2 号）。それ以外の社債とは区別される。

　短期社債とは，(a)各社債の金額が 1 億円を下回らないこと，(b)元本の償還について，社債の総額の払込みのあった日から 1 年未満の日とする確定期限の定めがあり，かつ，分割払の定めがないこと，(c)利息の支払期限を，上記(b)の元本の償還期限と同じ日とする旨の定めがあること，(d)担保付社債信託法の規定により担保が付されるものでないこと，以上の要件のすべてに該当する社債をいう（社債株式振替66条 1 号・83条 1 項）。従来，短期の資金調達のために利用されたコマーシャル・ペーパー（CP）は，約束手形の一種であると位置づけられたが（金商 2 項 1 項15号，金商定義 2 条），そのペーパーレス化を実現するために，社債・株式等の振替に関する法律により，振替社債となった（社債株式振替67条 1 項〔社債券の不発行〕）。

　（エ）公募債と私募債　①公募債とは，金融商品取引法上，新たに発行される社債の取得の申込みの勧誘（取得勧誘）が不特定・多数の者に対して行われるもので，[5] このような社債の募集が「公募」といわれる。金融商品取引法上の「有価証券の募集」に該当する場合には，内閣総理大臣への有価証券届出書の提出（金商 4 条・ 5 条），目論見書の作成・交付などが要求される。[6]

　②私募債とは，取得勧誘であって上記①の募集に該当しないものをいう。募集社債の申込みの勧誘が，(a)少人数，[7] (b)適格機関投資家または(c)特定投資家（金商 2 条 3 項 2 号イロ・31項）に対してのみなされる場合には，「私募」として金融商品取引法に基づく発行開示は要求されない。[8]

　（オ）記名社債と無記名社債　①記名社債とは，会社の備える社債原簿に社債権者の氏名または名称および住所が記載される社債である（会社681条 4 号）。②無記名社債とは，無記名式の社債券が発行されている社債である（会社681条 4 号括弧書）。

　無記名社債と記名社債とは，権利の移転方法が異なる。無記名社債は，常に社債券の発行を要し，社債券の交付により譲渡・質入れの効力が生ずる。[9] 実際上，振替社債でない公募債は，無記名社債であるのが一般的である。

これに対し，記名社債は，社債券の交付（会社687条・692条）または社債券不発行の場合（会社682条・695条参照）には意思表示により，譲渡・質入れの効力が生じ，社債原簿の名義書換えが会社または第三者（証券不発行の場合）に対する対抗要件となる[10]。私募債の場合に，金融商品取引法上，記名社債であることが要求されている[11]。記名式と無記名式との間の転換の請求が認められる（会社698条）。

　（カ）事業債と金融債　　発行主体の組織の相違による区別であり，①事業債とは，事業会社が発行するものである（一般事業債・電力債）。②金融債は，金融機関が発行するものである。

　（キ）利付債と割引債　　①利付債（クーポン債）とは，満期まで一定期間（通常半年）ごとに利息の支払いがなされる社債であり，②割引債（ゼロ・クーポン債）とは，社債の発行価額を社債の金額（満期に償還される金額）より低い額として発行（割引発行）し，利息の支払いをしない社債である。

　（ク）内国債と外国債　　一般に発行者・発行市場・通貨のいずれかが海外である場合には外国債（外債）と呼ばれ，そうでない社債が内国債（内債）である。外債は，外国会社が発行する債券のみならず，日本の会社が海外で発行する債券も外債と呼ばれる。自国市場以外で取引される通貨の金融市場（ユーロ市場といわれる）を発行市場として債券が発行されるものは「ユーロ債」（円建てのものを「ユーロ円債」）と呼ばれる[12]。

　（ケ）その他　　確定的な償還期限の定めがない「永久債」，確定利息とともに，株主に対して剰余金の配当が行われる場合に一定の基準で追加支払いがなされる「利益参加社債」，普通の債券よりも債務弁済の順位が劣る「劣後債」（ジュニア債ともいわれ普通の社債より高金利）など，実務上，多様な形態が考案されている。また，信託の受託者が発行する社債であって，信託財産（信託2条3項）のために発行する「信託社債」がある（会社則2条3項17号）。

---

　1)　会社法は，その定義のなかの会社について特に限定していないことから，株式会社のみならず合名会社・合資会社および合同会社も社債を発行することができ，社債に関する規定（会社676条以下）も第2編（株式会社）・第3編（持分会社）の後の第4編（社

債）に置かれている。

2) 公衆から直接的に資金調達をするという意味では，社債は，国・地方公共団体が発行する国債・地方債（狭義の公債）などと同じく広義の公債の一種である。

3) 最判平15・2・21金法1678号61頁。なお，最判平13・12・18判時1773号13頁は，社債券の発行会社が社債債権者に対して有する自己の金銭債権を自働債権とし，社債券に表章された金銭債権を受働債権とする相殺をするに当たり，社債券の占有を取得することを要せず，社債券の占有の取得をしなければ二重払いの危険が生ずるにすぎないと判示する。

4) この社債に関する一般法のほかに，担保付社債に関する担保付社債信託法，社債・株式等の振替に関する法律，社債の募集・売出について詳細な監督・取締りを定める金融商品取引法（金商2条1項5号・3条以下）などの特別法がある。

5) 金商2条3項，金商令1条の4～第1条の7，金商定義10条～13条・23条。

6) 金商13条・15条，企業開示12条・13条。

7) 金商2条3項1号2号ハ，金商令1条の5・1条の6（50名以上の者を相手方として取得勧誘する場合は少人数向け勧誘に該当しないとする）。

8) 私募債の転売による社債権者の拡散防止のために，譲渡制限の措置がとられる（金商令1条の4・1条の7，金商定義11条・13条参照）。

9) 会社687条・692条・693条。なお，無記名証券（民520条の20）には，記名式所持人払証券の規定が準用される（民520条の13～520条の18）。

10) 会社688条・691条・693条・694条。

11) 金商令1条の4第3号・1条の7第2号ロ，金商定義11条2項1号イ・13条1項1号。

12) 日本の会社が海外市場で社債を発行する場合，募集事項の決定手続などの会社の内部組織に関する事項は，設立準拠法である日本法が適用されるが，社債契約の効力は，法律行為に基づく債権・債務関係であるから，当事者の意思によりその準拠法を定めることができる（法適用7条）。

2 社債の発行

（1）募集社債に関する事項の決定

（ア）決定事項　会社は，その発行する社債を引き受ける者の募集をしようとするときは，その都度，募集社債について，①募集社債の総額（会社676条1号），②各募集社債の金額（同2号），③募集社債の利率（同3号）などの一定の事項を定めなければならない（会社676条，会社則162条）。

募集社債に関する事項の決定を行う機関について，取締役会設置会社の場合

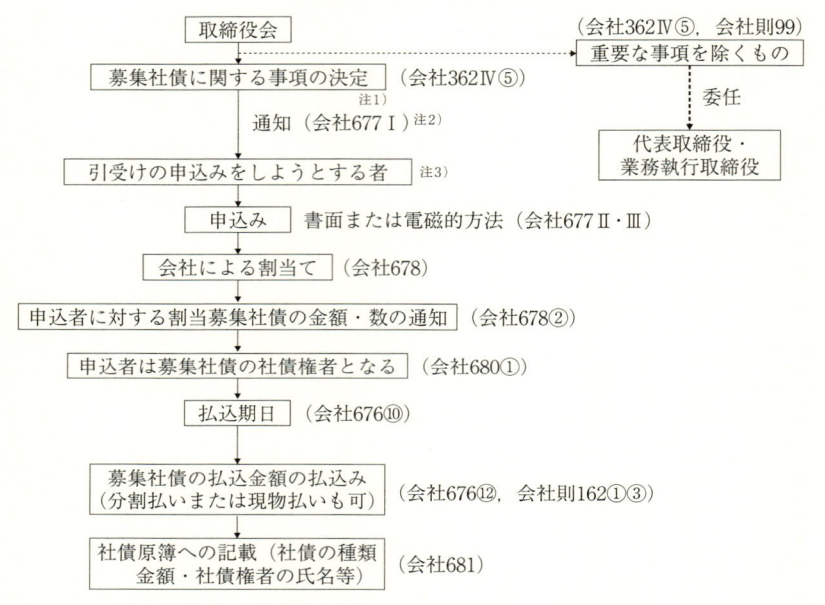

5−1図解：社債の募集手続の流れ

取締役会

（会社362Ⅳ⑤，会社則99）

募集社債に関する事項の決定　（会社362Ⅳ⑤）
注1)

重要な事項を除くもの

委任

代表取締役・
業務執行取締役

通知　（会社677Ⅰ）注2)

引受けの申込みをしようとする者　注3)

申込み　書面または電磁的方法（会社677Ⅱ・Ⅲ）

会社による割当て　（会社678）

申込者に対する割当募集社債の金額・数の通知　（会社678②）

申込者は募集社債の社債権者となる　（会社680①）

払込期日　（会社676⑩）

募集社債の払込金額の払込み
（分割払いまたは現物払いも可）　（会社676⑫，会社則162①③）

社債原簿への記載（社債の種類
金額・社債権者の氏名等）　（会社681）

注1)　指名委員会等設置会社の場合は，執行役に委任できる（会社416Ⅳ①〜⑳参照）。
注2)　目論見書の交付などの場合を除く（会社677Ⅳ）。
注3)　総額引受けの場合には，募集事項の通知，申込みおよび募集社債の割当ては不要（会社679）。

には，もっぱら取締役会の決定にゆだねられることになる（会社295条2項・362条4項5号）。[14]

　（イ）取締役会設置会社における取締役に対する募集事項の決定の委任　　取締役会を設置する会社では，前記（ア）の①募集社債の総額（会社676条1号），その他の社債を引き受ける者の募集に関する重要な事項として法務省令で定める事項[15]の決定を取締役に委任することができず，取締役会決議により定めなければならない（会社362条4項5号）[16]。社債の発行は，資金調達の方法として業務執行の一態様であるが，巨額かつ長期の借入れであることが通常なので，上記の範囲の事項は重要な業務執行として取締役会の決定を要するものとしたのである。

　これにより，上記の事項以外の事項は，取締役会で定めないで，その決定を

取締役に委任することが認められることになり，市場動向に迅速に対応した募集条件で機動的な社債の発行が可能になる。したがって，委任を受けた取締役の決定により，複数回に分けて募集社債の発行を決定し実行する，いわゆるシリーズ発行が認められる。[17]

　（ウ）社債の発行方法　　社債の発行方法として，大別して，①公募発行と，②総額引受けとがある。①公募発行は，直接公衆から募集する方法である（会社677条・678条）。公募発行には，(a)発行会社（起債会社）自身が募集事務を行う直接募集と，(b)募集事務を特定の会社に委託する委託募集とがある。今日では，直接募集はほとんどないといわれる。なお，社債の応募額が発行予定社債総額に達しない場合は，金融商品取引業者（証券会社）がその残額を引き受ける方法が認められている（残額引受け）。[18] さらに，(c)募集社債の総額を確定することなく，一定期間を定めてその期間内に公衆に対して随時個別的に社債を売り出す方法（売出発行）がある（長銀11条2項）。これについて，会社法上は制限がない。

　②総額引受けは，特定の者が発行会社との間の引受契約により，社債の総額を包括的に引き受ける方法である（会社679条）。発行会社は，発行手続を簡略化できるほか，直ちに所要の資金を入手することができる。ただし，引き受けた社債を公衆に売り出す目的で総額引受けをする場合には，引受人は原則として有価証券関連業務を行う金融商品取引業者（証券会社）に限られる。[19]

（2）募集社債の申込み・割当て

　（ア）募集社債の申込み　　会社は，募集に応じて募集社債の引受けの申込みをしようとする者に対し，会社の商号，当該募集に係る事項等の一定の事項を通知しなければならない（会社677条1項，会社則163条）。[20] 募集社債の引受けの申込みをする者は，自己の氏名・名称および住所，引き受けようとする募集社債の金額等を記載した書面を会社に交付することを要する（会社677条2項。電磁的方法も可〔会社677条3項，会社令1条1項10号，会社則230条〕）。会社は，通知事項について変更があったときは，直ちに，募集社債の引受けの申込みをした者（申込者）に通知しなければならない（会社677条5項～7項）。

（イ）**募集社債の割当て**　会社は，申込者の中から募集社債の割当てを受ける者，募集社債の金額および金額ごとの数を定め（会社678条1項前段），払込期日の前日までに申込者に通知しなければならない（会社678条2項）。この場合において，割り当てる募集社債の金額ごとの数を，申込者が引き受けようとする数よりも減少することができる（会社678条1項後段）。

（ウ）**総額引受けの特則**　前記（ア）・（イ）の募集社債の申込み・割当てについての規定は，募集社債を引き受けようとする者がその総額の引受け（総額引受け）を行う契約を締結する場合には，適用されない（会社679条）。この場合には，会社とその総額引受けをしようとする者との間の契約によって，その者が社債権者となることから，その契約の内容にゆだねておけばよいからである。

（3）社債の成立により社債権者となる者

（ア）**募集社債の社債権者**　社債の申込に対し割当てがあると社債が成立し，申込者は，募集社債の社債権者となり，総額引受けの契約により募集社債の総額を引き受けた者は，その者が引き受けた募集社債の社債権者となる（会社680条）。売出発行の場合には，その発行を受けた者も社債権者となる。募集社債の総額について割当てを受ける者がいなくても，割当てがあったものだけで社債を発行すること（打切り発行）が原則として認められるので（会社676条11号），社債の応募額が発行予定総額に至らなかった場合でも，実際の応募額の限度で社債が成立することになる。

（イ）**募集社債の払込み**　申込者は，会社が定めた払込期日までに，払込金額の払込み（または金銭以外の財産の給付〔会社676条12号，会社則162条3号〕）をしなければならない（会社676条10号）。分割払込みが認められていることから（会社676条12号，会社則162条1号），払込金額全額の払込みは社債の成立要件ではない。募集株式の発行等の場合と異なり，申込者側からの相殺を禁止する規定はない（会社208条3項参照）。

（4）社債権者の権利

（ア）**総　説**　社債権者は，社債契約の成立によって，社債発行会社か

ら，社債の期限が到来したときに償還（会社の社債権者に対する債務〔元本〕の返済）を受け，利付債の場合は所定の利息の支払いを受ける権利を有する。償還の期限・方法・金額，利息支払いの時期・方法・利率等の社債の権利の内容は，募集事項で定められ（会社676条），社債原簿（会社681条）および社債券（会社697条）に記載される。

　（イ）社債の償還　①償還金額　償還金額は，社債の金額（券面額）（会社676条2号・681条2号・697条1項2号）と同額であるのが通常であるが，社債契約上，社債の金額より高い額（割増償還）または社債の金額を下回る額の償還を約定することができると解されている。

　②償還の方法・期限　償還の方法・期限に関する約定（会社676条4号，担信19条1項5号）として，満期における（一括）償還のほかに，社債発行後一定の据え置き期間を経過した後，定期的に一定額以上の社債（通常，抽選によって決定）を償還する方法（定時分割償還〔実際上多い〕），約定の満期前に未償還の社債の全部または一部（一部の場合は抽選償還）を償還する権限を発行会社に付与する方法（任意繰上償還）がある。

　③買入償却　社債には，自己株式の取得の規制（会社155条以下）のようなものはないから，発行会社は，自己の社債（新株予約権付社債も含む）を，任意にいつでも取得して消却することができる（任意買入償却）。社債の市場価格が下落している場合には，会社は社債の償還よりも有利なこの方法を選ぶことがある。

　④消滅時効　社債の償還請求権の消滅時効期間は，この請求権を行使することができる時から10年間である（会社701条1項）。社債の公衆性・継続性を考慮して，長い期間が定められている。

　（ウ）利息の支払い　①利息の支払いの方法・期限　募集社債について利率および利息支払いの方法・期限の定め（会社676条3号5号，担信19条1項4号6号）に従って，一定の期間ごとに所定の利息が支払われる。記名社債の場合には，利息は，社債原簿に記載された社債権者に対し，社債原簿に記載・記録されたその者の住所（営業所）において支払われる（会社681条4号・688条，商516条）。無記名社債の場合には，利息の支払いには利札（クーポン）が利用さ

れ，通常，社債券に各期の利札が添付されている（会社697条2項）。利札の所持人は，利払期に，発行会社・社債管理者（会社705条2項）または指定の金融機関に対し利札を呈示して，利札と引替えにその支払いを受ける（民520条の8・520条の18・520条の20参照）。

②利札　　利札とは，各利払期における利息の支払請求権を表章する無記名式の有価証券であり，通常，社債券の下部に付属した形で発行される。利札は，社債券とは切り離されて，社債券とは別に流通させることができる[21]。

③社債の利息の支払い等の懈怠による期限の利益の喪失　　社債発行会社が社債の利息の支払いまたは定期的な一部償還義務を怠ったときは，社債権者集会の決議に基づき，当該決議を執行する者は，社債発行会社に対し，当該社債の総額について期限の利益を喪失する旨の通知をし，一定の期間内に弁済をしなかったときは，社債発行会社は当該社債の総額について期限の利益を喪失する（会社739条）。

④消滅時効　　社債の利息支払請求権の消滅時効期間は，この請求権を行使することができる時から5年間である（会社701条2項）。

（5）社 債 券

（ア）社債券の意義と種類　　社債券は，すでに成立した社債契約上の権利を表章する有価証券である。社債券は，要式証券で，社債発行会社の商号，社債の金額・種類・番号等を記載し，発行会社の代表者がこれに署名または記名押印しなければならない（会社697条1項・976条15号〔過料〕，担信26条・27条〔担保付社債の場合の記載事項〕）。

社債券には，利札を付することができる（会社697条2項）。社債発行会社は，社債券を発行する旨の定めがある社債（会社676条6号）を発行した日以後遅滞なく，当該社債に係る社債券を発行しなければならない（会社696条・976条13号14号〔過料〕）。社債権者は，社債券を利用することにより，簡便かつ迅速に社債の譲渡や質入れを行って，適宜に投下資本の回収等ができることになる。

社債券の種類には，記名式（会社681条4号）と無記名式（会社681条4号括弧

書）があり，社債券が発行されている社債の社債権者は，転換ができない旨の定め（会社676条7号）がされている場合を除き，いつでも，その記名式の社債券を無記名式とし，またはその無記名式の社債券を記名式とすることを請求することができる（会社698条）

（イ）社債券の喪失　　社債券は，公示催告手続（非訟100条）によって無効とすることができる（会社699条1項）。社債券を喪失した者は，除権決定（非訟106条）をえた後でなければ，その再発行を請求することができない（会社699条2項）。

（6）社債原簿

（ア）社債原簿の意義　　社債原簿は，社債権者および社債券に関する事項を記載した発行会社の帳簿（会社681条）であり，株式における株主名簿に相当するものである。会社は，社債原簿管理人を定め，当該事務を行うことを委託することができる（会社683条）。

（イ）社債原簿の記載事項・備置き・通知等　　会社は，社債を発行した日以後遅滞なく，社債原簿を作成し，社債の種類（社債の利率・償還方法・償還期限・社債券発行等），種類ごとの社債の総額・各社債の金額，社債権者（記名社債の場合に限られる）の氏名または名称および住所，社債券の番号・数等の事項を記載・記録しなければならない。²²⁾そのほか，株主名簿の場合に準ずる規定がなされている。²³⁾

（7）違法な社債発行

　社債発行が違法に行われる場合に，株主による社債発行の差止めについては，特に規定がない。²⁴⁾また，社債発行は，会社の組織に関するものではなく，新株予約権付社債の場合（会社828条1項4号括弧書・2項4号）を除き，無効の訴えは法定されていない。

---

13)　募集社債とは，当該募集に応じて当該社債の引受けの申込みをした者に対して割り当てる社債をいう（会社676条柱書括弧書）。

14) 取締役会を設置しない会社では，株主総会の普通決議により決定される（会社295条1項・309条1項）。

15) 法務省令で定める事項として，(a)2以上の募集に係る募集事項の決定を委任する旨，(b)募集社債の総額の上限，(c)利率の上限その他の利率に関する事項の要綱，(d)払込金額に関する事項の要綱〔会社則99条〕を規定する（会社則99条1項）。ただし，信託社債の募集事項（会社676条各号）の決定を委任する場合には，会社362条4項5号に規定する法務省令で定める事項は，当該決定を委任する旨とされる（会社則99条2項）。

16) 指名委員会等設置会社では，取締役会の決議により募集事項の決定を執行役に決定を委任することができる（会社416条4項）。監査等委員会設置会社では，取締役の過半数が社外取締役である場合または定款で取締役会の決議により取締役に委任できる旨を定めた場合は，募集事項の決定を取締役に委任することができる（会社399条の13第5項6項）。

17) シリーズ発行とは，取締役会で，募集社債の総額のほかに，(a)2以上の社債を募集する旨，(b)募集社債の総額の上限，(c)利率に関する事項の要綱および(d)払込金額に関する事項の要綱〔会社則99条〕を定めて，その範囲内で，取締役会から委任を受けた取締役の決定により，一定の期間，一定の総額・条件の範囲内で複数回に分けて募集社債の発行を決定し実行することが認められることをいう。また，取締役会において募集社債の総額のほかに上記(b)・(c)および(d)の事項を決定して取締役に委任すれば，取締役の判断で一定期間を定めてその期間内に公衆に対して随時個別的に社債を売り出す方法をすることも可能となった（売出発行）。

18) 金商2条6項2号8項6号・36条の4第2項。

19) 金商2条6項1号8項6号・33条1項・36条の4第2項。

20) 上記の事項が記載された目論見書（金商2条10項）が交付されている場合等については，上記通知は不要である（会社677条4項）。

21) 社債券に付された利札が欠けている場合における償還について，償還額から利札の額（その券面額）を控除することについて定めがある（会社700条1項）。

22) 会社681条1号〜7号，会社則165条・166条，担信28条。

23) 社債原簿記載事項を記載した書面の交付等（会社682条・695条の2第3項4項），社債原簿の備置き・閲覧等（会社684条），社債権者に対する通知等（会社685条），共有者による権利の行使（会社686条）など。

24) この場合には，株主・監査役等による取締役・執行役の行為の差止め（会社360条・385条・407条・422条）によるほかない。

3　社債の譲渡等

（1）社債の譲渡

　（ア）無記名社債の譲渡　　無記名社債は，無記名式の社債券が発行されている社債である（会社681条 4 号括弧書。無記名証券〔民520条の20〕参照）。無記名社債の譲渡は，当該社債に係る社債券を交付しなければ，その効力を生じない（効力要件）（会社687条）。社債券の所持により，社債発行会社その他の第三者に対抗することができる（対抗要件）（会社688条 3 項）。社債券の占有者は，当該社債券に係る社債についての権利を適法に有するものと推定され（会社689条 1 項），社債券の交付を受けた者は，その者に悪意または重大な過失があるときを除き，当該社債券に係る社債についての権利を取得（善意取得）する（会社689条 2 項）。

　（イ）記名社債の譲渡　　記名社債は，会社の社債原簿に社債権者の氏名または名称および住所が記載される社債である（会社681条 4 号）。記名社債の譲渡の方法は，①社債券を発行する旨の定め（会社676条 6 号）がある場合には，記名社債の譲渡は意思表示とともに，当該社債に係る社債券を交付しなければ，その効力を生じない（会社687条）。社債発行会社に対する対抗要件は，その社債を取得した者の氏名または名称および住所を社債原簿に記載・記録（名義書換え）することである（会社688条 1 項 2 項）。

　②社債券を発行する旨の定めがない場合（会社682条 1 項 4 項）には意思表示により効力が生じ，社債発行会社その他の第三者に対する対抗要件は，社債原簿の名義書換えが必要である（会社688条）。

（2）社債原簿の名義書換え

　社債原簿の名義書換えについては，株主名簿と同様の規定がある（会社690条・691条・695条の 2 ，会社則168条）。なお，これらの場合において，無記名社債については除外される（会社690条 2 項・691条 3 項）。無記名社債の権利の帰属は社債原簿の記載・記録によらないからである。

（3）社債の質入れ

　社債券を発行する旨の定めがある社債の質入れは，当該社債に係る社債券（無記名社債を含む）を交付しなければ，その効力を生じない（会社692条〔効力要件〕）。社債券を発行しない場合には，意思表示により効力が生じる。[27]

25)　社債券の占有者の権利推定規定（会社689条1項），善意取得制度（会社689条2項）の適用がある。

26)　信託財産に属する社債の対抗要件について，会社695条の2第1項・2項（無記名社債の社債権者以外の社債権者の場合）。

27)　社債券を発行する社債または発行しない社債の質入れの対抗要件（会社693条），質権に関する社債原簿の記載・記録（会社694条），質権に関する社債原簿に記載・記録された書面の交付等（会社695条）について規定がある。

4　社債の管理

（1）総　　説

　社債は，特定の少数者に発行される場合（私募債）だけでなく，多数の公衆に対して発行される場合（公募債）も少なくない。したがって，発行会社が元利金の支払いを怠ったり，社債の償還までに会社の財務内容が悪化するなど，発行時に予想されなかった事態に対して，社債権者の権利保全の措置を講じる必要がある。また，小口の単位に細分化された社債を有する一般の社債権者は，債権額も少なく個人として無力であると考えられると同時に，発行会社としても多数の社債権者と個別に折衝するのは大変である。そのために，会社法は，社債管理者制度と社債権者集会制度を設けている。

（2）社債管理者

　（ア）社債管理者の設置の強制　　会社は，社債を発行する場合には，社債管理者を定め，社債権者のために，弁済の受領，債権の保全その他の社債の管理を行うことを委託しなければならない（会社702条本文）。[28]

　（イ）社債管理者の資格　　社債管理者は，①銀行，②信託会社，③これらに

準ずるものとして法務省令で定める金融機関等に限られる（会社703条，会社則170条）。金融商品取引業者（証券会社）は，社債管理者の資格を有しない（金商36条の4第1項）。

（ウ）社債管理者の権限　　会社法の規定により与えられる法定権限（下記①・②）と，社債管理委託契約により定められる約定権限（下記③）とがある。

　①社債の弁済受領・債権保全の権限　　社債管理者は，社債権者のために(a)社債に係る債権の弁済を受け，または(b)社債に係る債権の実現を保全するために必要な一切の裁判上または裁判外の行為をする権限を有する（会社705条1項[29]）。発行会社が社債管理者に対し社債の元利金を交付した場合には，社債管理者が社債権者に対して支払いを懈怠したとしても，発行会社は責任を免れる[30]。また，社債管理者が設置されていても，各社債権者は単独で発行会社に対し社債の元利金の支払いを請求することができる[31]。

　②社債権者集会の決議に基づく権限　　社債管理者は，社債権者集会の特別決議（会社724条2項）に基づき，(a)当該社債の全部についてするその支払いの猶予，その債務の不履行によって生じた責任の免除または和解（次の(b)の行為を除く），(b)当該社債の全部についてする訴訟行為または破産手続・再生手続・更生手続もしくは特別清算に関する手続に属する行為（前記①の(a)・(b)の行為を除く）を，行うことができる（会社706条1項本文。裁判所の許可をえて社債発行会社の業務・財産の状況を調査できることについて，会社706条4項[32]）。

　③約定権限　　前記の①・②の法定権限のほかに，社債管理者は，社債発行会社との間で締結される社債管理委託契約（会社702条）において法定の社債管

5－2図解：社債管理者の権限・責任

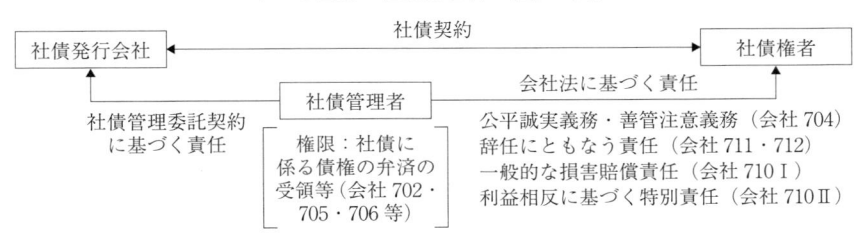

理者の権限以外の権限を定めるときは（会社676条12号，会社則162条４号。それについては，募集社債事項として申込人への通知〔会社677条１項２号〕，社債原簿への記載〔会社681条１号，会社則165条８号〕），その権限を行使することができる[33]。

　④その他の権限　　以上のほか，社債管理者は，社債権者集会を招集し（会社717条２項），社債権者集会に出席して意見を述べ（会社729条１項本文），その決議を執行し（会社737条１項本文），合併等における債権者異議手続で異議を述べることができ（会社740条２項），さらに，社債発行会社による著しく不公正な行為の取消しの訴えを提起できる（会社865条１項）。

　⑤特別代理人の選任と社債管理者の行為の方式等　　社債権者と社債管理者との利益が相反する場合において，裁判所は，社債権者集会の申立てにより，特別代理人を選任しなければならない（会社707条）。社債管理者または上記の特別代理人が社債権者のために行為をするときは，個別の社債権者を表示することを要しない（会社708条）。また，２以上の社債管理者があるときは，これらの者が共同してその権限に属する行為をしなければならない（会社709条１項。連帯して支払義務を負うことについて，会社709条２項）。

　（エ）社債管理者の義務　　社債管理者は社債権者と直接の契約関係がないことから，会社法は，①社債管理者は，社債権者のために，公平かつ誠実に社債の管理を行わなければならず（公平誠実義務〔会社704条１項〕）[34]，また，②社債管理者は，社債権者に対し，善良な管理者の注意をもって社債の管理を行わなければならない（善管注意義務〔会社704条２項，民644条〕）と規定している。社債管理者の法定権限のみならず，約定権限の行使も社債の管理に当たるので，社債権者保護のため，約定権限の行使の際にも公平誠実義務・善管注意義務を負うと解される[35]。

　（オ）社債管理者の責任　　①一般的責任　　社債管理者は，会社法または社債権者集会の決議に違反する行為をしたときは，社債権者に対し，連帯して，これによって生じた損害を賠償する責任を負う（会社710条１項）。会社法違反の行為には，公平誠実義務・善管注意義務違反の行為も含まれる。

　②利益相反行為の責任　　社債管理者は，(a)社債発行会社が社債の償還もしくは利息の支払いを怠り，もしくは(b)社債発行会社について支払いの停止が

あった後，または(a)もしくは(b)の前 3 ヶ月以内に，社債管理者の社債発行会社に対する債権について社債発行会社からの担保の供与・弁済を受けたり相殺を行うなどの利益相反行為をしたときは，社債権者に対し，損害を賠償する責任を負う（会社710条 2 項柱書[36]）。当該社債管理者が誠実にすべき社債の管理を怠らなかったこと[37,38]，または当該損害が当該行為によって生じたものでないこと[39]を証明したときは，この限りでない（会社710条 2 項柱書但書）。

　これは，社債管理者が，社債発行会社の支払いの困難なときに，社債権者の利益よりも社債管理者自身の利益を優先して自己の債権回収を図るような利益相反行為を防止するために，特別の損害賠償責任を負わせるものである。また，上記の過失責任についての立証責任を転換して，社債権者による責任追及を容易にしている。

　（カ）社債管理者の辞任・解任　①社債管理者の辞任　社債管理者は，(a)社債発行会社および社債権者集会の同意をえて（会社711条 1 項），(b)社債管理委託契約（会社702条）に定めた事由があるとき（会社711条 2 項），さらに，(c)やむをえない事由があるときは裁判所の許可をえて（会社711条 3 項），辞任することができる。なお，上記（オ）②の利益相反行為の責任の規定は，上記(b)の事由により辞任した社債管理者についても，準用される（会社712条）。社債管理者として責任を生ずる行為を辞任して行うというような弊害を防止するためである。

　②社債管理者の解任　裁判所は，社債管理者がその義務に違反したとき，その事務処理に不適任であるとき，その他正当な理由があるときは，社債発行会社または社債権者集会の申立てにより，当該社債管理者を解任することができる（会社713条）。

　③社債管理者の事務の承継　社債管理者が(a)社債管理者の資格者（会社703条）でなくなった場合，(b)やむをえない事由があって裁判所の許可をえて辞任（会社711条 3 項）した場合，(c)解任された場合（会社713条）および(d)解散した場合において，他に社債管理者がないときは，社債発行会社は，事務を承継する社債管理者を定め，社債権者のために，社債の管理を行うことを委託しなければならない（会社714条 1 項前段。承継者の公告・通知について，会社714条 4 項）。こ

の場合においては，社債発行会社は，社債権者集会の同意をえるため，遅滞なく，これを招集し，かつ，その同意をえることができなかったときは，その同意に代わる裁判所の許可の申立てをしなければならない（会社714条1項後段。利害関係人による承継者の選任の申立てについて，会社714条3項4項〔公告・通知〕）。社債発行会社は，これらに義務に違反する場合に，当該社債の総額について期限の利益を喪失する（会社714条2項）。

（3）社債権者集会

（ア）意　義　　社債権者集会とは，会社法に規定する事項および社債権者の利害に関する事項について決議をするために（会社716条），社債の種類（会社681条1項1号，会社則165条）ごとに社債権者により組織された（会社715条），臨時の合議体である。株主総会のような社債権者集会制度は，共通の利害を有する社債権者が団体的行為をとることを認め，また，社債権者集会の多数決に基づいて迅速な処理を可能にすることにより，社債権者の利益保護を図るためのものである。それと同時に，会社としても，個々の社債権者を相手にせずに，団体的取扱いをすることが可能となる。

（イ）決議事項　　社債権者集会の決議事項は，①法律で具体的に定められた事項[40]，および②社債権者の利害に関する事項である（会社716条）。②の事項については，平成17年改正前商法では，裁判所の許可が必要であったが（商旧319条），会社法はこれを不要としている。決議の効力の発生に裁判所の認可が必要とされるので（会社734条1項），少数者の不利益に権利内容が変更されることに対処するために二重に裁判所の関与を要求することは過剰な規制と考えられその必要がないからである。社債権者集会の権限は上記①・②に限られるのは，社債権者を多数決によって拘束するものであるから，何でも議決を認めるのは妥当ではなく，社債権者の団体的行動・取扱いが必要な限度で決議しうるものとされているのである。

（ウ）招　集　　社債権者集会は，必要がある場合には，いつでも，招集することができる（会社717条1項）。招集権者は，社債発行会社・社債管理者（会社717条2項。担保付き社債の場合は受託会社〔担信31条〕）またはある種類の社債の

総額（償還済みの額を除く）の10分の 1 以上に当たる社債を有する少数社債権者
（会社718条 1 項 3 号，社債株式振替86条 1 項。無記名社債の社債権者は，その社債券の
提示を要する〔会社718条 4 項〕）である。

　招集手続は，大体において株主総会の招集手続に準じたものであるが（会社
719条～722条，会社則172条～176条），発行会社・社債管理者（受託会社）に対して
も招集を通知することを要し（会社720条 1 項，担信31条），また，無記名式の社
債券を発行している場合には，社債権者集会の日の 3 週間前までに，社債権者
集会を招集する旨および会議の目的である事項等を公告することを要する（会
社720条 4 項 5 項）。社債権者集会に関する費用は，社債発行会社が負担とする
（会社742条 1 項）。社債権者集会においてその延期または続行について決議が
あった場合には，招集の決定（会社719条）および招集の通知（会社720条）の規
定は，適用されない（会社730条）。

　（エ）議決権　　社債権者は，その有する当該種類の社債の金額の合計額
（償還済みの額を除く）に応じて，議決権を有する（会社723条 1 項）。[41]社債発行会
社の有する自己の社債の議決権は認められない（会社723条 2 項）。無記名社債
の社債権者は，社債権者集会の日の 1 週間前までに，その社債券を招集者に提
示しなければならない（会社723条 3 項，社債株式振替86条 2 項）。株主総会におけ
る議決権の場合と同様の規定がある。[42]

　（オ）決　議　　①決議方法　　社債権者集会の決議は，普通決議と特別決
議とに分かれる。(a)普通決議は，出席した議決権者（議決権を行使することがで
きる社債権者）の議決権の総額の 2 分の 1 を超える議決権を有する者の同意に
より成立するものである（会社724条 1 項）。

　(b)特別決議は，議決権者の議決権の総額の 5 分の 1 以上で，かつ，出席した
議決権者の議決権の総額の 3 分の 2 以上の議決権を有する者の同意がなければ
ならない（会社724条 2 項）。特別決議が必要とされるのは，支払猶予等・代表
社債権者の選任等，社債権者に重大な利害関係があるもの[43]について必要とされ
る。[44]社債権者集会は，社債権者集会の目的である事項以外の事項については，
決議をすることができない（会社724条 3 項）。議事録の作成も要求される（会社
731条）。

②決議の効力　　社債権者集会の決議は，裁判所の認可を受けることによって，その効力を生じ（会社734条1項），当該種類の社債を有するすべての社債権者に対してその効力を有する（会社734条2項。認可・不認可の決定の公告について会社735条）。これは，社債権者集会の決議が支払いの猶予・債権の一部放棄など社債権者に譲歩を強いる内容が多いことから，裁判所の強い後見的機能を期待するためである。社債権者集会の決議の認可の申立てについては，招集者は，当該決議があった日から1週間以内に，発行会社の本店の所在地を管轄する地方裁判所に対しその認可の申立てをしなければならない（会社732条・868条～876条〔非訟事件手続[45]〕）。このように，裁判所の認可を決議の効力発生要件としているのは，決議により当然に効力発生させた上で決議取消し・決議無効確認の訴えを認める方法よりも，社債権者保護のためになると考えられたためである。

　（カ）代表社債権者への決定の委任　　社債権者集会は，その特別決議によって，当該種類の社債の総額（償還済みの額を除く）の1,000分の1以上に当たる社債を有する社債権者のなかから，1人または2人以上の代表社債権者を選任し，これに社債権者集会において決議をする事項についての決定を委任することができる（会社736条）。社債権者集会を頻繁・迅速に開くことは困難であり，また社債権者集会が細かな事項を決定することにも適さないと考えられるためである。

　（キ）決議の執行　　社債権者集会の決議が執行行為を要する場合（たとえば元利金の支払遅滞の場合の期限の利益喪失の通知〔会社739条1項〕），社債管理者（受託会社）または代表社債権者（社債管理者があるときを除く）が社債権者集会の決議を執行するが，社債権者集会の決議によって別に決議執行者を定めたときは，この者が執行する（会社737条1項，担信34条〔社債権者と利益相反の場合についての特則がある〕。代表社債権者等の解任等については会社738条）。代表社債権者・決議執行者の権限および行為の方式については，社債管理者の規定が準用される[46]。

　（ク）社債管理者等の報酬等　　社債管理者・代表社債権者または決議執行者の報酬等は，裁判所の許可をえて，社債発行会社の負担とすることができ（会社741条），また，社債権者集会等の費用も社債発行会社の負担とされる（会社

742条）。

28)　例外として，①各社債の金額が 1 億円以上である場合，または②ある種類（会社681条 1 号）の社債の総額を当該種類の各社債の金額の最低額で除してえた数が50を下回る場合（言い換えれば，当該種類の社債の社債権者が50人以上とならない場合）は，社債管理者の設置は不要である（会社702条但書，会社則169条）。なお，長期信用銀行は長期信用銀行債を発行する場合に，社債管理者の設置が強制されない（長銀10条 2 項）。

29)　社債管理者は，裁判所の許可を得て社債発行会社の業務・財産の状況を調査できる（会社705条 4 項）。また，社債管理者が上記弁済を受けた場合における社債権者の償還額・利息請求について，会社705条 2 項 3 項（当該請求権の消滅時効は10年）。

30)　大判昭 6 ・11・14大民集10巻1060頁。

31)　大判昭 3 ・11・28大民集 7 巻1008頁。

32)　ただし，上記(b)の行為については，社債管理者が社債権者集会の決議によらずにその行為をすることができる旨（会社676条 8 号）の定めがあるときは，社債権者集会の決議によらずに行うことができる（会社706条 1 項但書。その旨の公告・通知について，会社706条 2 項 3 項）。社債の利払いや元本の償還を行うことができない状態に陥った（デフォルト）時に迅速な対応を可能にするためである。

33)　たとえば，発行会社が財務上の特約（他の債務のための担保の提供の制限，一定の財務比率の維持，剰余金の配当制限などを約する）の条項に違反した場合に，社債管理者に期限の利益の喪失を宣言する権限が与えられることがある。

34)　公平義務とは，社債の管理に当たり，社債権者を，その内容・数額に応じて公平に取り扱う義務をいう。誠実義務とは，社債管理者が自己または第三者の利益と社債権者の利益が相反する場合に，自己または第三者の利益を優先してはならないという義務である。会社法コンメ（16）138頁―139頁（藤田友敬）。

35)　会社法コンメ（16）137頁―138頁（藤田友敬）。

36)　社債管理者の利益相反行為について，具体的に列挙されている（会社710条 2 項 1 号～ 4 号，会社則171条）。なお，破産債権者の相殺の禁止について，破71条 1 項 2 号参照。

37)　会社法710条 2 項の損害の意義について，社債管理者が本条 2 項各号の行為がなければ社債権者が発行会社から受けたであろう弁済額と，社債権者が実際に受けた弁済額との差額であるとする差額説と，社債管理者の 2 項各号に定める誠実義務違反の行為によって回収不能となった社債権者の債権額とする回収不能説とが対立している。差額説が一般的である。会社法コンメ（16）181頁―185頁（田澤元章）。

38)　たとえば，貸付金の弁済期が到来した場合に，いったんその債権を回収した上でつなぎ融資をする場合とか，救済融資をしてそのために担保の供与を受けた場合（名古屋高判平21・ 5 ・28判時2073号42頁）など。会社法コンメ（16）186頁（田澤元章）。

39)　たとえば，社債の支払懈怠等が生ずる 3 ヶ月より前に自己の債権について担保権の設

定を受けていた場合に，支払懈怠等の前 3 ヶ月以内にその担保権の実行によりその債権を回収した場合など。会社法コンメ（16）186頁―187頁（田澤元章）。

40）　会社706条・713条・736条 1 項・739条 1 項・740条 1 項，担信32条・41条 2 項・45条等。

41）　各社債権者が有する社債残高に応じた議決権を有するものとして，実質的な割合に応じた権利行使を図ることを明らかにしたものである。会社法コンメ（16）225頁（丸山秀平）。

42）　議決権の代理行使等（会社725条・726条・728条・729条，担信31条）。

43）　会社706条 1 項・724条 2 項・736条 1 項・738条，担信32条等。

44）　会社法が特別決議について定足数を廃止しているのは，社債がデフォルトに陥った場合，多くの社債権者が議決権行使の興味を失い，定足数をみたすことが困難となるからであり，また少数の議決権により社債権者全体が影響を受けないように，総社債権者の議決権総額および出席議決権者の議決権総額との関係で一定割合の同意を要求している。

45）　不正の方法による決議等の不認可事由について，会社733条。

46）　会社737条 2 項・705条 1 項〜 3 項・708条・709条。

5　新株予約権付社債

（1）意　　義

　新株予約権付社債とは，新株予約権を付した社債をいう（会社 2 条22号）。これは，会社の経営成績いかんにかかわらず確定額の支払いを受けられるという社債の堅実性と，会社の業績が上昇すれば新株予約権を行使して株主となることができるという株式の投機性とを併有するものである。このような新株予約権付社債の機能により，社債発行会社にとっては，普通社債よりも低利で発行して資金調達することができ，資金調達手段の多様化を図ることができる。また，長期かつ多額の外貨建債権（金額が外貨で表示される債権）を有する会社が，それに見合う額と期間の外貨建の社債の発行（外貨建債務の負担）をすることにより，外貨と円との間の為替相場の変動による損失を回避（為替リスク・ヘッジ）する手段として利用できる機能も有する。

　新株予約権付社債は，新株予約権・社債をそれぞれ分離して譲渡・質入れすることができないものである（会社254条 2 項 3 項・267条 2 項 3 項）。分離型にす

るには，会社法では，新株予約権と社債とが同時に募集されて同一人に割り当てられたものとして取り扱われ，新株予約権に関する規定と社債に関する規定がそれぞれに適用される。

（2）発行手続

新株予約権付社債の募集には，社債の募集に関する規定（会社676条〜680条）は適用されず（会社248条），新株予約権の募集に関する規定（会社238条〜245条）が適用される。新株予約権付社債の利用が株式会社に限定されるから，持分会社にも適用されることを前提とする社債一般の規定（会社法第4編）によらないことにしたためである。

株式会社においては，公開会社は，原則として取締役会の決議（公開会社ではない会社では株主総会の特別決議）により，募集新株予約権付社債の新株予約権の内容を含めた募集事項を定めて発行する。ただし，新株予約権付社債の新株予約権部分について有利発行となる場合には，株主総会の特別決議が必要である。新株予約権付社債に付された新株予約権の数は，当該新株予約権付社債についての社債の金額ごとに，均等に定めなければならない（会社236条2項）。

（3）新株予約権付社債券

証券発行新株予約権付社債（会社249条2号）に係る新株予約権付社債券には，社債券に記載すべき事項（会社697条1項）のほか，当該証券発行新株予約権付社債に付された新株予約権の内容および数を記載しなければならない（会社292条1項）。新株予約権証券の場合（会社258条1項2項）と同様に，新株予約権付社債券の占有者は権利を適法に有するものと推定され（会社258条3項），その悪意または重大な過失のない取得者には善意取得が認められる（会社258条4項）。

（4）新株予約権付社債券の譲渡

新株予約権付社債に付された新株予約権のみを譲渡することは，当該社債が消滅したときを除き，認められず（会社254条2項），新株予約権付社債についての社債のみを譲渡することも，当該新株予約権が消滅したときを除き，認め

られない（会社254条3項）。新株予約権付社債に付された新株予約権のみの質権設定についても同様である（会社267条2項3項）。証券発行新株予約権付社債に付された新株予約権の譲渡は，自己新株予約権付社債（会社が有する自己の新株予約権付社債）の処分による新株予約権の譲渡の場合を除き，当該新株予約権付社債券を交付しなければ，その効力を生じない（会社255条2項）。証券発行新株予約権付社債の質入れの効力も同様である（会社267条5項）。会社が取得する取得条項付新株予約権（会社236条1項7号・273条〜275条）が新株予約権付社債に付されたものである場合には，会社は，取得の効力発生により，当該社債も取得する（会社275条2項）。その他については，新株予約権の譲渡・質入れ，新株予約権原簿の機能等の場合と同様である。

（5）権利の行使

　証券発行新株予約権付社債に付された新株予約権を行使しようとする場合には，新株予約権者は，新株予約権付社債券を会社に提示し，会社は，当該新株予約権付社債券に新株予約権が消滅した旨を記載しなければならない（会社280条3項）。ただし，当該新株予約権の行使により当該証券発行新株予約権付社債についての社債が消滅するときは（転換社債型〔会社236条1項3号・280条4項〕），新株予約権者は，当該新株予約権付社債券を会社に提出しなければならない（会社280条4項）。また，証券発行新株予約権付社債についての社債の償還後に新株予約権を行使しようとする場合には，新株予約権者は，当該新株予約権付社債券を会社に提出しなければならない（会社280条5項）。新株予約権付社債に付された新株予約権の行使期間の終期は，必ずしも社債の償還期限と一致させる必要はない（会社254条2項但書3項但書・267条2項但書3項但書参照）。

（6）償　　還

　証券発行新株予約権付社債についての社債の償還をする場合において，当該新株予約権付社債に付された新株予約権が消滅していないときは，会社は，社債の償還をするのと引換えに，当該新株予約権付社債券の提示を求め，これに社債の償還をした旨を記載することができる（会社292条2項）。

47)　会社236条 1 項・238条 1 項 2 項・240条 1 項・309条 2 項 6 号。

48)　会社238条 3 項・239条 1 項・240条 1 項・309条 2 項 6 号。有利発行に当たらないとした裁判例として，東京地判平19・11・12金判1281号52頁（オートバックスセブン事件）。

49)　実務上は社債券の一部を「新株予約権行使票」として権利行使時にそれを切り取る措置などが考えられる。

6　担保付社債

（1）意　　義

　担保付社債信託法の基づく物上担保権が付けられた社債である担保付社債は，社債に関する一般法としての会社法の規定のほかに担保付社債信託法によって規制される。多数の変動する社債権者自身が物上担保権を直接個別に取得し行使することは実際上困難であるので，発行会社（委託者）と社債権者との間に受託会社を置き，発行会社と受託会社との信託契約により（担信 2 条・18条・19条），受託会社が担保権を取得し，これを総社債権者のために保存・実行する義務を負い（担信36条），総社債権者は受益者としてその債権額に応じて平等に担保の利益を受ける（担信37条）という仕組みがとられる。

　受託会社は，担保付社債に関する信託事業を営むことについて内閣総理大臣の免許を受けた信託会社でなければならない。受託会社は，担保権の保存・実行の権限だけでなく，社債権者のために社債の管理をしなければならず（担信 2 条 2 項），担保付社債の管理に関しては社債管理者と同一の権限・義務を有する（担信35条）。

5 － 3 図解：担保付社債

（2）特　色

　担保付社債は，次のような特色を有する。

　（ア）信託契約　　担保付社債の担保権は，発行会社と受託会社との信託契約により設定され（担信2条），信託契約は信託証書でしなければその効力を生じない（担信18条〜23条）。この契約は，①被担保債権である社債権と担保権が別人（社債権者と受託会社）に属すること，②従たる担保権が被担保債権である社債権の成立前にも効力を生じること（担信38条），③担保の目的である財産を有する者が発行会社以外の者である場合も認められ，この場合には発行会社の同意を要すること（担信2条1項段）などにおいて，特異性を有する。なお，社債に付することができる担保には，株式会社の総財産を一体として変動するままの状態で担保の目的とする企業担保権（企業担保1条）も認められる。

　（イ）分割発行　　発行会社が発行すべき社債の最高限度額を定めておいて，これに対してあらかじめ担保権を設定しておき，その額に達するまで同一順位の担保権を有する社債を数回にわたり分割発行することが認められている（担信21条〜23条）。

---

50)　信託の一般的な定義については，信託2条1項参照。
51)　信託業法上の信託会社・銀行等（担信1条・3条〜5条）。
52)　担保付社債券（担信26条・27条），社債原簿（担信28条〜30条），社債権者集会（担信31条〜34条）などの特則がある。

7　振替社債・振替新株予約権付社債

（1）意　義

　振替社債とは，短期社債および社債発行決定により社債株式振替法の適用を受ける旨を定めた社債で，振替機関が取り扱うものをいう（社債株式振替66条）。振替新株予約権付社債とは，新株予約権付社債発行の決定により同法の適用を受けることとする旨を定めた新株予約権付社債[53]であって，振替機関が取り扱うものをいう（社債株式振替192条1項）。

（2）振替社債

　振替社債には，社債券が発行されず（社債株式振替67条），社債発行時には，振替機関にある各加入者の口座に，発行会社から通知された振替社債の金額等が記載・登録される（社債株式振替69条）。

　振替社債の譲渡・質入れは，加入者の申請に基づき，振替機関または口座管理機関が備える振替口座に当該譲渡・質入れに係る社債の金額の増額の記載・記録をすることにより効力を生ずる（社債株式振替73条・74条。弁済期未到来の利息請求権も随伴する）。加入者は，その口座における記載・記録がされた振替社債についての権利を適法に有するものと推定され（社債株式振替76条），自己の口座に振替社債の増額の記載を受けた加入者につき，善意取得が認められる（社債株式振替77条）。[54]

　振替社債の発行者は，当該振替社債についての募集社債の通知（会社677条1項）において，当該振替社債について社債株式振替法の適用がある旨を示し（短期社債を除く）（社債株式振替84条1項），振替社債の引受けの申込みをする者は，自己のために開設された当該振替社債の振替を行うための口座を社債申込みの書面（会社677条2項）に記載しなければならない（社債株式振替84条3項）。振替社債についての社債原簿には，当該振替社債について社債株式振替法の適用がある旨を記載・記録しなければならない（社債株式振替84条2項）。

　社債権者集会の議決権を行使する場合には，口座が開設されている振替機関等から記載等されている事項を証明する書面の交付を受け，当該証明書を提示する方法により行う（社債株式振替86条）。

（3）振替新株予約権付社債

　振替新株予約権付社債についても，新株予約権付社債券を発行することができない（社債株式振替193条1項）。振替新株予約権付社債の帰属については，振替社債の場合と同様の規定がなされ，振替口座の記載・記録により定まる（社債株式振替192条1項・194条～224条）。振替新株予約権付社債の数は，当該振替新株予約権付社債に付された新株予約権の数によるものとする（社債株式振替192条2項）。

53) 当該新株予約権付社債に付された新株予約権の目的である株式が振替株式であるものにかぎり，その譲渡に会社の承認を要する事項の定め（会社236条1項6号）があるものを除く。

54) この場合に，善意取得によって生じた金額の取扱い等については，振替株式の超過数の取扱いに準じた規定が設けられている（社債株式振替78条〜82条・85条）。

問　　題

1　社債に関する次の問に答えなさい。

(1)　社債と株式の法的・経済的性質の異同について指摘したうえで，社債に近い株式と株式に近い社債はどのようなものがあるかについて述べなさい。

(2)　社債が消滅して株式に転換できるようにするには，どのような社債を考えればよいか。

2　A株式会社は，事業資金の調達のため，無担保普通社債の募集を計画し，当該募集社債の総額を1億円，各募集社債の総額を100万円，償還期限を平成30年7月26日とすることなどを決定した。

(1)　A会社は，本件のような小規模の募集社債の発行について社債権者の保護を特に考える必要性はないと考えて，社債管理者を置かずに当該募集社債を発行した。この社債の発行の差止め，無効の訴え，取締役の責任追及は認められるか。

(2)　A会社はその取引銀行であるB銀行を社債管理者とし，B銀行が当該社債の償還額・利息の弁済を受けた場合でも，社債権者は単独でA会社に対し元利金の支払いを請求できるか。

(3)　A会社は平成29年9月中旬頃から財政状態が悪化し，A会社の取引銀行で社債管理者であるB銀行から救済融資を受け，そのための担保の供与をB銀行は受けていたが，A会社は11月20日支払停止となった。B銀行は，上記担保権を実行して，救済資金としてのA会社に対する貸付金債権の大部分を回収した。A会社の社債の回収不能により損害を被った社債権者は，会社法上，B銀行に対して責任を追及できるか。

第 6 章　組織再編

1　総　説

（1）企業グループ・企業結合

　一般に企業は，その固有の利潤追求・資本集中の要求から，企業自体の内部的拡張にとどまらず，外部の企業と結びついて外部的拡張をしようとする傾向がある。現代の企業は，競争の回避・経営の効率化・市場の独占などを目的として，連携・集中を図って企業集団（企業グループ）や支配・従属関係にある企業（結合企業）が形成されているのが実状である。企業グループや複数の企業が結合する企業結合を形成するための方法として，各種の組織再編行為のほか，株式の相互保有・役員派遣・融資その他の契約関係によって支配従属関係が作られるもの，同種企業間で価格・生産・販路などの制限を協定する並列的結合がなされるものなど，さまざまな方法がある。

　上記のように形成された企業グループや結合企業の運営などについて，その実体に即した統一的な規制が望ましいが，会社法は断片的な規定をするにとどまる。[1]問題の解決は，個々の会社法の規定の解釈や一般法理にゆだねられている。

（2）組織再編・企業買収（M&A）の意義

　組織再編（行為）は，講学上もしくは実務上よく用いられる言葉であるが，広義では，組織変更，事業譲渡・譲受け合併，会社分割，および株式交換・株式移転を総称するものである。狭義では，合併，会社分割，および株式交換・株式移転（会社法第5編第2章〜第4章）を総称するものとされる。

　企業買収とは，会社の上記のような再編を事業・企業を取得する側からみた

6－1図解：組織再編の意義

組織再編 ┬ 広義：組織変更，事業譲渡・譲受け，合併，会社分割，株式交換・株式移転
　　　　└ 狭義：合併，会社分割，株式交換・株式移転（会社法第5編第2章～第4章）

ものである。企業買収は，M&A（エム・アンド・エー）といわれることがあるが，M&AとはMergers（合併）and Acquisitions（買収）の略語であり，一般にM&Aの用語は上記の組織再編などを含めた広義の企業買収の意味で使われている。

　会社法は，組織再編のための規制を設けているが，会社法自体には，組織再編という用語はない。同法第5編において，①組織変更，②合併，③会社分割，および④株式交換・株式移転をまとめて規定する。事業の譲渡については，同法第2編株式会社の第7章において事業の譲渡等として規定されている。[2]本章では，上記の広義の組織再編について説明する。企業買収（M&A）については，本書第7章において取り上げる。

（3）各種の組織再編行為の選択

　（ア）利用できる会社の種類　すべての種類の会社（株式会社・合名会社・合資会社または合同会社〔会社2条1号〕）に認められる組織再編行為[3]と，特定の種類の会社のみに認められるものとがある。[4]

　（イ）各種の組織再編行為の選択　複数の会社を統合して1企業の規模を拡大する完全な形態（企業合同）は合併であり，事業譲渡・譲受けも，実質的に企業の合体を生じさせる合併と同じ効果をもっている。

　①合併の場合　合併は，消滅会社の財産を包括的に承継する合併後の会社が消滅会社の簿外資産等も承継することになり，また，消滅会社の役員の処遇・従業員の給与体系・労働組合の統合等の調整も要する。

　②会社分割の場合　分割の対象となる事業に関する権利義務が承継会社・新設会社に包括的に移転する株式分割についても，上記①の合併の場合と多少同じようなことがいえる。ただし，合併と異なり，分割会社は分割後も存続する。

　③事業譲渡の場合　事業譲渡は，会社が事業に属する財産を移転し相手方

がこれを譲り受けることを内容とする債権契約であり，事業を構成する各種の財産のなかで移転すべき財産を個別に特約することにより，合併・会社分割の上記のような問題を避けることができる。しかし，事業に属する個々の財産について個別的に移転する手続（民177条・178条等）を要する点で手続が煩瑣であり，また，譲渡会社の債務を相手方が引き受けるためには債権者の同意を要する（民467条・474条・514条等）。この点で，会社分割の方法により，事業の一部を切り離して子会社を設立する場合は，債務の移転について債権者の個別の同意を要する手続等は不要となるだけでなく，変態設立事項として検査役の調査（会社28条・33条）も不要である。

　④株式交換・株式移転の場合　　株式交換・株式移転は，親子会社の一体的運営を可能とする点で合併に類似するが，既存の株式会社を完全子会社化する手続であり，子会社の法人格を維持する点で合併にない利点がある。当事会社間に完全親子会社関係を生ずるにとどまることから，消滅会社の権利義務の一般承継である合併のように膨大な簿外債務を承継する危険はなく，株式の承継であるにすぎない（株式の価額がゼロであるかもしれないがマイナスとはならない）。また，株式交換，株式移転の場合は，法人格が別であるから，合併におけるような役員の処遇・従業員の給与体系・労働組合の統合等の問題が生じないことなどの利点がある。

　企業は，それぞれの需要に応じて，最も適切な組織再編行為を選択することになる。

（4）組織再編における会計処理

　（ア）組織再編の会計処理　　組織再編の会計処理の方法としては，①消滅会社の資産・負債の評価替えを行わず，従来の帳簿価額のまま引き継ぐ方式（持分プーリング法〔pooling of interests method〕）と，②消滅会社の資産・負債を合併の効力発生時点の時価に再評価して計上する方式（パーチェス法〔purchase method〕）がある。平成25年9月13日改正の企業会計基準第21号「企業結合に関する会計基準」（企業会計基準委員会）によれば，共同支配企業の形成および共通支配下の取引[5]の場合における会計処理は持分プーリング方式により，それ[6]

以外の企業結合は取得となり，パーチェス法によるとされる[7]。

　（イ）連結計算書類　　組織再編・企業買収によって，多数の子会社（会社2条3号・3号の2，会社則3条・3条の2）や関連会社からなる，企業集団（企業グループ）が形成されることになる。現代の会社，とりわけ大会社（会社2条6号）は，その会社単体で事業経営を行っているわけではなく，企業グループとして経営を行っている。このような場合には，個々の会社の計算書類だけではこれら会社の財産・損益の実体を正しく把握できないために，企業集団の財産および損益の状況を明らかにする必要がある。

　そこで，会社法は，会計監査人設置会社において，当該会社およびその子会社からなる企業集団の財産および損益の状況を示すために必要かつ適当なものとして法務省令で定める連結計算書類を作成することができるとする[9]（会社444条1項2項〔電磁的記録で作成可〕，会社則116条，会社計算61条〜69条）。とりわけ，事業年度の末日において大会社であって金融商品取引法上の有価証券報告書提出会社（金商24条1項）は，当該事業年度に係る連結計算書類の作成が義務づけられる（会社444条3項）[10]。

　非連結子会社および関連会社に対する投資については[11]，原則として，持分法により計算する価額をもって連結貸借対照表に計上しなければならない（会社計算69条）。持分法とは，投資会社が，被投資会社の純資産および損益のうち当該投資会社に帰属する部分の変動に応じて，その投資の金額を各事業年度ごとに修正する方法をいう（会社計算2条3項23号，連結財務規2条8号）。

---

1)　親会社株式の取得の禁止（会社135条），株式相互保有規制（会社308条），子会社の役員等との兼任禁止（会社333条3項・335条2項・337条3項2号），子会社調査権（会社374条3項・381条3項・396条3項・405条2項），連結計算書類（会社444条），親会社株主等の情報収集権（会社318条5項・371条5項・433条3項・442条4項等）など。

2)　会社計算規則では，吸収型再編（吸収合併・吸収分割・株式交換）と新設型再編（新設合併・新設分割・株式移転）とに分類して定義がなされる（会社計算2条3項33号41号）。

3)　組織変更（会社2条26号）・事業譲渡等（会社21条〜24条。手続等は株式会社のみ規制〔会社467条〜470条〕）および吸収合併（会社2条27号）・新設合併（会社2条28号）。

4)　吸収分割（会社2条29号）・新設分割（会社2条30号）の場合には，承継会社・設立

会社はすべての種類の会社に認められるが，分割会社は株式会社・合同会社に限られる。また，株式交換（会社 2 条31号）・株式移転（会社 2 条32号）の場合には，株式交換・株式移転をする会社（株式交換完全子会社・株式移転完全子会社）は株式会社に限られ，株式交換完全親会社となりうるものは株式会社・合同会社のみであり，株式移転設立完全親会社となりうるものは株式会社に限られる。

5) 「共同支配企業」とは，複数の独立した企業により共同で支配される企業をいい，「共同支配企業の形成」とは，複数の独立した企業が契約等に基づき，当該共同支配企業を形成する企業結合（たとえば，異なる親会社を持つ完全子会社同士が合併して 1 つの合弁会社となる場合）をいう（同会計基準第11項）。また，「共通支配下の取引」とは，結合当事企業（または事業）のすべてが，企業結合の前後で同一の株主により最終的に支配され，かつ，その支配が一時的ではない場合の企業結合をいう。親会社と子会社の合併および同じ親会社の子会社（兄弟会社）同士の合併は，共通支配下の取引に含まれる（同第16項）。

6) 同会計基準第11・16・38・41項，会社計算35条 1 項 2 号 3 号・46条 1 項・47条 1 項。

7) 同会計基準第17―33項，会社計算35条 1 項 1 号・45条 1 項。

8) 関連会社とは，会社が他の会社等の財務および事業の方針の決定に対して重要な影響を与えることができる場合における当該会社等（子会社を除く）をいう（会社則 2 条 3 項20号，会社計算 2 条 3 項18号）。

9) 連結計算書類は，連結貸借対照表，連結損益計算書，連結株主資本等変動計算書および連結注記表からなる（会社計算61条）。連結計算書類は，当該会社およびその子会社の（個別）計算書類に基づき作成される（会社計算65条～67条）。連結の範囲については，原則として，会社は，そのすべての子会社を連結の範囲に含めなければならない。

10) 金融商品取引法においても，連結財務諸表（連結貸借対照表・連結損益計算書・連結株主資本等変動計算書・連結キャシュ・フロー計算書・連結附属明細表）の作成に関する規定がある（金商193条，連結財務規 1 条）。

11) 非連結子会社とは，連結の範囲から除かれる子会社をいう（会社計算 2 条 3 項20号）。なお，連結子会社とは，連結の範囲に含められる子会社をいう（会社計算 2 条 3 項19号）。さらに，連結会社とは，当該株式会社およびその連結子会社をいう（会社計算 2 条 3 項21号）。

2　組織変更

（1）組織変更の意義

　会社の組織変更とは，会社がその人格の同一性を保ちながら，その法律上の組織を変更して他の種類の会社となることをいう。既存の会社をいったん解

注）　持分会社（合名会社・合資会社・合同会社）間の変更→定款の変更による
　　　持分会社の種類の変更。

散・清算して，新たに別の会社を設立し，営業の免許・認可などをあらためて
とることになれば，不必要な負担・混乱などをともなうことになる。組織変更
が認められることにより，そのような面倒さを回避することができる。株式会
社から持分会社（合名会社・合資会社・合同会社）への組織変更と，持分会社（合
名会社・合資会社・合同会社）から株式会社への組織変更が規定されている（会
社2条26号[12]）。

（2）株式会社の組織変更

　（ア）株式会社の組織変更計画　　株式会社が組織変更をする場合には，当
該株式会社は，組織変更計画において，①組織変更後の持分会社（組織変更後
持分会社）が合名会社・合資会社または合同会社のいずれであるかの別，②そ
の目的・商号および本店の所在地，③社員の氏名等，無限責任社員または有限
責任社員の別および出資の価額，④上記②・③以外の定款で定める事項，⑤株
主・新株予約権者に対し交付する金銭等，⑥組織変更の効力発生日などを定め
なければならない（会社744条1項1号～9号）。

　（イ）株式会社の組織変更の効力の発生等　　組織変更をする株式会社は，効力
発生日に，持分会社となる（会社745条1項）。組織変更をする株式会社の株主
は，効力発生日に，組織変更後持分会社の社員および社債権者となり（会社745
条3項4項），新株予約権は消滅する（会社745条5項。組織変更計画のなかでの新株
予約権の買取りの定めについて，会社744条1項7号8号参照）。

（3）持分会社の組織変更

　（ア）持分会社の組織変更計画　　持分会社が組織変更をする場合には，当該
持分会社は，組織変更計画において，①組織変更後の株式会社（組織変更後株

式会社）の目的・商号・本店の所在地および発行可能株式総数，②その他の組織変更後株式会社の定款で定める事項，③組織変更後株式会社の取締役・監査役等の氏名，④社員が取得する株式等に関する事項，⑤効力発生日などを定めなければならない（会社746条1項1号〜9号）。

　（イ）持分会社の組織変更の効力の発生等　　組織変更をする持分会社は，効力発生日に，株式会社となる（会社747条1項）。組織変更をする持分会社の社員は，効力発生日に，組織変更後株式会社の株式・社債・新株予約権等の株主・社債権者・新株予約権者等となる（会社747条3項4項）。

（4）組織変更の手続

　（ア）株式会社の手続　　組織変更をする株式会社は，組織変更計画備置開始日（会社775条2項）から組織変更の効力発生日までの間，組織変更計画の内容その他の事項を記載・記録した書面・電磁的記録をその本店に備え置かなければならない（会社775条1項）。また，組織変更をする株式会社の株主および債権者は，当該株式会社に対して，その営業時間内は，いつでも，上記書面・電磁的記録の閲覧等の請求をすることができる（会社775条3項）。組織変更をする株式会社は，効力発生日の前日までに，組織変更計画について当該株式会社の総株主の同意をえなければならない（会社776条）。

　株式会社が組織変更をする場合には，組織変更をする株式会社の新株予約権の新株予約権者は，当該株式会社に対し，自己の有する新株予約権の買取請求をすることができる（会社777条・778条）。組織変更をする株式会社の債権者は，当該株式会社に対し，組織変更について異議を述べることができる（会社779条）。なお，組織変更をする株式会社は，効力発生日を変更することができる（会社780条）。

　（イ）持分会社の手続　　組織変更をする持分会社は，定款に別段の定めがないかぎり，効力発生日の前日までに，組織変更計画について当該持分会社の総社員の同意をえなければならない（会社781条1項）。株式会社の手続の場合の債権者異議および組織変更の効力発生日の変更についての規定は，組織変更をする持分会社について準用される（会社781条2項）。

（ウ）会社の組織変更の無効の訴え　　会社の組織変更の無効は，組織変更の効力が生じた日から 6 ヶ月以内に，訴えをもってのみ主張することができる（会社828条 1 項 6 号）。この訴えを提起することができる者は，組織変更の効力が生じた日において組織変更する会社の株主等（株主・取締役・執行役・監査役・清算人をいう）もしくは社員等（社員・清算人をいう）であった者，または組織変更後の会社の株主等，社員等，破産管財人もしくは組織変更について承認をしなかった債権者に限られる（会社828条 2 項 6 号）。被告は組織変更後の会社である（会社834条 6 号[14]）。組織変更を無効とする判決が確定すると，変更前の会社に復帰する。

　（エ）組織変更の登記　　会社は，組織変更の効力が生じた日から 2 週間以内に，その本店の所在地において，組織変更前の会社については解散の登記をし，組織変更後の会社については設立の登記をしなければならない（会社920条）。

12)　持分会社間の変更は，組織変更ではなく，定款の変更による持分会社の種類の変更である。
13)　組織変更後株式会社が監査等委員会設置会社である場合には，監査等委員である取締役とそれ以外の取締役とを区別して定めなければならない（会社746条 2 項）。
14)　担保提供命令（会社836条），判決の対世的効力（会社838条）・不遡及（会社839条），敗訴原告の損害賠償責任（会社846条）について規定がなされている。

3　株式会社の事業譲渡等

（1）事業の譲渡・譲受け

　（ア）総　説　　①事業の譲渡の意義　　事業の譲渡とは，会社がその事業を取引の目的として他に移転する取引行為（特定承継）である。会社法は，株式会社が事業の全部・重要な一部の譲渡または他の会社の事業の全部の譲受けをする場合には，原則として株主総会の特別決議によりその契約の承認を受けることを要すると規定する（会社467条 1 項 1 号〜 3 号・309条 2 項11号[15]）。上記のような事業の譲渡・譲受けは，事業の再編を意味し，株主の利害に重大な影響

6－3図解：事業譲渡

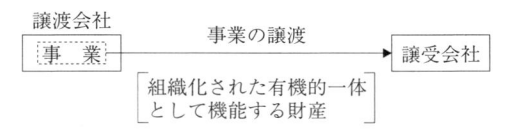

を及ぼすからである。[16]

　なお，会社法では「事業の譲渡」（事業譲渡）という用語（会社21条～24条・会社467条）が使われているのに対し，商法では営業の譲渡（営業譲渡）という用語か使われている（商15条～18条の2，商旧245条参照）。規制の実質に変更はないので，平成17年改正前商法のもとでの営業譲渡に関する判例は会社法の事業の譲渡における判例と考えられる。[17]

　②株主総会の特別決議を必要とする事業譲渡の意義　　（a）富士林産工業事件（最大判昭40・9・22民集19巻6号1600頁）　　X株式会社（富士林産工業株式会社）は，製材加工事業およびその製品の売買等を業とする会社であったが，その創立とともに製材工場を設置し，この工場施設を基盤として主に桶材の製造加工および販売をしてきた。しかし，その後，原材料の値上り，需要の減少等の事由により昭和28年12月28日を区切りとして一時休業するのやむなきに至った。X会社は，昭和30年9月5日Y協同組合（木曾官材市売協同組合）の懇請により本件工場の土地建物と運搬用軌道設備とを一括してY組合に無償で貸与することを約束するとともに，貸与物件についてはX会社が木曾工場の運営上の必要に基づき返還を請求したときは何時でも即時原状に復して返還することを定めて，Y組合に引き渡し，Y組合はそれを占有・使用していた。X会社は，その後，本件工場を再開運営する必要を生じ，昭和31年12月24日前記貸与物件の返還を請求したが，Y組合が応じないので，X会社はその明渡しと明渡しまでの損害を求めて訴えを提起した。これに対し，Y組合は，昭和30年11月9日にX会社とY組合との間の売買によって本件土地建物等を譲り受けた旨を主張して，X会社の請求の棄却を求めるとともに，反訴によりY組合の所有権および売買契約の確認を求めた。X会社は，本件土地建物等はX会社唯一の施設であるから，その譲渡は商法旧245条1項1号（現行会社467条1項2号）の営業

譲渡に該当し，X会社の株主総会特別決議を経ていないため無効であると主張した。これに対し，Y組合は，本件売買は営業譲渡に該当しないから株主総会特別決議を要しないと反論した。第1審・第2審ともに，X会社の請求が棄却された。そこで，X会社は上告したが，最高裁は，次のように判示して，上告論旨は理由がないとした。

「商法245条1項1号（会社467条1項1号2号）によって特別決議を経ることを必要とする営業の譲渡とは，同法24条以下（現行商15条以下，会社21条以下）にいう営業の譲渡と同一意義であって，営業そのものの全部または重要な一部を譲渡すること，詳言すれば，一定の営業目的のため組織化され，有機的一体として機能する財産（得意先関係等の経済的価値のある事実関係を含む。）の全部または重要な一部を譲渡し，これによって，譲渡会社がその財産によって営んでいた営業的活動の全部または重要な一部を譲受人に受け継がせ，譲渡会社がその譲渡の限度に応じ法律上当然に同法25条（現行商16条，会社21条）に定める競業避止義務を負う結果を伴うものをいうものと解するのが相当である。」

(b)事業譲渡の意義　　会社法には事業譲渡の定義はなされていないが，事業譲渡（営業譲渡）の意義については，学説上，見解が分かれている[18]。平成17年改正前商法における株主総会の特別決議を必要とする営業譲渡（会社法の場合の事業譲渡）の意義に関する最高裁判例は，事業財産譲渡説に経営者地位引継説[19]を加味したものといえる。しかし，競業避止義務は特約により排除でき（会社21条1項），事業譲渡の不可欠の要件とはいえないので，一定の事業目的のために組織化された有機的一体として機能する財産の譲渡と解する事業財産譲渡説が妥当であると解される。

(イ) 事業譲渡の手続　　①株主総会の承認　　事業の全部もしくは重要な一部の譲渡について，株主総会の特別決議を必要とする（会社467条1項1号2号・309条2項11号）。その決議に反対した株主に株式買取請求権が認められている（会社469条・470条）。事業譲渡等をしようとする会社は，効力発生日の20日前までに，その株主に対し，事業譲渡等をする旨を通知・公告しなければならない（会社469条3項4項）。ただし，事業全部を譲渡する場合であって，株主総会で承認決議と同時に会社の解散決議がなされたときは，株式買取請求権は認

められない（会社469条1項1号）。これは，解散による清算手続を優先させるためである。

②簡易事業譲渡　　事業の重要な一部の譲渡で，当該譲渡により譲り渡す資産の帳簿価額が当該会社の総資産額として法務省令（会社則134条）で定める方法により算定される額の5分の1（これを下回る割合を定款で定めた場合にはその割合）を超えない場合には，株主総会の特別決議は不要である（会社467条1項2号括弧書。簡易分割の場合と同じ〔会社784条2項〕）。この場合の譲渡会社の株主の損害は軽微にとどまると考えられ，事業の重要な一部の譲渡から簡易事業譲渡は除かれることから，反対株主の買取請求権もない（会社467条1項2号括弧書・469条1項。簡易分割に関する785条1項2号と同趣旨）。簡易事業譲渡は，何が重要な一部の譲渡に該当するかどうかを判断するのは容易ではないので，上記のような一定規模以下の取引は一律に規制の対象外とすることにより，取引の迅速および取引の安全を図るためである。

③略式事業譲渡[20]　　事業譲渡等に係る契約の相手方が当該事業譲渡等をする会社の特別支配会社[21]である場合には，当該事業譲渡等をする会社における株主総会決議が不要となる（会社468条1項。吸収合併等の場合の784条1項と同じ）。株主総会を開催したとしても承認される可能性が高く，総会の開催をする意味が乏しいからである。不満な株主に買取請求権が認められる（会社469条・470条）。略式事業譲渡は，吸収合併等の場合と異なり，株主の差止め請求権は規定されていない（会社784条の2・796条の2対比）。

（ウ）　重要な子会社の株式の譲渡　　株式会社がその子会社の株式または持分の全部または一部の譲渡をする場合，①当該譲渡により譲り渡す株式または持分の帳簿価額が当該会社の総資産額として法務省令（会社則134条）で定める方法により算定される額の5分の1（これを下回る割合を定款で定めた場合にはその割合）を超え，かつ②当該会社が効力発生日において当該子会社の議決権の総数の過半数の議決権を有しないときは，会社法467条1項が適用され，株主総会の特別決議を要する（会社467条1項2号の2）。会社によるその子会社の株式・持分の譲渡が事業譲渡と実質的に異ならない影響を当該会社に及ぼしうることを考慮して，事業譲渡と同様の規制に服することとしている。

（エ）事業の全部の譲受け　①株主総会の承認　他の会社（外国会社その他の法人を含む）の事業の全部の譲受けの場合には，株主総会の特別決議を必要とする（会社467条1項3号・309条2項11号）。他の会社の事業の全部を譲受ける場合には，簿外の偶発債務を含む譲渡会社の全債務を引き受ける行為は危険が特に大きいからであり[22]，吸収合併の存続会社に近い立場に立つからである。反対株主に買取請求権が認められる（会社469条・470条）。他の会社の事業の全部の譲受けの場合において，譲受会社が譲り受ける資産に当該会社の株式（自己株式）が含まれるときは，取締役は，上記の株主総会において，当該株式に関する事項を説明しなければならない（会社467条2項）。

②簡易事業全部の譲受け　譲渡会社（他の会社）の事業の全部の譲受けの場合には，譲渡会社の事業の全部の対価として交付する財産の帳簿価額の合計額の譲受会社の純資産額として法務省令（会社則137条）で定める方法により算定される額に対する割合が5分の1（これを下回る割合を定款で定めた場合にはその割合）を超えないときは，株主総会の決議を要しない（会社468条2項。吸収合併等の場合の会社796条2項と同様である）。譲受会社の株主の利益に及ぼす影響が小さいと考えられるためである。この場合において，法務省令（会社則138条）で定める数の株式（株主総会の承認決議において議決権を行使することができるものに限る）を有する株主が，譲受会社が株主に対し株式買取請求権に係る通知・公告（会社469条3項4項）をした日から2週間以内に，その譲受けに反対する旨を譲受会社に対し通知したときは，譲受会社は，効力発生日の前日までに，株主総会の決議によって，当該行為に係る契約の承認を受けなければならない（会社468条3項。吸収合併等の場合の会社796条3項と同様である）。簡易事業全部の譲受けの場合は，譲受会社の株主の利益に与える影響が小さいと考えられることから，反対する株主に株式買取請求権は与えられない（会社469条1項2号）。

③略式事業全部の譲受け　他の会社の事業全部の譲受けを行う場合において，譲渡会社が譲受会社の特別支配会社であるときは，譲受会社における株主総会決議が不要となる（会社468条1項）。略式事業譲渡と同じであり，不満な株主に買取請求権も認められる（会社469条・470条）。

（オ）事業譲渡等の手続違反の効果　事業譲渡等に必要な株主総会の決議が

ないときは，その事業譲渡等は無効であると解される[23]。

（2）事業の全部の賃貸等

　会社法は，上記に述べた事業譲渡等のほか，①事業の全部の賃貸[24]，②事業の全部の経営の委任[25]，③他人と事業上の損益の全部を共通にする契約その他これらに準ずる契約[26]の締結・変更または解約についても，原則として，株主総会の特別決議による承認を要する（会社467条1項4号・309条2項11号。特別支配会社の場合は総会決議を要しない〔会社468条1項〕）。これらの契約は，事業経営に関して他の会社との提携を実現するものであり，株主に及ぼす影響が大きいからである。反対株主に株式買取請求権が認められる（会社469条・470条）[27]。

（3）事後設立

　通常の発起設立（会社25条1項1号）または募集設立（会社25条1項2号）の方法により設立された会社がその成立後2年以内におけるその成立前から存在する財産であってその事業のために継続して使用するものの取得をするには，株主総会の特別決議を要する（会社467条1項5号・309条2項11号）。ただし，当該財産の対価として交付する財産の帳簿価額の合計額の当該株式会社の純資産額として法務省令（会社則135条）で定める方法により算定される額に対する割合が5分の1（これを下回る割合を当該会社の定款で定めた場合にはその割合）を超えない場合には，承認決議は不要である（会社467条1項5号但書）。事業譲渡等の場合（会社469条・470条）と異なり，反対株主の株式買取請求権はない。

　上記の事後設立の規制は，通常の設立時の現物出資（会社28条1号）・財産引受（会社28条2号）規制の潜脱行為を防止する趣旨によるものである。したがって，このようなことが想定されない組織再編行為による会社設立には，上記の規定は適用されない（会社467条1項5号柱書前段括弧書参照）。

15）　例外として，簡易事業譲渡・譲受け（会社467条1項2号括弧書・468条2項），略式事業譲渡等（会社468条1項）の場合には，株主総会の承認を要しない。

16）　事業譲渡の当事者間における効果および第三者に対する関係については，会社法総則

で規定する（会社21条〜24条）。また，独占禁止法上の規制がある（独禁16条・17条の
2等）。

17)　会社法が「営業」の譲渡を「事業」の譲渡に改めたのは，他の法人法制で一般に使用
されている「事業」の用語との整合性をはかり，商号との関係の考慮（個人商人は複数
の営業ごとに複数の商号を有するが，会社は全体として1つの商号しか有することがで
きない）を行ったためである。会社法コンメ（1）199頁（北村雅史），会社法コンメ
（12）25頁（齋藤真紀），逐条解説（1）199頁（遠藤美光）。

18)　学説については，①事業目的のため組織化され，有機的一体として機能する財産の譲
渡であり，さらに譲受人による事業の承継等をともなうものと解する説（かつての通
説），②事業の本体を事業活動とし，事業譲渡は事業の存続を前提とする事業者たる地
位（事業用財産の所有者，利用者たる地位を含む）の譲渡と解する説（経営者地位引継
説），③事業を財産的価値ある事実関係と解し，事業譲渡とはこれを譲渡することであ
り，事業用財産は従物としてこれにともなって移転すると解する説（事業組織譲渡
説），④一定の事業目的のために組織化された有機的一体として機能する財産の譲渡と
解し，事業の承継という要素は不要とする説（事業財産譲渡説〔近時の多数説〕），⑤事
業用財産の譲渡（工場における重要な機械の譲渡）であっても，それによって譲渡人の
運命に重大な影響を及ぼすような場合には事業譲渡に該当するという説（最大判昭40・
9・22民集19巻6号1600頁〔前掲富士林産工業事件〕における少数意見）が対立する。
会社法コンメ（1）199頁—201頁（北村雅史），会社法コンメ（12）26頁—30頁（齋藤
真紀）。

19)　最大判昭40・9・22民集19巻6号1600頁（前掲富士林産工業事件）。

20)　事業譲渡等とは，事業の全部または重要な一部の譲渡，子会社の株式または持分の全
部または一部の譲渡，事業の全部の譲受け，事業の全部の賃貸等をいう（会社468条1
項前段括弧書）。

21)　特別支配会社とは，ある株式会社の総株主の議決権の10分の9（これを上回る割合を
当該株式会社の定款で定めた場合にあってはその割合）以上を他の会社および当該他の
会社が発行済株式の全部を有する株式会社その他これに準ずるものとして法務省令で定
める法人が有している場合における当該他の会社をいう（会社468条1項）。

22)　簿外債務を引き受けない旨を約したり，あるいはわずかの財産・債務を譲受対象から
除外しても，当然に事業の全部の譲受けにならないわけではないと解する有力な見解が
ある。会社法コンメ（12）37頁（齋藤真紀）。

23)　通説。最判昭61・9・11判時1215号125頁は，原則として無効であるが，営業譲渡契
約後約20年を経て無効を主張することは信義則違反と判示する。取引の安全保護の見地
から，譲渡会社は悪意・重過失のない譲受人に対してその無効を主張できない（相対的
無効）と解する見解が有力である。会社法コンメ（12）60頁—62頁（齋藤真紀）。

24)　事業の全部の賃貸は，賃貸人がその事業につき賃借人をして使用・収益させる義務を
負い（民601条参照），賃借人はその事業を自己の名をもって自己の計算において営む権
利を取得するとともに，賃貸人に対して賃料を支払う義務を負う。

25)　事業の全部の経営の委任は，企業の経営を他人に委託する契約であり，上記の事業の賃貸借とは異なり，経営は常に委任者の名で行われる。経営の委任には，事業経営の損益が受任者に帰属する場合（狭義の経営の委任）と，事業経営の損益が委任者に帰属する場合（経営管理契約）とに区別される。

26)　他人と事業上の損益の全部を共通にする契約とは，当事会社の損益を合算して当事会社間でそれを一定の合意に基づき分配する契約（一種の民法上の組合契約）であり，その他これらに準ずる契約には，事業上の利益全部の引渡しと引き替えに毎事業年度一定の支払いを受ける契約などがある。

27)　会社法は，重要な一部の場合には株主総会決議を要求せず，また，賃貸等を受ける会社側には株主総会決議を要求しない。なお，独占禁止法上の規制がある（独禁16条等）。

4　合併・会社分割・株式交換および株式移転

（1）合　　併

（ア）総　説　①合併の意義と種類　合併とは，２個以上の会社（当事会社）が契約（合併契約）により１会社に合同することをいう。会社法の定義によれば，合併の種類として，吸収合併と新設合併を規定する。

6－4図解：合併

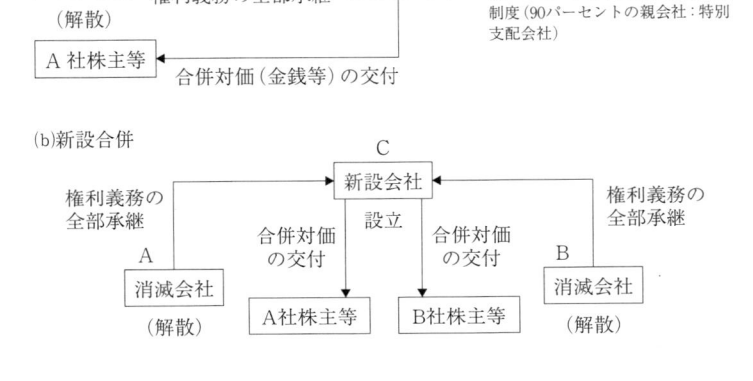

(a)吸収合併

A　消滅会社（解散）── 権利義務の全部承継 →　B　存続会社

A 社株主等 ── 合併対価（金銭等）の交付

注）　簡易組織再編制度（純資産額の20パーセント以下），略式組織再編制度（90パーセントの親会社：特別支配会社）

(b)新設合併

C　新設会社　設立

権利義務の全部承継　A　消滅会社（解散）

合併対価の交付　A社株主等

合併対価の交付　B社株主等

権利義務の全部承継　B　消滅会社（解散）

(a)吸収合併とは，会社が他の会社とする合併であって，合併により消滅する会社（消滅会社）の権利義務の全部を合併後存続する会社に承継させるものをいう（会社2条27号）。(b)新設合併とは，2以上の会社がする合併であって，消滅会社の権利義務の全部を合併により設立する会社に承継させるものをいう（会社2条28号）。

　新設合併は，設立会社が新たに事業の許認可をえたり，金融商品取引所の上場資格の再申請を必要とするなどの不便があるので，実際には，吸収合併の方法がとられることが圧倒的に多い。

　②合併の自由とその制限　　会社法は合併の自由を原則としており，株式会社・合名会社・合資会社および合同会社の間で合併契約により自由に合併ができる（会社748条）。株式会社が存続する吸収合併（会社749条），持分会社が存続する吸収合併（会社751条），株式会社を設立する新設合併（会社753条），持分会社を設立する新設合併（会社755条）が規定されている。しかし，解散した株式会社・持分会社は，当該会社を存続会社とする合併を行うことができない（会社474条1号・643条1号[28]）。

　（イ）吸収合併　　①株式会社が存続する吸収合併契約　　(a)法定記載事項　吸収合併存続会社が株式会社であるときは，吸収合併契約において，㋐吸収合併存続株式会社・吸収合併消滅会社（合併当事会社）の商号・住所，㋑合併の対価の種類・内容（対価の柔軟化）およびその割当てに関する事項（割当比率など），㋒吸収合併の効力発生日など，一定の事項を定めなければならない（会社749条1項）。

　(b)合併条件　　合併条件（消滅会社の株式等と引き替えに何を交付されるかに関する定め〔会社749条1項2号ロ〜ホ〕）については，会社法は「対価の柔軟化」を認め，存続会社の株式を交付をせず，金銭その他の財産を交付することができる[29]。事業再構築・企業買収を容易にするためである[30]。交付金合併が少数株主の排除（締め出し〔squeeze-out〕）のために利用される可能性があるので，少数株主の保護のために正当な補償が必要となる。

　そこで，合併条件の公正性が求められるのであり，合併（その他の組織再編も含む）により生ずる各当事会社の企業価値を超えるシナジー（相乗効果）の公平

な分配を消滅会社の株主が受けることができるようにするため，会社法は，反対株主の買取請求権の買取価格を，「決議ガナカリセバ其ノ有スベカリシ公正ナル価格」（平成17年改正前商408条ノ３等）から，「公正な価格」と改めている（会社785条等）。

　なお，合併比率の不公正は，消滅会社の株主に対し株式が交付されるかぎり，存続会社の株主に損害を被らせることがあるとしても，存続会社に損害を生じさせるわけではないので，株主代表訴訟（会社847条）により取締役の責任を追及することはできないと解される。³¹⁾

　(c)存続会社の資本金・準備金の額に関する事項　　合併対価が存続会社の株式であるときは，存続会社の資本金・準備金の額に関する事項を定めなければならない（会社749条１項２号イ）。この額の定め方は会計原則に従うが，吸収合併における会計処理として，持分プーリング法と，パーチェス法があることについて，本章１（４）の組織再編の会計処理参照。

　②持分会社が存続する吸収合併契約　　吸収合併存続会社が持分会社である場合に吸収合併契約に定めなければならない事項は，株式会社が存続する吸収合併契約の場合と同様である（会社751条）。

　③吸収合併の効力の発生等　　(a)株式会社が存続する場合　　吸収合併存続株式会社は，効力発生日（合意により変更できる〔会社790条〕）に，吸収合併消滅会社の権利義務を包括的に承継する（会社750条１項）。合併契約・存続会社の総会決議などにより，消滅会社の義務の全部または一部を承継しないことを定めることは無効である。³²⁾消滅会社は解散し（会社471条４号），清算手続を経ることなく（会社475条１号括弧書参照），解散と同時に消滅する。

　吸収合併消滅会社の吸収合併による解散は，吸収合併の登記の後でなければ，これをもって第三者に対抗することができない（会社750条２項）。吸収合併消滅株式会社の株主または吸収合併消滅持分会社の社員は，効力発生日に，吸収合併存続株式会社により交付される株式・新株予約権等の株主・新株予約権者等となる（会社750条３項以下）。

　(b)持分会社が存続する場合　　持分会社が存続する吸収合併の効力の発生等については，吸収合併存続株式会社の場合と同様である（会社752条）。

（ウ）新設合併　①株式会社を設立する新設合併契約　2以上の会社が新設合併をする場合に，新設合併設立会社が株式会社であるときも，新設合併契約において定めなければならない事項は，全当事会社の表示，合併条件，会社の組織・体制などについて，吸収合併の場合に準ずる（会社753条1項）。ただし，新設合併設立株式会社の定款で定める事項（会社753条1項3号），新設合併設立株式会社の設立時取締役の氏名（会社753条1項4号2項〔監査等委員会設置会社では設立時監査等委員〕），設立時会計参与の氏名また名称，設立時監査役の氏名，設立時会計監査人の氏名・名称（会社753条1項5号イ〜ハ）を定めなければならない。

②持分会社を設立する新設合併　2以上の会社が新設合併をする場合，新設合併設立会社が持分会社であるときも，新設合併契約において定めなければならない事項は，吸収合併の場合に準ずる（会社755条）。

③新設合併の効力の発生等　(a)設立会社が株式会社である場合　新設合併の場合には，すべての当事会社が解散（会社471条4号）すると同時に消滅する。新設合併設立株式会社は，設立の登記（会社922条）により設立会社が成立し（会社49条），その成立の日に，新設合併消滅会社の権利義務を承継する（会社754条1項）。

消滅会社の株主が設立会社から合併契約の定めに従って受け取る対価の柔軟化は認められず，消滅会社の株主に交付するものは設立会社の株式に限られる（会社753条1項6号参照）。吸収型再編の場合と異なり，新設合併等の新設型再編は，当事会社が単独でまたは共同して新たに会社を設立するという性質を有するものであるからである。もっとも，設立会社の株式に加えて，設立会社の発行する社債および新株予約権（社債等〔会社746条7号ニ〕）を交付することは差し支えない（会社753条1項8号）。

新設合併消滅株式会社の株主または新設合併消滅持分会社の社員は，新設合併設立株式会社の成立の日に，新設合併設立株式会社により交付される株式・新株予約権等の株主・新株予約権者等となる（会社754条2項以下）。

(b)設立会社が持分会社である場合　持分会社を設立する新設合併の効力の発生等については，新設合併設立株式会社の場合と同様である（会社756条）。

（2）会社分割

　（ア）総　説　①会社分割の意義と種類　（a)意義　会社の分割とは，
1個の会社を2個以上の会社に分けることである。会社の合併とは逆の現象で
ある。会社法の定義によれば，分割の種類として，吸収分割と新設分割を規定
する。

　㋐吸収分割とは，株式会社または合同会社がその事業に関して有する権利義
務の全部または一部を分割後他の会社（承継会社）に承継させることをいう
（会社2条29号）。㋑新設分割とは，1または2以上の株式会社または合同会社
がその事業に関して有する権利義務の全部または一部を分割により設立する会
社（設立会社）に承継させることをいう（会社2条30号）。2社以上が共同で分割

6−5図解：会社分割

㋐吸収分割

㋑新設分割

注）人的分割の場合

会社となり新設分割する場合を，共同新設分割という[33]。

　企業の不採算部門の分離，特定部門の専業化，巨大な機構の分離による経営の効率化などを目的として，会社の分割がなされる。吸収分割は，持株会社のもとにある複数の子会社の重複する部門を各子会社に集中させることにより組織の再編成を実現するためなどに利用されうる。他方，新設分割は，複数の営業部門を有する会社が各営業部門を独立した会社とすることにより経営の効率性を向上させるためなどに利用されうる。

　(b)事業に関して有する権利義務の全部または一部の意味　　会社分割の対象となる「事業に関して有する権利義務の全部または一部」の意味について，会社法は特に定義をしていない。会社法は，事業の有機的一体性も，事業活動の承継も，会社分割の要件でないことを明らかにするために，「事業」という事業活動を含む概念ではなく（事業としての実質を有する必要がない），「事業に関して有する権利義務」という財産に着目した規定が設けられたものであるといわれている。

　②会社分割の自由と規制　　会社は吸収分割・新設分割をすることができる（会社757条・762条1項）[34]。ただし，吸収分割・新設分割のいずれについても，株式会社または合同会社のみが分割会社となりうる（会社2条29号30号・757条・762条1項）。合名会社・合資会社では無限責任社員が会社債務について責任を負うことから，会社分割によって会社債務を他社に承継させることを認めると，会社債権者が不利益を受ける場合がありうるからである。承継会社・設立会社については，株式会社・合同会社だけでなく合名会社・合資会社（会社760条4号イロ・765条1項1号）も認められる。

　しかし，解散した株式会社・持分会社は，吸収分割による他の会社がその事業に関して有する権利義務の全部また一部の承継を行うことはできない（会社474条2号・643条2号）。

　(イ)　吸収分割　　①吸収分割契約の締結　　会社（株式会社・合同会社に限る）は，吸収分割をする場合において，当該会社がその事業に関して有する権利義務の全部または一部を当該会社から承継する会社（吸収分割承継会社）との間で，吸収分割契約を締結しなければならない（会社757条）。

②株式会社に権利義務を承継させる吸収分割契約　　会社が吸収分割をする場合において，吸収分割承継会社が株式会社であるときは，吸収分割契約において，㋐吸収分割会社・吸収分割承継株式会社の商号・住所，㋑吸収分割会社から承継する資産・債務・雇用契約その他の権利義務に関する事項，㋒吸収分割の対価に関する事項（対価の柔軟化），㋓吸収分割の効力発生日，㋔いわゆる人的分割を行う旨（会社758条8号）など，一定の事項を定めなければならない（会社758条）。

③持分会社に権利義務を承継させる吸収分割契約　　吸収分割承継会社が持分会社である場合に吸収分割契約に定めなければならない事項は，株式会社に権利義務を承継させる吸収分割契約の場合と同様である（会社760条）。

④吸収分割の効力の発生等　　(a)承継会社が株式会社である場合　　合併の場合と異なり，分割会社は分割後も存続し，分割により解散することはない。吸収分割承継株式会社は，原則として，効力発生日に，吸収分割契約の定めに従い，吸収分割会社の権利義務を承継する（会社759条1項）。分割会社の債務も，債権者の同意なくして免責的に承継会社に移転する。権利義務を承継する代わりに，承継会社が分割会社に交付する対価（分割対価）の種類については，吸収合併と同様，自由に決められる（会社758条4号・759条8項）。吸収分割会社は，効力発生日に，吸収分割契約の定めに従い，吸収分割承継株式会社により交付された株式・新株予約権等の株主・新株予約権者等となる（会社759条8項以下）。

(b)承継会社が持分会社である場合　　持分会社に権利義務を承継させる吸収分割の効力の発生等については，吸収分割承継株式会社の場合と同様である（会社761条）。

（ウ）新設分割　　①新設分割計画の作成　　1または2以上の株式会社・合同会社は，新設分割をする場合においては，新設分割計画を作成しなければならない（会社762条1項）。2以上の株式会社または合同会社が共同して新設分割をする場合には，当該2以上の株式会社または合同会社は，共同して新設分割計画を作成しなければならない（会社762条2項）。

②株式会社を設立する新設分割計画　　1または2以上の株式会社・合同会

社が新設分割をする場合において，新設分割設立会社が株式会社であるとき，新設分割計画において定めなければならない事項は，設立会社の表示，会社が承継する権利義務に関する事項，分割条件，会社の組織・体制などについて，吸収分割の場合に準ずる（会社763条）。新設分割の場合には，新設分割設立株式会社の定款で定める事項（会社763条2号），新設分割設立株式会社の設立時取締役の氏名（会社763条3号2項〔監査等委員会設置会社では設立時監査等委員〕），設立時会計参与の氏名・名称，設立時監査役の氏名，設立時会計監査人の氏名・名称（会社763条4号イ～ハ）を定めなければならない。

③持分会社を設立する新設分割　　1または2以上の株式会社・合同会社が新設分割をする場合に，新設分割設立会社が持分会社であるとき，新設分割計画において定めなければならない事項は，新設分割設立株式会社の場合に準ずる（会社765条）。

④新設分割の効力の発生等　　(a)株式会社を設立する場合　　新設分割の場合も，新設分割会社は分割後も存続する。新設分割設立株式会社は，設立登記（会社924条）により成立し（会社49条），その成立の日に，新設分割計画の定めに従い，新設分割会社の権利義務を承継する（会社764条1項）。権利義務を承継する代わりに，設立会社が新設分割会社に対して交付する対価は，設立会社の発行する株式や社債・新株予約権に限られる（会社763条6号～9号・764条8項9項）。新設分割会社は，新設分割設立株式会社の成立の日に，新設分割計画の定めに従い，新設分割設立株式会社により交付される株式・社債・新株予約権等の株主・社債権者・新株予約権者等となる（会社764条8項以下）。

(b)持分会社を設立する場合　　持分会社を設立する新設分割の効力の発生等については，新設分割設立株式会社の場合と同様である（会社766条）。

（3）株式交換・株式移転

　（ア）総　説　　①株式交換・株式移転の意義　　株式交換・株式移転とは，ある株式会社が他の株式会社の完全子会社（発行済株式のすべてを親会社に保有される会社〔100パーセント子会社〕）となる完全親子会社関係を創設する会社の行為である。[35]　(a)株式交換とは，株式会社がその発行済株式の全部を他の株式

6－6図解：株式交換・株式移転

(a)株式交換

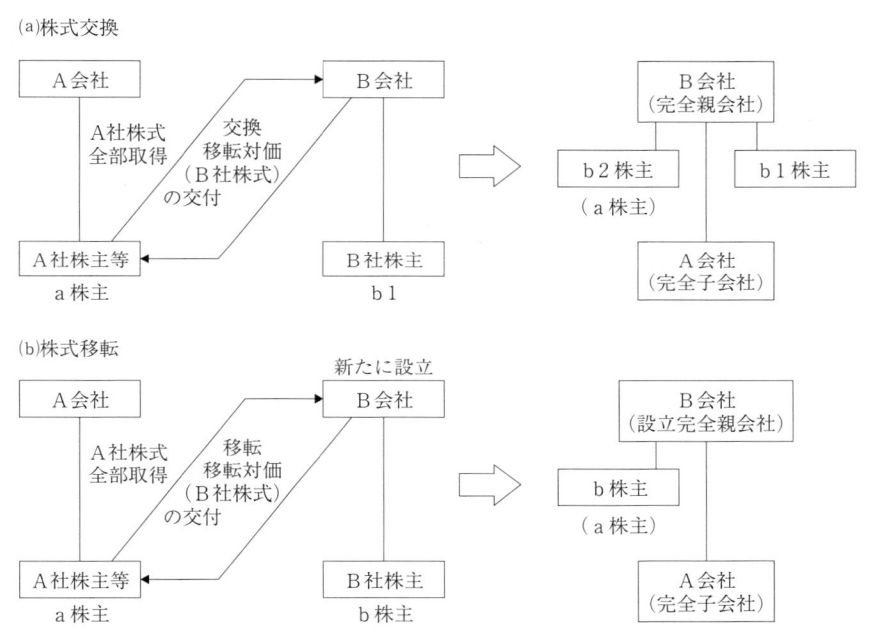

(b)株式移転

会社または合同会社に取得させることをいう（会社2条31号）。(b)株式移転とは，1または2以上の株式会社がその発行済株式の全部を新たに設立する株式会社に取得させることをいう（会社2条32号）。2社以上が共同で株式移転をする場合は，共同株式移転といわれる。

　平成9年の独占禁止法9条の改正により持株会社が解禁されたことで，会社法[36]は，親会社が子会社の発行済株式の総数を有する完全親子会社関係を簡易かつ円滑に創設するための手続である株式交換および株式移転の制度を規定している。現代の多くの企業は，経営の効率化，国際的な競争力の向上等を図るために企業グループを形成しているが，株式交換により既存の会社を完全子会社化したり，株式移転により純粋持株会社を設立し，この持株会社の傘下で経営を統合して企業グループを運営することが容易になった。

　②株式交換・株式移転の自由と規制　　株式会社は，株式交換・株式移転を

することができる（会社767条・772条）。完全子会社の発行済株式全部の取得が対象となるから，完全子会社は株式会社に限られる。

これに対し，株式交換の完全親会社は，株式会社または合同会社であり（会社767条），合名会社・合資会社を完全親会社とする株式交換は認められない。合名会社・合資会社を設立会社（子会社）とする新設分割とは異なり，これらの種類の会社を株式交換の完全親会社とする形態は実際上必要性が乏しいと考えられるからである。

また，株式移転における完全親会社は株式会社に限られる（会社772条・773条1項1号）。完全親会社として合同会社を設立する株式移転が認められていないのは，それを認めるとすると手続的に原則として総株主の同意が要求されるもの考えられるが，これは総株主が持株を現物出資して合同会社を設立するのと実質的に同じであり，あえてそれを認める意義が乏しいからである。[37]

（イ）株式交換　①株式交換契約の締結　株式会社は，株式交換をする場合においては，当該株式会社の発行済株式の全部を取得する会社（株式交換完全親会社〔株式会社・合同会社に限る〕）との間で，株式交換契約を締結しなければならない（会社767条）。

②株式会社に発行済株式を取得させる株式交換契約　株式会社が株式交換をする場合において，株式交換完全親会社が株式会社であるときは，株式交換契約において，㋐株式交換完全子会社・株式交換完全親株式会社（株式交換当事会社）の商号・住所，㋑株式交換の対価の種類・内容（対価の柔軟化）およびその割当てに関する事項（割当比率など），㋒株式交換の効力発生日など，一定事項を定めなければならない（会社768条）。

③合同会社に発行済株式を取得させる株式交換契約　株式会社が株式交換をする場合に，株式交換完全親会社が合同会社であるときも，株式交換契約において定めなければならない事項は，当事会社の表示のほか，株式交換の条件など，株式交換完全親株式会社の場合に準ずる（会社770条）。

④株式交換の効力の発生等　(a)株式会社に発行済株式を取得させる場合　株式交換（下記（ウ）の株式移転の場合も同様）によって完全親子会社関係がもたらされるだけで，消滅する会社はなく，各当事会社の財産も変動しないが，

株主だけが変動する。したがって，合併や会社分割の場合と異なり，原則とし
て会社債権者異議手続は要求されない。[38]

　株式交換完全親株式会社は，効力発生日に，株式交換完全子会社の発行済株
式（株式交換完全親株式会社の有する株式交換完全子会社の株式を除く）の全部を取
得する（会社769条1項）。株式交換完全子会社の株主は，効力発生日に，株式
交換完全親株式会社により交付される株式・社債・新株予約権等の株主・社債
権者・新株予約権者等となる（会社769条3項以下）。

　(b)合同会社に発行済株式を取得させる場合　　合同会社に発行済株式を取得
させる株式交換の効力の発生等については，株式交換完全親株式会社の場合と
同様である（会社771条）。

　（ウ）株式移転　①株式移転計画の作成　　1または2以上の株式会社
は，株式移転をする場合において，株式移転計画を作成しなければならない
（会社772条）。

　②株式移転計画　　1または2以上の株式会社が株式移転をする場合に，株
式移転計画において定めなければならない事項は，当事会社の表示，株式移転
の条件などについて，株式交換の場合に準ずる（会社773条）。ただし，株式移
転設立完全親会社の定款で定める事項（会社773条1項2号），株式移転設立完
全親会社の設立時取締役の氏名（会社773条1項3号2項〔監査等委員会設置会社では
設立時監査等委員〕），設立時会計参与，設立時監査役の氏名，設立時会計監査人
の氏名・名称（会社773条1項4号イ～ハ）を定めなければならない。

　（エ）株式移転の効力の発生等　　株式移転設立完全親会社は，その成立の日
に，株式移転完全子会社の発行済株式の全部を取得する（会社774条1項）。株
式移転完全子会社の株主は，株式移転設立完全親会社の成立の日に，株式移転
設立完全親会社により交付される株式・社債・新株予約権等の株主・社債権
者・新株予約権者等となる（会社774条2項以下）。

（4）吸収合併等の手続

　（ア）吸収合併消滅会社・吸収分割会社および株式交換完全子会社の手続　　①吸
収合併契約等の締結　　吸収合併等において，一定の事項を定めて，吸収合併

6－7図解：合併等の手続の流れ

図解：①吸収合併等の手続
（消滅株式会社等と存続株式会社等の手続）

- 吸収合併契約等の締結
  （会社748・749・757・758・767・768）
- 吸収合併契約等に関する書面等の事前開示
  （会社782，会社則182～184）
- 吸収合併契約等の承認等
  （会社783・784〔消滅会社等〕，795・796〔存続会社等〕）
  - 承認決議等が不要な場合
    - 略式組織再編（会社784 I・796 I）
    - 簡易組織再編（会社784 II・796 II）
- 反対株主等の株式買取請求権・新株予約権買取請求権
  （会社785～788〔消滅会社等〕，797・798〔存続会社等〕）
- 会社債権者異議手続
  （会社789〔消滅会社等〕，799〔存続会社等〕）
- 吸収合併契約等に定めた効力発生日に効力発生
  （会社750・759・769）
- 事後の開示
  （消滅株式会社等の手続の場合には吸収分割・株式交換の事後の開示）
  （会社791，会社則189・190）

図解：②新設合併等の手続
（新設合併株式会社等の手続）

- 新設合併契約等の締結
  （会社748・753・762・763・772・773）
- 新設合併契約等に関する書面等の事前開示
  （会社803，会社則204～206）
- 新設合併契約等の承認等
  （会社804〔消滅会社等〕）
  - 承認決議等が不要な場合
    （新設分割の簡易組織再編）
    （会社805）
- 反対株主等の株式買取請求権・新株予約権買取請求権
  （会社806～809〔消滅会社等〕）
- 会社債権者異議手続
  （会社810〔消滅会社等〕）
- 設立の登記により設立会社の成立の日に新設合併等の効力が発生する
  （会社754・764・774）
- 事後の開示
  （消滅株式会社等の手続の場合に，新設分割・株式移転の事後開示。設立会社はすべて事後開示）
  （会社811，会社則209～213）

契約等を締結しなければならない（会社748条・749条・757条・758条・767条・768条）。各当事会社の株主にとって，とりわけ，吸収合併等の対価に関する事項が重要となる。たとえば，合併の場合には，消滅会社の株主および新株予約権者に対し，その株式または新株予約権に代えて，存続会社が交付する株式（新株予約権者の場合は除く），社債，新株予約権，新株予約権付社債，またはそれ以外の財産の数・額等を定めなければならない（会社749条1項2号4号。吸収分割・株式交換については，会社758条1項4号5号・768条1項2号4号）。

　上記の場合に，消滅会社の株主および新株予約権者に対し，存続会社が交付する金銭其の他の財産（金銭等）を，どのように割り当てるかに関する事項（割当比率）を定めることを要する（会社749条1項3号5号。吸収分割・株式交換については，会社758条1項6号・768条1項3号5号）。割当ては，消滅会社等の株主の保有株式数に応じて金銭等を交付しなければならない（会社749条3項・768条3項）。

　株主平等の原則（会社109条1項）により，消滅会社等の株式1株当たり存続会社の株式を，各消滅会社株主に対し機械的に持株数に比例して配分すると（たとえば，吸収合併において，割当比率が存続会社の株式1株に対し消滅会社の株式0.5株とする場合），各株主に交付する交付する株式数に端数が生じ，競売等の処理が必要となり（会社234条1項5号6号），実際上，吸収合併契約において割当比率の調整をするために金銭の交付（会社749条1項2号ホ）が定められる（0.5株に相当する金銭評価額を定めて交付される）。

　種類株式発行会社では，株式の種類ごとに異なる割当てを定めることができる（会社749条2項・768条2項）。なお，株式分割では，分割会社が分割対価として承継会社または設立会社の株式の交付を受けるので，株主に対する対価の割当てに関する定めは必要がない。

　②株式会社における吸収合併契約等に関する書面等の事前開示　　吸収合併消滅株式会社・吸収分割株式会社および株式交換完全子会社（消滅株式会社等という）は，吸収合併契約・吸収分割契約および株式交換契約（吸収合併契約等という）の内容その他法務省令（会社則182条〜184条）で定める事項を記載・記録した書面・電磁的記録を，吸収合併契約等備置開始日（会社782条2項）から吸収合併等の効力発生日後6ヶ月を経過する日（吸収合併消滅株式会社では効力発生日）までの間，その本店に備え置かなければならない（会社782条1項）。これは，株主が吸収合併等の条件の公正等を判断し，会社債権者が吸収合併等に対し異議を述べるための判断の資料を提供するためである。また，消滅株式会社等の株主・債権者（株式交換完全子会社では株主・新株予約権者）は，消滅株式会社等に対して，上記書面・電磁的記録の閲覧等を請求することができる（会社782条3項）。

上記の事前開示される書面等には，⑦合併契約等の内容，④合併対価等の相当性等に関する事項，⑨計算書類類等に関する事項，④当事会社の債務の履行の見込みに関する事項などが記載される[39][40]。

　③吸収合併契約等の承認等　　消滅株式会社等は，効力発生日の前日までに，原則として株主総会の特別決議によって，吸収合併契約等の承認を受けなければならない（会社783条・309条2項12号）。ただし，(a)当該会社の株主に対して交付する金銭等（合併対価等）が持分等（持分会社の持分その他これに準ずるものとして法務省令〔会社則185条〕で定めるもの）であるときは，当該会社の株主全員の同意をえなければならない（会社783条2項4項）。(b)吸収合併消滅株式会社または株式交換完全子会社の譲渡制限株式でない株式の株主に対し，合併対価等として譲渡制限株式等（譲渡制限株式その他これに準ずるものとして法務省令〔会社則186条〕で定めるもの）が交付されるときは，株主総会または種類株主総会の特殊決議を要する（会社309条3項2号・783条3項〔会社324条3項2号〕）。

　④承認を要しない場合　　(a)略式組織再編　　吸収合併存続会社・吸収分割承継会社または株式交換完全親会社（存続会社等という）が消滅株式会社等の特別支配会社（会社468条1項）である場合（合併対価等が譲渡制限株式等であって，消滅株式会社等が公開会社であり，かつ，種類株式発行会社でない場合を除く）には，消滅株式会社等の株主総会における吸収合併契約等の承認を要しない（会社784条1項）。

　(b)簡易組織再編　　吸収分割により吸収分割承継会社に承継させる資産の帳簿価額の合計額が吸収分割株式会社の総資産額の5分の1（吸収分割株式会社の定款で定めた下回る割合）を超えない場合に，吸収分割株式会社においては株主総会の承認決議を要しない（会社784条2項）。

　⑤反対株主等の株式買取請求権・新株予約権買取請求権　　(a)楽天対TBS事件（最決平23・4・19民集65巻3号1311頁）　　本件において，東京証券取引所の市場第一部に株式を上場しているY株式会社は，株主総会において，吸収分割の方法により，Y会社がテレビ放送事業および映像・文化事業に関して有する権利義務を，完全子会社であるA株式会社に承継させ，A会社からY会社に対してその対価を何ら交付しないことなどを内容とする吸収分割契約を承認す

る旨の決議（「本件決議」といい，本件決議に係る吸収分割を「本件吸収分割」という）がされた。Y会社の株主であるX株式会社は，上記株主総会に先立ち，本件吸収分割に反対する旨をY会社に通知し，本件決議に反対したうえ，会社法785条5項所定の期間（株式買取請求期間）の満了日，相手方に対し，本件株式を公正な価格で買い取ることを請求した。買取価格の決定につき協議が調わないため，X会社およびY会社が，会社法786条2項に基づき，それぞれ価格の決定の申立てをした事案である。

　東京証券取引所におけるY会社の株式の同日の終値は1株1,294円であった。本件吸収分割によりY会社の事業がA会社に承継されても，シナジー（組織再編による相乗効果）は生じず，また，本件吸収分割は，Y会社の企業価値や株主価値を毀損するものではなく，相手方の株式の価値に変動をもたらすものでもなかった。第1審（東京地決平22・3・5金判1339号44頁）は，本件吸収分割の効力発生日を基準日として，本件吸収分割がなければ本件株式が有していたであろう客観的価値を基礎として算定するのが相当であり，1株当たり1,255円となるが，この金額を若干上回る1,294円をY会社が提示していることから，本件株式の買取価格は1,294円と認めるのが相当であるとする。原審（東京高決平22・7・7判時2087号3頁）は，株主総会決議がなかったとしたら，本件株式が買取請求期間満了時に有していたであろう公正な価格の算定によって，本件株式の買取価格としては株式買取請求期間の満了日の東京証券取引所におけるY会社株式の同日の終値である1株1,294円が相当であるとした。最高裁は，次のように判示する。

　(i)「反対株主に『公正な価格』での株式の買取りを請求する権利が付与された趣旨は，吸収合併等という会社組織の基礎に本質的変更をもたらす行為を株主総会の多数決により可能とする反面，それに反対する株主に会社からの退出の機会を与えるとともに，退出を選択した株主には，吸収合併等がされなかったとした場合と経済的に同等の状況を確保し，さらに，吸収合併等によりシナジーその他の企業価値の増加が生ずる場合には，上記株主に対してもこれを適切に分配し得るものとすることにより，上記株主の利益を一定の範囲で保障することにある。……会社法が価格決定の基準について格別の規定を置いていな

いことからすると，その決定は，裁判所の合理的な裁量に委ねられているものと解される」。

(ii)「吸収合併等によりシナジーその他の企業価値の増加が生じない場合には，増加した企業価値の適切な分配を考慮する余地はないから，吸収合併契約等を承認する旨の株主総会の決議がされることがなければその株式が有したであろう価格（以下『ナカリセバ価格』という。）を算定し，これをもって『公正な価格』を定めるべきである。そして，消滅株式会社等の反対株主が株式買取請求をすれば，消滅株式会社等の承諾を要することなく，法律上当然に反対株主と消滅株式会社等との間に売買契約が成立したのと同様の法律関係が生……ずる時点であり，かつ，株主が会社から退出する意思を明示した時点である株式買取請求がされた日を基準日として，『公正な価格』を定めるのが合理的である。仮に，反対株主が株式買取請求をした日より後の日を基準として『公正な価格』を定めるものとすると，反対株主は，……株式買取請求後に生ずる市場の一般的な価格変動要因による市場株価への影響等当該吸収合併等以外の要因による株価の変動によるリスクを負担することになり，相当ではないし，また，上記決議がされた日を基準として『公正な価格』を定めるものとすると，……上記決議の日以降に生じた当該吸収合併等以外の要因による株価の変動によるリスクを反対株主は一切負担しないことになり，相当ではない。」，「そうすると，会社法782条1項所定の吸収合併等によりシナジーその他の企業価値の増加が生じない場合に，同項所定の消滅株式会社等の反対株主がした株式買取請求に係る『公正な価格』は，原則として，当該株式買取請求がされた日におけるナカリセバ価格をいうものと解するのが相当である。」

(iii)「吸収合併等により企業価値が増加も毀損もしないため，……株式買取請求がされた日のナカリセバ価格を算定するに当たって参照すべき市場株価として，同日における市場株価やこれに近接する一定期間の市場株価の平均値を用いることも，当該事案に係る事情を踏まえた裁判所の合理的な裁量の範囲内にあるものというべきである。」，「本件買取請求がされた日のナカリセバ価格を算定するに当たっては，その市場株価を算定資料として用いることは相当であるというべきであり，また，本件吸収分割はY会社の株式の価値に変動をもた

らすものではないというのであるから，これを算定するに当たって，原審が，同日の市場株価を用いて同日のナカリセバ価格を算定したことは，その合理的な裁量の範囲内にあるものということができる。」，「以上によれば，本件買取請求の日の東京証券取引所における相手方の株式の終値（1株当たり1,294円）をもって，本件株式の『公正な価格』であるとした原審の判断は，結論において是認することができる。」

　(b)株式買取請求権・新株予約権買取請求権　　消滅会社等の反対株主・新株予約権者は，自己の有する株式・新株予約権を「公正な価格」で買い取ることを請求することができる株式買取請求権・新株予約権買取請求権（および株式買取請求・新株予約権買取請求の撤回）が認められている（会社785条～788条）。「公正な価格」（会社785条1項・787条1項）は，必ずしも，会社の組織再編がなければ当該株式が有したであろう価格とは限らない[41]。たとえば，合併条件は，合併から生ずるシナジー（相乗効果）の分配も含めて公正に定められる必要があり，株式買取請求についての公正な価格も，シナジーをも反映したものである必要があるからである[42]。

　公正な価格の算定について，近時の判例は，組織再編における反対株主の株式買取請求の場合に，株式買取請求がなされた日を価格算定の基準日とし，㋐組織再編によってシナジーその他の企業価値の増加が生じない場合は，基準日におけるナカリセバ価格をいうものと解し，㋑組織再編によってシナジーその他の企業価値の増加が生じる場合は，組織再編契約・計画に定められた比率が公正なものであったならば基準日においてその株式が有していると認められる価値をいうものと解する[43]。

　なお，組織再編計画の公表後に株式を取得した者に株式買取請求権が認められるかについては，不当な投機のために買取請求権を濫用するものであることを理由として否定する見解もあるが，必ずしも不当な投機目的が存するとはいえないとして肯定する見解が現在では多数説である[44]。

　⑥債権者異議手続　　(a)意義　　消滅株式会社等の債権者は，消滅株式会社等に対し，吸収合併等について異議を述べることができる（会社789条）[45]。会社の組織再編により，消滅株式会社等の債権者は，その債権回収が困難となる危

険の増大により不利益を受ける場合が生ずることがあるからである。異議を述べることができる債権者は，次の通りである。ここでは，吸収合併存続会社・吸収分割承継会社・株式交換完全親会社の場合も含めて述べる。

　⑦合併の場合　　合併では，消滅会社の権利義務のすべてを存続会社または設立会社が包括的に承継するために，合併の一方当事会社の財産状態が悪いときは，他方当事会社の債権者は債権回収ができなくなる危険が増大して不利益を受けるおそれがある。このため，合併当事会社の債権者は異議を述べることができるものとされている（会社789条1項1号・799条1項1号・810条1項1号）。

　④会社分割の場合　　会社分割の場合は，特に不採算事業を分離して他の優良事業を生き残らせることなどのために濫用されることにより，不採算事業に振り分けられた債権者が不利益を受ける危険が大きい。

　(i)そこで，承継会社・設立会社の債権者とされ，当該債務について分割会社の重畳的債務引受けや連帯保証がないときは，免責的債務引受けまたは債務者の交替による更改（民514条）を受けることになり，債権者の利益に与える影響が大きいため，吸収分割会社・新設分割会社の債権者のうち会社分割後に分割会社に対し債務の履行を請求できなくなる者は異議を述べることができる（会社789条1項2号・810条1項2号）。これとは逆に，分割会社に対し債務の履行を請求できる債権者（残存債権者という）は，分割会社が承継会社・設立会社から，移転した純資産の額に等しい対価を取得するはずであるとの考えから（分割対価が過小なときは事業の譲渡と同様に債権者異議手続の対象外とする），異議を述べることができない[46]。ただし，例外的に認められる場合がある[47]。

　(ii)また，分割会社が分割の効力発生日に分割対価である株式（持分）を全部取得条項付種類株式の取得対価または剰余金の配当として分割会社の株主に分配する場合（いわゆる人的分割[48]）には（会社758条8号・760条7号），分割会社の資産が減少することになるが，分配可能額による制約が課されないので（会社792条・812条），会社分割後に分割会社に対し債務の履行を請求できる債権者（残存債権者）も，異議を述べることができる（会社789条1項2号第2括弧書・810条1項2号第2括弧書）。

　(iii)承継会社の債権者も，吸収分割承継会社は吸収分割契約の定めに従い分割

会社の権利義務を承継する点で，吸収合併の存続会社と類似の立場にあるので，異議を述べることができる（会社799条1項2号・802条2項）。

　㋒株式交換・株式移転の場合　　株式交換・株式移転の場合において，完全子会社となる会社の債権者は，株式交換契約新株予約権者・株式移転計画新株予約権者を除き，その地位に変動がない（株主が入れ替わるだけで完全子会社の財産状態に変動がない）。また，完全親会社の債権者にとっても，完全親会社は新たに発行する株式を対価として完全子会社の株式を取得となるので，完全親会社の財務状態の悪化は生じないと考えられ（承継する完全子会社の株式の価値はゼロでありえてもマイナスになることはない），完全親会社の債権者にとって不利益とはならない。そこで，株式交換・株式移転において当事会社の債権者の異議手続が要求されるのは，次の場合に限られる。

　(i)完全子会社となる会社の場合　　株式交換・株式移転において株式交換契約新株予約権・株式移転計画新株予約権が新株予約権付社債に付された新株予約権である場合には，当該新株予約権付社債についての社債権者は，株式交換完全子会社・株式移転完全子会社に対して，その株式交換・株式移転に異議を述べることができる（会社789条1項3号・810条1項3号）。新株予約権付社債に係る債務が完全子会社から完全親会社へ移転する場合も，完全子会社の新株予約権付社債権者にとって，免責的債務引受けまたは債務者の交替による更改（民514条）となるからである。

　(ii)完全親会社となる会社の場合　　株式交換をする場合において，株式交換完全子会社の株主に対して株式交換完全親株式会社の株式その他これに準ずるもの以外の金銭等が交付される場合には，株式交換完全親株式会社の債権者は異議を述べることができる（会社799条1項3号）。株式交換の対価が不当に多額であると，完全親会社の財産状態が悪化する可能性があるからである。

　また，株式交換契約新株予約権が新株予約権付社債に付された新株予約権であるときは，株式交換完全親株式会社が当該新株予約権付社債についての社債に係る債務を承継する場合には，株式交換完全親株式会社の債権者は異議を述べることができる（会社799条1項3号）。新株予約権付社債を承継する場合には，完全親会社の金銭債務が増加するからである。

(b)具体的手続　　㋐公告・各別の催告　　消滅株式会社等は，(i)吸収合併等をする旨，(ii)存続会社等の商号・住所，(iii)計算書類に関する事項，(iv)債権者が一定の期間（1ヶ月以上）内に異議を述べることができる旨を官報に公告し，かつ，知れている債権者（異議を述べることができるものに限る）には，各別にこれを催告しなければならない。ただし，公告を，官報に加えて，定款所定の日刊新聞紙または電子公告によるときは，各別の催告を要しない。[50][51]

㋑吸収分割会社の不法行為債権者の場合　　吸収分割をする場合における不法行為によって生じた吸収分割株式会社の債務の債権者に対しては，分割会社に知れていると否とにかかわらず，各別の催告を省略することができない（会社789条3項括弧書・810条3項括弧書）。不法行為債権者に分割会社の公告のチェック等を要求することは無理であることなどの理由からである。この場合の各別の催告は事実上不可能であるから，実際上は，常に不法行為債権者に対して下記(d)の重畳的責任を負わせることを意味する。

㋒知れている債権者の範囲　　知れている債権者とは，債権者が誰であり，その債権の原因・内容についての大体を会社が知っている債権者をいい，そのような者であれば，係争中の債権者も含まれる。また，知れている債権者の範囲について，将来の労働契約上の債権，継続的供給契約上の将来の債権等の債権者は含まれないと解するのが多数説である。[52][53]

(c)公告・催告の効果　　債権者が期間内に異議を述べなかったときは，当該債権者は，当該吸収合併等について承認をしたものとみなされる（会社789条4項・799条4項・810条4項）。債権者が期間内に異議を述べたときは，消滅株式会社等は，当該吸収合併等をしても当該債権者を害するおそれがないときを除き，当該債権者に対し，弁済し，もしくは相当の担保を提供し，または当該債権者に弁済を受けさせることを目的として信託会社等に相当の財産を信託しなければならない。たとえば，合併の相手方会社の財産状況からその債権の弁済が確実である場合等が，債権者を害するおそれがないものに当たると考えられる。[54][55]

(d)会社分割において各別の催告を受けなかった債権者に対する分割当事会社の連帯責任　　㋐分割会社の場合　　会社分割に異議を述べること（会社789条

1項2号・793条2項）ができる分割会社の債権者であって，各別の催告（会社789条2項・793条2項）を受けなかったものは，吸収分割契約・新設分割契約において吸収分割・新設分割後に分割会社に対して債務の履行を請求できないとされているときでも，分割会社に対して，分割会社が分割効力発生日・設立会社成立日に有していた財産の価額を限度として，当該債務の履行を請求することができる（会社759条2項・764条2項）。

　④承継会社・設立会社の場合　　上記⑦の場合にもかかわらず，会社分割に異議を述べることができる分割会社の債権者であって，各別の催告を受けなかったものは，吸収分割契約・新設分割契約において吸収分割・新設分割後に吸収分割承継会社・新設分割設立会社に対して債務の履行を請求できないとされているときでも，吸収分割承継会社・新設分割設立会社に対して，承継した財産の価額を限度として，当該債務の履行を請求することができる（会社759条3項・764条3項）。

　したがって，上記⑦・④によって，債権者が分割会社に知れているかどうか，吸収分割契約・新設分割契約における債務の履行請求に関する内容いかんにかかわらず，分割会社と吸収分割承継会社・新設分割設立会社の双方に対して債務の履行を請求することができる。この責任は，不真正連帯債務と解されている。

　⑨分割会社の残存債権者を害する会社分割　　分割会社が吸収分割承継会社・新設分割設立会社に承継されない債務の債権者（残存債権者という）を害することを知って吸収分割・新設分割をした場合には，残存債権者は，吸収分割承継会社・新設分割設立会社に対して，承継した財産の価額を限度として，当該債務の履行を請求することができる（会社759条4項・764条4項）。ただし，吸収分割承継会社が吸収分割の効力が生じたときにおいて残存債権者を害すべき事実を知らなかったときは，この限りでない（会社759条4項但書）。常に債務の履行を請求されることにより，承継会社に不測の損害を与えないようにするためである（詐害行為取消権の民424条1項参照）。これに対し，詐害的な新設分割の場合には，新設分割設立会社の善意・悪意は問題とならない（会社764条4項参照）。新設分割の効力が生じるまでは設立会社は存在せず，残存債権者を害

すべき事実を知らなかったという状態を観念できないからである。

　上記の詐害的会社分割の規定は，いわゆる人的分割の場合（会社758条8号・763条1項12号）には適用されない（会社759条5項・764条5項）。この場合には，会社分割について異議を述べることができるからである（会社789条1項2号第2括弧書・810条1項2号第2括弧書）。吸収分割承継会社・新設分割設立会社の責任を直接請求ができる期間は，詐害行為取消権の場合（民426条）と同様に規定がなされている（会社759条6項・764条6項）。分割会社について破産手続開始の決定，再生手続開始の決定または更生手続開始の決定があったときは，残存債権者は，吸収分割承継会社・新設分割設立会社に対して上記の請求権を行使することができない（会社759条7項・764条7項）。残存債権者の保護は，上記の倒産処理手続のなかで図る趣旨である。

　⑧会社分割における労働者の異議申出　　分割会社と労働者との間の雇用契約（労働契約）も，吸収分割契約・新設分割契約の定めに従って，個々の労働者の承諾なしに承継会社・設立会社に承継されるが，使用者がいずれの会社になるかは労働者の重大な利害に関わる。そこで，労働者保護のため，「会社分割に伴う労働契約の承継等に関する法律」（承継法）が制定されている[61]。

　⑨吸収合併等の効力発生日の変更　　消滅株式会社等は，吸収合併契約等について株主総会の承認決議があった後でも，存続会社等との合意により，効力発生日を変更することができる（会社790条）。

　⑩吸収分割・株式交換の事後開示　　吸収分割株式会社・株式交換完全子会社は，効力発生日後遅滞なく，吸収分割承継会社・株式交換完全親会社と共同して，吸収分割承継会社が承継した権利義務その他の事項または株式交換完全親会社が取得した株式の数その他の事項を記載・記録した書面等を作成し，効力発生日から6ヶ月間，本店に備え置くことが要求され，吸収分割株式会社の株主・債権者その他の利害関係人または効力発生日に株式交換完全子会社の株主または新株予約権者であった者はその閲覧等の請求が認められる（会社791条，会社則189条・190条）[62]。

　⑪吸収分割会社における剰余金の配当等に関する特則　　吸収分割契約において，吸収分割と同時（効力発生日）に剰余金の配当（会社758条8号ロ・760条7

号ロ）または全部取得条項付種類株式の取得（会社758条8号イ・760条7号イ）を行う旨を定めておけば，剰余金の配当または全部取得条項付種類株式の取得対価として，吸収分割会社が吸収分割承継会社から交付を受けた株式（持分）を吸収分割会社の株主に交付する場合に，その限度額について分配可能額の制約を受けない（会社792条）。

⑫持分会社の手続　吸収合併・吸収分割をする持分会社は，定款に別段の定めがないかぎり，効力発生日の前日までに，吸収合併契約等について当該持分会社の総社員の同意をえなければならない（会社793条1項）。債権者の異議，吸収合併等の効力発生日の変更について，株式会社の手続に関する規定が準用される（会社793条2項）。

（イ）吸収合併存続会社，吸収分割承継会社及び株式交換完全親会社の手続　①株式会社の手続　(a)事前開示　吸収合併存続株式会社・吸収分割承継株式会社または株式交換完全親株式会社（存続株式会社等という）の場合も，消滅株式会社等の場合と同様に，事前開示として，吸収合併契約等に関する書面等の備置きおよび閲覧等についての規定がある（会社794条，会社則191条～194条）。

(b)株主総会決議　存続株式会社等も，効力発生日の前日までに，原則として，株主総会の特別決議によって，吸収合併契約等の承認を受けなければならない（会社795条・309条2項12号）。ただし，(a)合併差損が生ずる場合，(b)承継する消滅会社等の資産に存続株式会社等の株式が含まれる場合（存続会社等の自己株式取得となる場合）には，取締役は上記の株主総会において説明義務を負う（会社795条2項3項）。

(c)略式組織再編・簡易組織再編・債権者異議・事後開示等　存続株式会社等の手続においても，消滅株式会社等の手続の場合と同様に，略式組織再編および簡易組織再編も認められる（会社796条）。さらに，反対株主の存続株式会社等に対する買取請求（会社797条・798条）および存続株式会社等の債権者の異議（会社799条），事後開示として，吸収合併等に関する書面等の備置き・閲覧等（会社801条，会社則200条～202条）も規定されている。

(d)三角合併・三角株式交換の場合　三角合併・三角株式交換とは，消滅会社等の株主等に対して交付する金銭等が存続株式会社等の親会社株式である場

合をいう。この場合に，存続株式会社等が三角合併・株式交換の対価として交付するのに必要な親会社株式を必要とするとき，子会社による親会社株式の取得の禁止規定（会社135条1項）の例外として，当該存続株式会社等は，吸収合併等に際して消滅会社等の株主等に対して交付する当該親会社株式の総数を超えない範囲において，当該親会社株式を取得することができる（会社800条1項）。当該存続株式会社等は，効力発生日までの間，その親会社の株式を保有することができる（会社800条2項）。

②持分会社の手続　吸収合併・吸収分割をする持分会社は，定款に別段の定めがないかぎり，効力発生日の前日までに，吸収合併契約等について当該持分会社の総社員の同意をえなければならない（会社802条1項）。債権者の異議，消滅会社等の株主等に対して交付する金銭等が存続株式会社等の親会社株式である場合の特則について，株式会社の手続に関する規定が準用される（会社802条2項）。

（5）新設合併等の手続

（ア）新設合併消滅会社・新設分割会社および株式移転完全子会社の手続　①新設合併契約等の締結　新設合併等において，一定の事項を定めて，新設合併契約等を締結しなければならない（会社748条・753条・762条・763条・772条・773条）。吸収合併契約等の場合と同様に，交付される対価の種類・総額等（会社753条1項6号8号10号・763条1項6号8号10号・773条1項5号7号9号），および割当てに関する事項（割当率）（会社753条1項7号9号11号3項〜5項・763条1項7号9号11号・773条1項6号8号10号3項〜5項）を定めることを要する（本章4（4）（ア）①参照）。

②株式会社における新設合併契約等にする書面等の事前開示　新設合併消滅会社・新設分割会社および株式移転完全子会社（消滅株式会社等という）は，新設合併契約・新設分割計画および株式移転計画（新設合併契約等）の内容その他法務省令（会社則204条〜206条）で定める事項を記載・記録した書面・電磁的記録を，新設合併契約等備置開始日（会社803条2項）から新設合併設立会社・新設分割設立会社または株式移転設立完全親会社（設立会社という）の成立の日

後 6 ヶ月を経過する日（新設合併消滅株式会社では新設合併設立会社の成立の日）までの間，その本店に備え置かなければならない（会社803条 1 項）。また，消滅株式会社等の株主・債権者（株式移転完全子会社では株主・新株予約権者）は，消滅株式会社等に対して，前記書面・電磁的記録の閲覧等を請求することができる（会社803条 3 項）。

　③新設合併契約等の承認　　消滅株式会社等は，株主総会の特別決議によって，新設合併契約等の承認を受けなければならない（会社804条 1 項・309条 2 項12号）。ただし，㋐新設合併設立会社が持分会社である場合には，新設合併契約について新設合併消滅株式会社の総株主の同意をえなければならない（会社804条 2 項）。㋑交付される株式等が譲渡制限株式等である場合，株主総会または種類株主総会の特殊決議を要する（会社309条 3 項 3 号・804条 3 項〔会社324条 3 項 2 号〕）。

　④承認を要しない場合　　新設分割により新設分割設立会社に承継させる資産の帳簿価額の合計額が新設分割株式会社の総資産額の 5 分の 1 （これを下回る割合を新設分割株式会社の定款で定めた場合にはその割合）を超えない場合には，承認の決議を要しない（会社805条〔簡易組織再編〕）。

　⑤反対株主等の株式買取請求権・新株予約権買取請求権　　反対株主は，消滅株式会社等に対し，自己の株式を公正な価額で買い取ることを請求することができる（会社806条・807条）。また，新株予約権の新株予約権者は，消滅株式会社等に対し，自己の新株予約権を公正な価額で買い取ることを請求することができる（会社808条・809条）。

　⑥債権者異議手続　　債権者は，消滅株式会社等に対し，新設合併等について異議を述べることができる（会社810条）。

　⑦新設分割・株式移転の事後開示　　新設分割株式会社・株式移転完全子会社は，新設分割設立会社・株式移転設立完全親会社の成立の日後遅滞なく，新設分割設立会社または株式移転設立完全親会社と共同して，新設分割・株式移転に関する事項（会社則209条・210条）を記載・記録した書面・電磁的記録の作成をし，設立会社の成立の日から 6 ヶ月間，本店に備え置くことを要し，閲覧等の請求が認められる（会社811条）。

⑧新設分割会社における剰余金の配当等に関する特則　　いわゆる人的分割をする場合に，剰余金の配当に関する財源規制を受けない（会社812条，会社則179条）。前記本章4（4）（ア）⑩参照。

⑨持分会社の手続　　新設合併・新設分割（当該持分会社〔合同会社に限る〕がその事業に関して有する権利義務の全部を他の会社に承継させる場合に限る）を行う持分会社は，定款に別段の定めがないかぎり，新設合併契約等について当該持分会社の総社員の同意をえなければならない（会社813条1項）。株式会社の手続の場合における債権者に関する規定は，新設合併消滅持分会社または合同会社である新設分割会社（新設分割合同会社という）について準用する（会社813条2項）。

（イ）新設合併設立会社・新設分割設立会社および株式移転設立完全親会社の手続　①株式会社の手続　　株式会社の設立の特則が定められている。株式会社の設立の規定[66]は，新設合併設立株式会社・新設分割設立株式会社または株式移転設立完全親会社（設立株式会社という）の設立については，適用されない（会社814条1項）。また，設立株式会社の定款は，消滅会社等が作成する（会社814条2項）。消滅株式会社の手続の場合と同様に，事後開示として，新設合併契約等に関する書面等の備置き・閲覧等に関する規定がなされている（会社815条）。

②持分会社の手続　　持分会社の設立についての規定（会社575条・578条）は，新設合併設立持分会社・新設分割設立持分会社（設立持分会社という）の設立については，適用されない（会社816条1項）。設立持分会社の定款は，消滅会社等が作成する（会社816条2項）。

（6）合併・会社分割・株式交換および株式移転の差止め・無効の訴え

（ア）吸収合併等・新設合併等の差止め　　①意義　　消滅株式会社等・存続株式会社等の株主が不利益を受けるおそれがあるときは，消滅株式会社等・存続株式会社等の株主は，消滅株式会社等・存続株式会社等に対し，吸収合併等・新設合併等をやめることを請求することができる（会社784条の2本文・796条の2本文・805条の2本文）。これは，株主が不利益を受けるような組織再編に対する事前の救済手段として，一般的な組織再編の差止請求に係る明文の規定を設

けるものである。ただし、簡易組織再編の場合は、株主の利益に与える影響が小さいので、差止請求は認められない（会社784条の2但書・796条の2但書・805条の2但書）。

　②差止事由　　吸収合併等の場合は、(a)当該吸収合併等が法令または定款に違反する場合（会社784条の2第1号・796条の2第1号）[67]、または(b)略式吸収合併等において対価が消滅株式会社等または存続会社等の財産の状況その他の事情に照らして著しく不当である場合（会社784条の2第2号・796条の2第2号）が、差止事由となる。

　新設合併等の場合は、新設合併等が法令または定款に違反する場合のみが差止事由となる（会社805条の2）。

　（イ）吸収合併等・新設合併等の無効の訴え　　①意義　　合併・会社分割・株式交換および株式移転の手続に瑕疵があれば本来合併は無効であるが、それを一般原則にゆだねると法的安定性を害するので、会社法は合併等に関する無効の訴えを規定している（会社828条1項7号〜12号）。

　②無効事由　　(a)三井物産事件（東京高判平2・1・31資料版商事77号193頁）
　上場会社であるY株式会社は、昭和62年4月30日、Y会社が約85パーセントの出資比率を有する非上場会社であって不動産の売買・賃貸借・仲介等を事業目的とするA株式会社と、Y会社を存続会社、A会社を消滅会社とし、A会社の株式1株につきY会社の株式1株の割合で割当交付すること（合併比率1対1）、合併期日を昭和62年10月1日とするなどの合併契約（本件合併契約）を締結した。昭和62年6月26日、Y会社の定時株主総会において、本件合併契約書の承認決議がなされ、同年11月25日、Y会社の臨時株主総会において、本件合併に関する事項の報告がなされ、同日、本件合併にかかる変更の登記がなされた。Y会社の株主Xは、本件合併における合併比率は著しく不当かつ不公正であることなどを主張して、本件合併の無効確認の訴えを提起した。第1審はXの請求を棄却したため、Xが控訴した。東京高裁は、次のように判示して、控訴を棄却した（最判平5・10・5資料版商事116号197頁は、上告棄却）。
　「Xは、合併比率が著しく不当かつ不公正であることが合併無効事由に該当すると主張するが、合併比率が不当であるとしても、合併契約の承認決議に反

187

対した株主は，会社に対し，株式買取請求権を行使できるのであるから，これに鑑みると，合併比率の不当又は不公正ということ自体が合併無効事由になるものではないというべきである。」

(b)無効事由　　法律上明文の規定はないが，合併契約等の不作成・要件不備，承認決議の無効・取消事由，事前開示の不備[68]，債権者手続の不履行など，重大な手続違反が無効事由になると解されている[69]。合併比率の著しい不公正は，無効事由となる見解，承認決議において特別利害関係人の議決権行使により著しく不当な合併比率が承認された場合には無効事由となるとする見解，株式買取請求権があることを理由に無効事由にならないとする見解[70]の対立がある[71]。

(c)訴訟手続　　合併等の効力を生じた6ヶ月以内に，訴えをもってのみ主張することができる（会社828条1項7号〜12号[72]）。無効の訴えを提起することができる者は，合併の場合には，合併の効力が生じた日において合併する会社の株主等[73]もしくは社員等[74]であった者，または合併後の存続会社・設立会社の株主等，社員等，破産管財人もしくは合併について承認をしなかった債権者に限られる（会社828条2項7号8号）。

　会社分割の場合には，分割の効力が生じた日において吸収分割契約をした会社（新設分割の場合には新設分割をする会社）の株主等もしくは社員等であった者，または吸収分割契約をした会社（新設分割の場合には新設分割をする会社もしくは新設分割により設立する会社）の株主等，社員等，破産管財人もしくは分割について承認をしなかった債権者に限られる（会社828条2項9号10号）。

　株式交換の場合には，株式交換の効力が生じた日において株式交換契約をした会社の株主等もしくは社員等であった者，または株式交換契約をした会社の株主等，社員等，破産管財人もしくは株式交換について承認をしなかった債権者に限られる（会社828条2項11号）。

　株式移転の場合には，株式移転の効力が生じた日において株式移転をする株式会社の株主等であった者，または株式移転により設立する株式会社の株主等に限られる（会社828条2項12号）。

　なお，被告は，合併後の存続会社・設立会社，分割契約をする会社・新設分

割設立会社，株式交換契約をした会社，株式移転契約をする会社，株式移転により設立する会社とされる（会社834条7号〜12号）。[75)]

　（ウ）無効判決の効果　　吸収合併等の組織再編を無効とする確定判決は，将来に向かってのみその効力を生じることから（会社839条〔不遡及〕），吸収合併等によって消滅した会社は復活し，新設した会社は消滅して，各当事会社が吸収合併等の当時有していた財産・権利などで存続会社等で現存するものは吸収合併等以前の会社に復帰する。しかし，吸収合併等の後に，存続会社・設立会社または承継会社が無効判決の確定前に財産・権利の取得や債務の負担などを行った行為が有効であるから，これらの財産などの処理が問題となる。そこで，会社法は，各組織再編行為ごとの処理方法を規定している。

　合併・会社分割の無効判決が確定した場合に，発行した株式・新株予約権は無効となり，新設合併・新設分割の設立会社は清算手続を経ることなく解散・消滅する。合併・会社分割をした会社は，合併・分割後の存続会社・設立会社の負担した債務について，連帯して弁済する責任を負い（会社843条1項），取得した財産は共有となる（会社843条2項）。これらの債務の負担部分および財産の共有持分は，各会社の協議によって定める（会社843条3項4項〔裁判所への申立て〕）。

　株式交換・株式移転の無効判決が確定した場合に，発行した株式・新株予約権は無効となり，株式移転設立完全親会社は解散し，清算手続に従って清算される（会社475条3号）。株式交換・株式移転をする会社（旧完全子会社）の発行済株式の全部を取得する会社（旧完全親会社）が，株式交換・株式移転に際して当該旧完全親会社の株式を交付したときは，当該旧完全親会社は，当該判決の確定時における当該旧完全親会社株式に係る株主に対し，株式交換・株式移転の際に当該旧完全親会社株式の交付を受けた者が有していた旧完全子会社の株式を交付しなければばらならない（会社844条）。

（7）合併等の登記

　（ア）合併の場合　　会社の吸収合併の場合に，その効力が生じた日から2週間以内に，その本店の所在地において，消滅会社は解散の登記，存続会社は

変更の登記を要する（会社921条，商登79条・80条）。吸収合併の効力は，合併契約で定めた効力発生日に生ずる[76]。したがって，吸収合併の場合に，消滅会社から存続会社への権利義務の一般承継は効力発生日に生じるので，効力発生日前に消滅会社が第三者に対し不動産等の譲渡を行った場合には，存続会社は，当該第三者に対する契約上の移転登記義務をも承継するから，第三者と対抗関係には立たない。

これに対し，効力発生日から合併の登記がなされるまでの間，登記上は消滅会社の代表取締役がなお代表権を有するような外観を呈するようになり，消滅会社の代表取締役が効力発生日後で当該登記前に，不動産等を第三者に譲渡したような場合には，この譲渡と合併による一般承継との関係が二重譲渡に類する関係となる。しかし，吸収合併の登記に単に公示の効力（会社908条1項）しかないとすると，相手方が善意か悪意かにより法律関係が異なり不明確になることから，相手方の善意・悪意を問わず一律の処理をするために，会社法は，吸収合併の登記後でなければ，吸収合併による解散（消滅）を第三者に対抗することができないと定める（会社750条2項・752条2項）[77]。

新設合併の場合も，合併承認決議の日など所定の日から2週間以内に，その本店の所在地において，消滅会社は解散の登記，設立会社は設立の登記を要する（会社922条）。新設合併の効力は，新設会社の設立の登記による成立（会社49条）によって生ずる[78]。

（イ）会社分割の場合　　吸収分割・新設分割の登記について合併と同様の規定がなされている（会社923条・924条）。しかし，吸収合併の場合と異なり，吸収分割の場合には，登記の効力についての特則が規定されていない。合併とは異なり，分割会社は分割により解散するわけではなく分割後も存続するので，分割の登記だけでは，権利義務の承継を第三者に対抗することができず，資産の移転については第三者対抗要件を具備する必要がある（会社分割の登記によって，どの権利が分割によって承継されたかは第三者にはわからないからである）。たとえば，分割会社の代表取締役が，効力発生日後で吸収分割の登記前に，吸収分割契約で承継会社が承継するものとされている不動産を第三者に譲渡した場合には，その第三者と承継会社との間の優劣は，第三者の善意・悪意にかかわら

ず，当該不動産の所有権移転の登記の先後によって決まり，また，会社分割の登記後に上記の不動産が第三者へ譲渡されたとしても，会社分割の登記とは関係なく，上記と同様に所有権移転登記の先後で決まる。

（ウ）株式交換・株式移転の場合　　株式交換についての登記は，特に規定されていないが，完全親会社の株式が株式交換の対価であるときは，資本金・発行済株式総数の増加による変更登記が完全親会社において必要となる（会社915条1項・911条3項5号9号）。株式移転の場合には，株式移転承認決議の日など所定の日から2週間以内に，株式移転により設立する株式会社について，その本店の所在地において，設立の登記をしなければならない（会社925条）。なお，株式交換・株式移転の場合には，完全子会社の財産は変動しないので，前記のような対抗問題は生じない。

28）　特別法により主務大臣の認可を要する場合（銀行30条1項，保険153条1項3号など）や，独占禁止法（独禁15条1項・17条の2第1項・18条1項）による制限がある。
29）　吸収合併の場合（会社749条1項2号・751条1項3号），吸収分割の場合（会社758条4号・760条5号），株式交換の場合（会社768条1項2号・770条1項3号）。
30）　吸収合併では，消滅会社の株主は，当然に存続会社に株主として承継されるわけではなく，対価として金銭のみが交付される「交付金合併」（キャッシュ・アウト・マージャー〔cash-out merger〕）や，親会社（関係会社）の株式が交付される「三角合併」（会社800条）などが許容されることになる。存続会社が株主構成を変えずに合併を行いたい場合などに利用される。
31）　大阪地判平12・5・31判時1742号141頁（レンゴー事件）。
32）　大判大6・9・26民録23輯1498頁。
33）　平成17年改正前商法のもとで，会社分割の対価となる株式等が分割会社に交付される物的分割と，その対価が分割会社の株主に交付される人的分割とがあった。会社法では，人的分割の場合には，対価がいったん分割会社に交付され，それが分割会社からその株主に剰余金の配当または全部取得条項付種類株式の取得対価（金銭以外の現物配当もできる）として交付されると構成（会社758条8号・763条1項12号）される結果，会社分割とは平成17年改正前商法の下での物的分割を意味する。
34）　特別法により主務大臣の認可を要する場合（銀行30条2項，保険173条の6第1項など）や，独占禁止法（独禁15条の2・17条の2第1項・18条2項）による制限がある。
35）　従来は，完全親会社関係創設のために，A社が他のP社を設立してA社の事業全部を現物出資等によりP社に移転する方法〔抜け殻方式〕等が利用された。
36）　独占禁止法の定義では，持株会社とは，子会社の株式の取得価額の合計額の当該会社

の総資産額に対する割合が100分の50を超える会社をいう（独禁9条4項1号）。平成9年改正前では，自らも事業を行うとともに他社の株式を保有し支配する会社（事業持株会社という）は認められていた。持株会社の解禁により，自らは事業をしないで他社の株式を保有し支配することを主な目的とする持株会社，いわゆる純粋持株会社も認められることになった。

37)　特別法により主務大臣の認可を要する場合（銀行52条の17第1項1号，保険271条の18第1項1号など）や，独占禁止法（独禁9条～11条・17条の2）による制限がある。

38)　例外的に，会社789条1項3号・799条1項3号・801条1項3号において会社債権者異議手続は要求される。

39)　上記㊁の「債務の履行の見込み」については，平成17年改正前商法は，会社分割における事前開示事項の1つとして，履行の見込みの理由の開示をも要求していたため（商旧374条ノ2第1項3号・374条ノ18第1項3号），債務の履行の見込みがあることが実体的な会社分割の要件であり，その見込みがないと会社分割の無効事由になると解されていた（名古屋地判平16・10・29判時1881号122頁）。会社法のもとにおいて，履行の見込みに関する事項の開示のみが要求されているにすぎないのは，会社分割の法的安定性を図るため，債務の履行の見込みがないことを会社分割の無効原因としないことにしたものであると立法担当者により解説されている。これに対し，会社法のもとでも，債務の履行の見込みがないことが会社分割の無効原因になるとする見解も有力である。会社法コンメ（18）43頁・46頁―47頁（柴田和史）。

40)　会社782条1項・794条1項，会社則182条～184条・191条～193条。

41)　平成17年改正前商408条ノ3第1項では，「〔合併〕承認ノ決議ノナカリセバ其ノ有スベカリシ公正ナル価格」と規定されていた。

42)　新株予約権の場合，新株予約権者は，債権者にすぎないので，合併時にシナジーの分配を受けるべき理由はなく，合併前に有していたその経済価値（金銭的価値）に等しい存続会社の新株予約権または金銭を交付されれば足りると解される見解や，株価にシナジーが含まれ，その価値が新株予約権に反映されていると考えられるとする見解などがある。会社法コンメ（18）161頁―163頁（柳明昌）。

43)　最決平23・4・19民集65巻3号1311頁（前掲楽天対TBS事件），最決平23・4・26判時2120号126頁（インテリジェンス事件），最決平24・2・29民集66巻3号1784頁（テクモ事件）。

44)　会社法コンメ（18）104頁（柳明昌）。東京地判昭58・10・11下民34巻9～12号968頁（横河北辰電機事件）は，合併計画公表後に株式を取得した反対株主の株式買取請求を認め，その買取価格は，合併を前提として形成される市場価格によるべく，また取得時の価格をこえることはないとする。近時の裁判例として，東京高決平21・7・17金判1341号31頁（ノジマ事件）は，合併が公表された後に取得された株式も買取請求の対象に含まれるとし，上場株式の買取請求権が行使された場合の買取価格としての公正な価格は，価格操作を目的とする不正な手段等通常の形態における取引以外の要因によって影響されたと認められる特段の事情がないかぎり，市場価格を算定の基礎とすべきであ

ると判示する。

45)　社債権者の異議は，社債権者集会の決議または社債管理者による（会社740条 1 項 2 項）。

46)　この場合に詐害行為取消権〔民424条〕の行使の余地があるとする見解もある。会社法コンメ（18）173頁（伊藤壽英）。

47)　本文中の後述(ii)のいわゆる人的分割の場合である。また，分割会社が残存債権者を害することを知って会社分割をした場合に，債権者は保護される（会社759条 4 項・764条 4 項）。

48)　人的分割は，アメリカ法において事業譲渡の後に移転先会社の株式を移転会社の株主に交付する態様の 1 つであるスピンオフ（spin-off）に類似している。スピンオフは，移転会社が取得した移転先会社の株式等を配当規制に従って移転会社の株主に交付するものである。会社法コンメ（17）239頁（神作裕之）。

49)　株式交換完全親株式会社の株式に準ずるものとは，完全子会社の株主に対して交付する金銭等の合計額の 5 パーセント未満の親株式会社株式以外の金銭等とする（会社則198条）。

50)　会社789条 2 項・799条 2 項・810条 2 項，会社則188条・199条・208条。

51)　会社789条 3 項・799条 3 項・810条 3 項。

52)　大判昭 7 ・ 4 ・30大民集11巻706頁。

53)　反対，大判昭10・ 2 ・ 1 大民集14巻75頁（電力の継続的供給債権者が含まれるとする）。会社法コンメ（18）175頁（伊藤壽英）。

54)　会社789条 5 項・799条 5 項・810条 5 項。なお，合併をする会社の双方の総財産が企業担保権の目的となっているときは，合併後の企業担保権の順位に関する企業担保権者間の協定が要求される（企業担保 8 条 2 項）。また，会社の総財産が企業担保権の目的となっているときは，その会社は，企業担保権が担保する債務を分割により承継させることができない（企業担保 8 条の 2 ）。

55)　会社法コンメ（18）176頁（伊藤壽英）。東京地判平27・ 1 ・26商事2074号70頁（2015）（ウイングアーク1st事件）は，吸収合併の直前の時点における本件吸収合併の合併当事会社の純資産額に照らせば，債権者を害するおそれがないものと認められるとして，債権者保護手続を履践しなかったことを理由とする合併無効の訴えを棄却した。

56)　分割会社が，官報公告に加え，日刊新聞紙に掲載する方法または電子公告を行った場合には，不法行為債権者以外の債権者に対する各別の催告を省略できるので（会社789条 3 項・810条 3 項），各別の催告を受けなかったことにより当該債務の履行を請求することができるものは，不法行為債権者に限られる（会社759条 2 項括弧書・764条 2 項括弧書）。

57)　持分会社について，会社761条 2 項 3 項・766条 2 項 3 項。

58)　会社法コンメ（17）342頁以下（神作裕之）。

59)　最判平24・10・12民集66巻10号3311頁（エーアールエー事件）は，残存債権者を害する会社分割について，民法424条の詐害行為取消権の行使により，会社分割を取り消す

ことができると判示する。立法担当者によれば，会社法759条4項の請求権と民法上の詐害行為取消権との競合が問題となる場合について，両者の行使のいずれか一方が他方に優先すべき関係にあるということはできず，調整規定を設けないこととしたとされる。坂本編著・一問一答355頁。

60）　会社758条2号・759条1項・763条1項5号・764条1項。

61）　労働契約の承継に関しては，分割会社は，承継法2条1項による通知をすべき日までに，労働者と協議しなければらない（平成12年商改正附5条1項〔5条協議〕）。また，承継法7条は，分割会社に対しその労働者の理解と協力をえる努力義務を課している。

分割会社は，承継会社等に承継される事業に主として従事する労働者および分割会社との間で締結している労働契約を承継会社等が承継する旨の定めがある労働者に対し，通知期限日（承認株主総会の日の2週間前，または分割契約締結日・分割計画作成日から起算して2週間を経過する日）まで，分割契約等における労働契約承継の定めの有無，異議申出期限日（承継4条3項）その他の事項を書面により通知しなければならない（承継2条）。承継される事業に主として従事する労働者が分割会社との間で締結している労働契約であって，分割契約等に承継会社等が承継する旨の定めがあるものは，当該分割契約等に係る分割の効力が生じた日に，当該承継会社等に承継されるものとする（承継3条）。

そこで，承継会社等に承継される事業に主として従事する労働者（承継2条1項1号）であって，分割契約等にその者が分割会社との間で締結している労働契約を承継会社等が承継する旨の定めがないものは，異議申出期限日までの間に書面により異議を申し出ることができ，異議を申し出たときはその労働契約は承継会社等に承継される（承継4条）。

また，承継会社等に承継される事業に主として従事する労働者以外の労働者（承継2条1項2号）であって，分割契約等にその者が分割会社との間で締結している労働契約を承継会社等が承継する旨の定めがあるものも，同様に異議を申し出ることができ，異議を申し出たときはその労働契約は承継会社等に承継されない（承継5条）。

最判平22・7・12民集64巻5号1333頁（日本アイ・ビー・エム事件）は，承継法3条所定の場合には労働者はその労働契約の承継に係る分割会社の決定に対して異議を申し出ることができない立場にある特定の労働者との関係において5条協議（平成12年商法等改正附則5条1項の協議義務）がまったく行われなかったときや，5条協議が行われた場合であっても，分割会社からの説明や協議の内容が著しく不十分であるため，法が5条協議を求めた趣旨に反することが明らかな場合には，分割会社に5条協議義務の違反があったと評価してよく，当該労働者は承継法3条の定める労働契約承継の効力を争うことができると判示する。

62）　この事後開示は，吸収分割・株式交換の手続の経過等について開示を要求することにより，その適正な履行を間接的に担保するほか，吸収分割・株式交換の無効の訴え（会社828条1項9号11号〔提訴期間は効力を生じた日から6ヶ月以内〕）の提起について判断する資料を提供するためである。

63)　会社458条（純資産額300万円を下回る場合の適用除外）・461条～465条（剰余金の配当等に関する責任）。

64)　この配当等に関する特則は，平成17年商法改正前における人的分割を実質的に維持するための措置であり，配当財産・取得対価は吸収分割承継会社の株式（持分）に限られる（ただし，承継会社の株式〔持分〕に準ずるものとして法務省令で定めるものを含む〔会社則178条〕）。

65)　合併差損とは，㋐吸収合併存続株式会社・吸収分割承継株式会社の貸借対照表上の承継債務額（会社則195条1項）が貸借対照表上の承継資産額（会社則195条2項）を超える場合（会社795条2項1号），㋑吸収合併存続株式会社・吸収分割承継株式会社の消滅会社・吸収分割会社に対して交付する金銭等の帳簿価額が承継資産額から承継債務額を控除してえた額を超える場合（会社795条2項2号），㋒株式交換完全親株式会社が株式交換完全子会社の株主に対して交付する金銭等の帳簿価額が株式交換完全親株式会社が取得する株式交換完全子会社の株式の額を超える場合（会社795条2項3号，会社則195条5項）をいう。会社法は，このような合併差損が生じるような合併等を認めることを明記している。

　　さらに，上記㋐の帳簿上の債務超過（簿価債務超過）の場合だけでなく，消滅会社等が実質的に債務超過である場合に合併等が認められるかどうかが問題となるが，会社法では，完全親会社が存続会社となる場合のように，存続会社等が合併対価等を交付しないものであれば，実務上のニーズもあり，認めても差し支えないとされている。会社法コンメ（18）219頁（柴田和史）。

66)　会社法第2編第1章（第27条〔4号5号を除く〕・29条・31条・37条3項・39条，第6節および第49条を除く）。

67)　法令・定款の違反には，取締役の善管注意義務や忠実義務の違反は含まれないと課される。坂本編著・一問一答339頁。

68)　神戸地尼崎支判平27・2・6金判1468号58頁は，株式交換において完全子会社となる会社が事前開示書類を備え置かなかったことが株式交換無効の訴えの原因となるとする。

69)　名古屋地判平19・11・21金判1294号60頁は，無効事由は手続違反に限らず，合併契約の錯誤無効の主張を認める。

70)　東京高判平2・1・31資料版商事77号193頁（前掲三井物産事件）。

71)　論点体系（6）123頁―124頁（得津晶）。なお，平成17年改正前商法（商旧374条ノ2第1項3号・374条ノ18第1項3号）のもとで，債務履行の見込みがないかぎり，会社分割を行うことができず，その見込みのない会社分割には無効事由が存すると判示する名古屋地判平16・10・29判時1881号122頁。本章注39）参照。

72)　株主総会の承認決議に取消事由がある場合に，決議取消しの訴えと会社の組織に関する行為の無効との関係が問題となる。従来の通説によれば，総会決議取消事由は合併等の組織再編行為の無効の一事由にすぎないことを前提として（組織再編行為の承認決議の取消事由は決議の取消判決をえなくても組織再編行為の無効事由として主張できると

解される），組織再編行為の効力発生前は決議取消しの訴え（提訴期間は決議の日から3ヶ月以内〔会社831条1項〕），効力発生後は組織再編行為の無効の訴え（提訴期間はその行為の効力が生じた日から6ヶ月以内〔会社828条1項7号〜12号〕）を提起すべきであり，決議取消しの訴えを提起した後に組織再編行為の効力が生じた場合には，原告は訴えの変更（民訴143条）の手続により組織再編行為の無効の訴えに変更することができると解される（その行為の効力の発生により決議取消しの訴えは組織再編行為の無効の訴えに吸収されるとする考え方である〔吸収説〕）。

これに対し，吸収説によれば遡及効を欠く救済（会社839条参照）しか認められないことなどにより株主等に何ら救済がない場合もあるので，組織再編行為の効力発生後も，決議取消しの訴え等決議の瑕疵を攻撃する遡及効のある訴えは，その行為の無効の訴えに吸収されずに存続するとする見解が有力である（併存説）。なお，決議取消しの訴えの提訴期間を3ヶ月とする規定の趣旨から，総会決議の取消事由に基づき組織再編行為の無効の訴えを提起できるのは，決議後3ヶ月以内に限られると解する（会社831条1項参照）のが多数説であるが，無効の訴えの提訴期間を6ヶ月とする規定通りにその行為の効力発生後6ヶ月以内に主張すれば足りるとする見解もある。論点体系（6）128頁—130頁（得津晶）。

73）　株主等とは，株主・取締役・執行役・監査役・清算人をいう（会社828条2項1号第一括弧書）。

74）　社員等とは，社員・清算人をいう（会社828条2項1号第二括弧書）。

75）　他の「会社の組織に関する訴え」の場合と同様に，専属管轄（会社835条）担保提供命令（会社836条），さらに，判決の対世的効力（会社838条）・不遡及（会社839条），敗訴原告の損害賠償責任（会社846条）について規定がなされている。

76）　会社750条1項3項〜5項・752条1項3項〜5項。

77）　したがって，合併による一般承継の場合，権利の移転に対抗要件を必要とするものについては，対抗要件を具備しなければ，それを第三者に対抗できず，効力発生後・登記前に消滅会社の代表者が第三者に対し消滅会社の不動産を譲渡した場合には，消滅会社（合併の登記後は存続会社）が不動産の譲受人に対して不動産を引き渡すべき義務を負うことになる。会社法コンメ（17）159頁—160頁（柴田和史），論点体系（5）278頁（浦岡洋）。

78）　会社754条・756条，商登79条・81条〜83条。

問　題

1　A株式会社は，リゾートでホテルおよびゴルフ場の経営を行っていたが，経営不振によりゴルフ場の用地のすべてを，B観光開発株式会社に一括譲渡した。これによって，A会社は，まったくゴルフ場の営業を行うことができないことになっ

た。
- (1)　本件ゴルフ場の用地の譲渡には，A会社の株主総会の承認がなかったので，A会社の株主Cは，本件譲渡の無効を主張した。Cの主張は認められるか。
- (2)　A会社がゴルフ場の事業譲渡を行ったと考えられる場合に，A会社の資産総額は100億円であり，ゴルフ場の資産価額が15億円であると算定されるとするならば，A会社の株主総会の決議を要するか。
- (3)　上記事例で，B会社がA会社の議決権ある株式の90パーセントを有する場合も，A会社の株主総会の決議は必要か。

2　スーパー・マーケットを営業するA株式会社と和洋衣料品を手広く販売するB株式会社は，東京資本の大手デパートのC株式会社の支店が進出してくることを知ったので，これに対抗するためにA会社とB会社の代表取締役が合併の協議を行い，その結果，A会社がB会社を吸収合併することにした。
- (1)　A会社の株価が1株10万円，B会社の株価が1株5万円であったので，消滅会社であるB会社株式1株に対しA会社株式0.5株（割当比率1：0.5）が割り当てられる場合に，B会社株主に割り当てられる株式に1株未満の端数が生じる場合に，その端数はどのように処理されるか。
- (2)　債権者異議手続において，B会社の商品券の所有者，家賃・電気料など日常生ずる債権の債権者，具体的な貸金債権を有する従業員は，「知れている債権者」として，各別に催告しなければならないか。
- (3)　「A会社は，B会社の財産および従業員を承継する。ただし，債権の一部ならびに債務の一部（B会社の納税義務など）はこれを留保する」とする合併契約書の定めは有効か。この定めが無効であるとすれば，合併無効の原因となるか。
- (4)　A会社がB会社との合併計画を公表した後に，A会社の株式を取得したDは，承認決議に反対した上で株式買取請求をすることが認められるか。株式買取請求権が認められるとした場合に，その買取価格決定の基準はどのようなものであるか。
- (5)　A会社の承認決議に取消事由があり，また，A会社とB会社との合併比率が不公正である場合に，A会社の株主は，合併の効力発生日の前後で，合併の効力を否定するためにどのような主張をすることができるか。

3　A株式会社が，その事業の1つである不動産販売門の業績が不振であったので，不採算部門を独立させるために，会社分割をすることを決め，A会社の50億円の財産のうち20億円分の財産を分割により，A会社の系列グループのB株式会社に移転した。

(1)　B会社の株式を対価として，それをA会社の株主に交付することは認められるか。

(2)　A会社に対する債権者Eは，会社に知られていたが，本件会社分割について異議があるかどうかについての各別の催告を受けなかったので，A会社およびB会社に対して，弁済の責任を追及した。これに対し，A会社は，分割契約においてEに対する債務をB会社が負担する旨の定めをしたので，弁済の責任を負わないと主張した。A会社の主張は認められるか。

(3)　EがA会社の環境破壊により損害を被った者であり，A会社はEが被害者だと知らなかったとするならば，会社分割後，Eに対する弁済責任を負うのはA会社とB会社のどちらであるか。

(4)　A会社の労働者であって承継対象の事業に従事している労働者の労働契約をB会社が承継する旨の定めが分割契約に記載されていない場合に，労働者の労働契約はどうなるか。また，承継対象の事業に従事している労働者以外の労働者の労働契約をB会社が承継する旨の定めが分割契約に記載されている場合には，労働契約はB会社に承継されるか。

第 **7** 章　企業買収（M&A）

1　総　　説

（1）企業買収の意義

　企業買収は M&A（エム・アンド・エー）といわれることがあるが，M&A とは広義の企業買収を意味し，事業譲受け・会社分割により他の企業（会社）の事業を取得したり，合併により複数の会社を 1 つに合体させたり，株式交換・株式移転・株式の譲受け・大量の株式の第三者割当てなどにより他の会社の株式を取得してその会社の支配権を獲得したり，その他の企業提携なども含まれ，事業・企業を取得する者の側からみて呼ばれる概念である。これに対し，最も狭義の企業買収は，株式公開買付け（Tender Offer または Take Over Bid〔T.O.B.〕）を意味する。

（2）企業買収の利点

　わが国の大企業の戦後の経営は自ら新規に投資を行うことにより内部成長を志向することがきわめて強かったといわれるが，既存企業の企業買収による外部成長の利点として，①新規事業分野への参入のために時間の短縮（いわゆる時間を買う），②新規投資よりも投資コストの節約ができること，③すでに実証済みの必要な経営資源のパッケージ（既存の経営陣・労働力・得意先・営業上の秘

7－1図解：企業買収の意義

```
              ┌─ 広義：M&A（合併・会社分割等の組織再編，株式買集め・公開買付け，
企業買収 ─┤        他の企業連携等）
              └─ 狭義：株式公開買付け
```

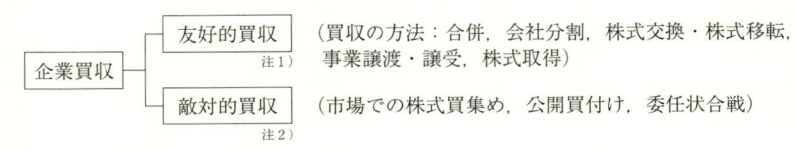

7－2図解：友好的買収と敵対的買収

企業買収
- 友好的買収（買収の方法：合併，会社分割，株式交換・株式移転，事業譲渡・譲受，株式取得）
  注1）
- 敵対的買収（市場での株式買集め，公開買付け，委任状合戦）
  注2）

注1）　友好的買収→買収対象企業の経営陣との合意に基づく買収。
注2）　敵対的買収→買収対象企業の経営陣との合意に基づかない一方的買収。

訣など）をそのまま引き継ぐことができること，④既存企業の設備・販売力などの利用により市場全体としては何らの新規の供給増をもたらさず他の既存企業との摩擦を回避することができること，⑤事業免許その他の規制による参入障壁を乗り越えることができること，⑥海外進出の場合には言語・風俗および習慣の相違を克服することができることなどが挙げられる[1]。

（3）企業買収の方法

　（ア）友好的買収　　友好的買収とは，買収対象企業の経営陣との交渉による合意に基づく買収である。友好的買収の方法として，合併（吸収合併・新設合併），会社分割，株式交換・株式移転，営業譲受け，第三者割当増資がある。また，買収対象企業の経営陣の合意によらなくても，株式取得として，大株主（支配株主）からの株式の譲受け（肩代わり），市場での株式買集め，公開買付けの方法によることもできる。

　（イ）敵対的買収　　①意義　　敵対的買収（非友好的買収）とは，買収対象企業の経営陣との交渉による合意に基づかない一方的買収である。敵対的買収を容認する背景として，自由市場メカニズムの重視，市場を通ずる企業のパフォーマンス・チェックの重視，経営陣の交代による企業経営の効率化の達成などが挙げられる[2]。

　②敵対的買収の方法　　経営陣の反対にもかかわらず買収を試みる場合には，その合意を必要とする合併，会社分割，株式交換・株式移転，営業譲受け，第三者割当増資による方法をとることはほとんど不可能である。したがって，敵対的買収は，株式取得（市場での株式の買集め・公開買付け）の方法による

ことになる（新株予約権・新株予約権付社債の取得も同様の方法による）。

　(a)市場での株式の買集め　　この方法によると，相手企業に知られずに株式の取得ができ，ある程度の株式数を保有することにより，相手企業に対して合併・事業譲受け等の申入れを行い，友好的買収に移行するなど段階に応じて目的・形態等を変更することも可能である。しかし，相手企業の株価を高騰させて多額の資金を要するなどの短所がある。

　(b)公開買付け　　アメリカにおいて1980年代から90年代にかけて敵対的買収が盛んに行われた際に，買占め屋（レイダー〔raider〕）が買い集めた株式を公開買付けによる企業買収の取りやめと引き替えに高く買い取らせる，いわゆるグリーン・メール（このような乗取り屋のことをグリーン・メーラー〔green mailer〕）や，買収対象会社の取締役会に対して一定条件を示して株式の取得を書面で申し込み，受け入れられなければ公開買付けに移行すると迫る，いわゆるベア・ハッグ（bear hug）の場合のように，公開買付けが脅しの手段として利用されたことがある。

　(c)委任状合戦　　株式を買い集めたが，経営支配権を取得するまでに至らなかったとき，他の株主の十分な賛成が得られる経営戦略を示して，たとえば自分たちの側から取締役を出すために，株主総会で株主提案権（会社303条〜305条）を行使することがある。この場合に，委任状の勧誘のために，買収企業と買収対象企業との間で委任状合戦（proxy fight）が行われることになる（なお，貸株・借株の形もある）。グリーン・メーラーたちが委任状合戦を仕掛ける旨発表することを脅しの一手段として利用されることもある。

---

　1)　財務的な価値を生み出すという観点からは，①新規投資よりも既存企業の買収による事業のほうが高い投資収益率が期待できる場合，裁定取引（アービトラージ〔arbitrage〕）を目的とした企業買収と，②事業や経営資源を適切に統合する場合に，増収効果，コスト削減効果，設備投資・研究開発投資・在庫投資などの投資効率の向上による支出削減，節税効果，その他の経営資源の有効活用・補完を主な原因として発生するシナジー（相乗効果〔synergy〕，すなわち，2つの企業の統合によってそれ以前には存在しなかった付加価値を生み出し，企業価値〔企業が事業から生み出すキャッシュ・フローの現在価値〕の1プラス1が2以上の価値を生むこと）を目的とする企業買収とがある。

2) 敵対的企業買収に対する批判は，敵対的企業買収がもたらす弊害として，①経営者が目先の短期的利益の追求を図って，企業の長期的な発展・投資や研究開発をせずに，企業価値や企業の長期的利益を毀損すること，②敵対的買収の対象とならないように収益性の高い事業部門の売却や債務超過の状態にするような不健全な現象が生じうること，③買収対象企業の売却・解体などにより利ざやで巨利を獲得することを主目的とする企業買収（解体型企業買収〔bust up merger〕）は非生産的であること，④買収対象企業の分割・解体などにより従業員・住民等のステークホルダーの利益を害すること，⑤買収の第1段階において市場買付け・公開買付け等により株主総会決議を支配できるまで（たとえば過半数ないし3分の2）買収対象企業の株式を取得した上で，第二段階で，株式の併合，関係会社との合併・株式交換等により残余の株式をほとんど無償に近い対価で取得する方法（二段階買収〔two-tier tender offer〕）によって，一般株主に「囚人のジレンマ」状態を作り出して強圧的に第一段階での株式売却に走らせることにつながることなどが挙げられる。

3) 上場会社の議決権行使について委任状を勧誘する場合，金融送品取引法の規制の適用を受ける（金商194条，金商令36条の2〜36条の6，委任状府令1条・43条参照）。

2 公開買付け

(1) 意 義

公開買付けとは，不特定かつ多数の者に対し，公告により株券等[4]の買付け等の申込みまたは売付け等（売付けその他の有償の譲渡をいう）の申込みの勧誘を行い，取引所金融商品市場外で株券等の買付け等を行うことをいう（金商27条の2第6項)。このような行為は，主として，会社の支配権取得・強化を目的として行われる。金融商品取引法は，買付者に対して，買付期間・買付数量・買付価格等をあらかじめ公開・提示させることによって，投資者への情報開示と株主の平等な取扱いを保障する。

(2) 公開買付けが強制される場合

　(ア) 発行者以外の者による株券等の公開買付け　有価証券報告書[5]を提出しなければならない発行者の株券等につき，当該発行者以外の者が行う買付け等のうち，一定の場合に公開買付けによらなければならない（金商27条の2第1項）。

たとえば，①取引所金融商品市場（金商2条17項）外における株券等の買付

け等に係る株券等の株券等所有割合が 5 パーセントを超える場合は，公開買付け⁶⁾によらなければならない（金商27条の 2 第 1 項 1 号）。会社の支配権への影響が大きく投資家に株券等の提供圧力が生じるからである。また，②取引所金融商品市場外における株券等の買付け等であって著しく少数の者（60日間に10名以下）から株券等の買付け等の後におけるその者の所有に係る株券等の株券等所有割合が 3 分の 1 を超える場合に（3 分の 1 ルール），公開買付けが強制される（金商27条の 2 第 1 項 2 号，金商令 6 条の 2 第 3 項）。大株主のみから相対取引により高値（プレミアム）で株式を取得するのを防止し，一般株主にも平等に参加する機会を与えるためである⁷⁾。

　ただし，取引所金融商品市場（金商 2 条17項）で株式を取得する限り，原則として公開買付けによる必要がない（例外として，金商27条の 2 第 1 項 3 号）。市場取引ではプレミアムが付かないか，付くとしても市場取引には誰でも参加できるからである。わが国における敵対的買収は，公開買付けの強制を嫌って，取引所金融商品市場における株式の買い集めによって行われることが少なくない。

　（イ）発行者による株券等の公開買付け　　①自己株式の取得　　自己株式とは，会社が有する自己の株式（会社113条 4 項括弧書）をいう。会社法は，株式会社が当該会社の株式を取得できるとし，株主の平等などを確保するための手続等に関する規制を定めている（会社155条以下）。会社が株主との合意により自己株式を取得する方法は，(a)市場取引による自己株式取得（会社165条），(b)発行者による上場株券等の公開買付け（金商27条の22の 2 第 1 項 1 号）による自己株式取得（会社165条），(c)株主（取得対象種類株式の株主）全員に譲渡の勧誘をする方法による自己株式取得（会社156条〜159条），および(d)特定の株主からの相対取引による自己株式取得（会社160条〜164条）である。上記(b)および(c)についてのみ，以下で取り上げる。

　②発行者による上場株券等の公開買付け　　上場株券等の発行会社が取引所金融商品市場外で買い付ける場合には，会社が株主との合意により自己株式を取得するとき，公開買付けによらなければならない（自社株公開買付け〔金商27条の22の 2 第 1 項〕）。

自社株公開買付けの手続・開示および取引規制については，発行者以外の者による株券の公開買付け（他社株公開買付け）の規定が準用され（金商27条の22の2第2項〜8項），他社株公開買付けの場合とほぼ同様であるので（ただし，業務に関する重要事実の公表について特別の定めがある〔金商27条の22の3〕），後述（3）および（4）の公開買付けの手続・取引規制については主に他社株公開買付けの規定を取り上げる。

　③すべての株主に株式譲渡の勧誘を行う場合（ミニ公開買付け）　　会社が譲渡人である株主を特定せずに，すべての株主に申込機会を与えて取得する場合には，会社は，株式取得に関する事項の決定（会社156条1項）に従い株式を取得しようとするとき，その都度，取得数・価格等の事項を決定し（会社157条），株主に対しその決定した事項を通知または公告しなければならない（会社158条）。譲渡しの申込みについて定めがある（会社159条）。これらの手続は，会社が金融商品取引法上の公開買付けにより自己の株式を買い付ける場合（金商27条の22の2以下）を簡素化したものであるため，ミニ公開買付けと呼ばれている。閉鎖的な会社における自己株式の取得を公平に行うための方法であり，上場株式については，この方法によることができない（金商27条の22の2第1項）。

（3）公開買付けの手続

　（ア）公開買付開始公告　　公開買付けを行う者は，その目的，買付け等の価格，買付予定の株券等の数，買付け等の期間その他の事項を公告しなければならない（金商27条の3第1項，公開買付府令10条）。

　（イ）公開買付届出書の提出　　公開買付開始公告を行った者（公開買付者）は，買付け等に関する事項を記載した公開買付届出書を内閣総理大臣に提出をしなければならない（金商27条の3第2項，公開買付府令12条〜14条）。これにより，売付け等の申込みの勧誘その他の当該公開買付けに係る行為をすることができる（金商27条の3第3項）。その公開買付届出書は，募集・売出しの際の有価証券届出書に相当するものである。

　（ウ）公開買付届出書の写しの送付　　公開買付者は，当該公開買付届出書の写しを，当該株券等の発行会社・金融商品取引所等に送付しなければならない

7 − 3 図解：公開買付け手続の流れ

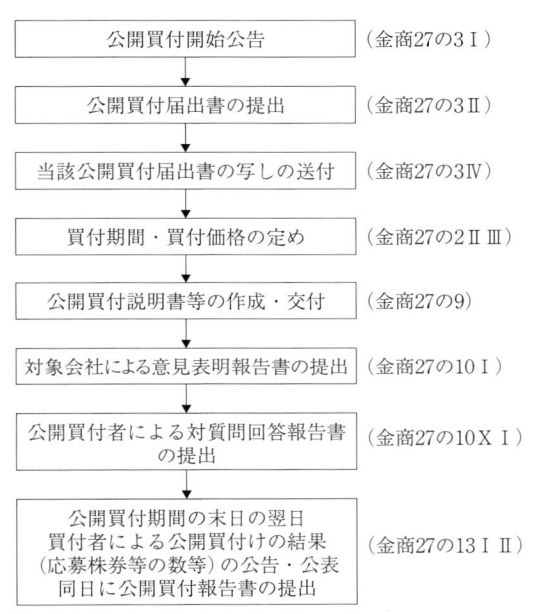

公開買付開始公告	（金商27の3 I ）
公開買付届出書の提出	（金商27の3 II ）
当該公開買付届出書の写しの送付	（金商27の3 IV ）
買付期間・買付価格の定め	（金商27の2 II III ）
公開買付説明書等の作成・交付	（金商27の9）
対象会社による意見表明報告書の提出	（金商27の10 I ）
公開買付者による対質問回答報告書の提出	（金商27の10 X I ）
公開買付期間の末日の翌日 買付者による公開買付けの結果 （応募株券等の数等）の公告・公表 同日に公開買付報告書の提出	（金商27の13 I II ）

（金商27条の3第4項）。発行会社の意見表明（金商27条の10参照），取引所等における市場の秩序，競合する公開買付者の再検討について配慮したものである。

　（エ）買付期間・買付価格　　公開買付けによる株券等の買付け等は，政令で定める期間（20営業日以上60営業日以内〔金商令8条1項〕）の範囲内で買付け等の期間を定めて行わなければならない（金商27条の2第2項）。最短期間の定めは投資家に熟慮期間を与えるため，最長期間の定めは投資家を長期間不安定な地位に置かないためである。買付け等の価格については，均一の条件によらなければならない（金商27条の2第3項，金商令8条2項3項）。応募株主を平等に扱うことが要請されるからである[8]。

　（オ）公開買付説明書等の作成・交付　　公開買付者は，公開買付説明書を作成し，当該株券等の売付け等を行おうとする者に対し公開買付説明書を交付しなければならない（金商27条の9第1項2項，公開買付府令24条4項）。

（カ）**対象会社による意見表明報告書の提出および公開買付者による対質問回答報告書の提出**　公開買付けに係る株券等の発行者（対象者）は，当該公開買付けに関する意見を記載した意見表明報告書を内閣総理大臣に提出しなければならない（金商27条の10第1項，金商令13条の2第1項）。これにより，公開買付者の見解と対象会社の経営陣の考えの違いや両者間の争いが投資家にみえることになり，投資家にとって公開買付けに応じるべきかどうかの合理的な判断が可能となる。また，その意見表明報告書の写しを公開買付者や金融商品取引所等にも送付することを要する（金商27条の10第9項）。

意見表明報告書の写しの送付を受けた公開買付者は，公開買付者に対する質問に対する回答を記載した対質問回答報告書を内閣総理大臣に提出し（金商27条の10第11項，金商令13条の2第2項），その写しは，当該対象会社・金融商品取引所等に送付しなければならない（金商27条の10第13項）。

（キ）**公開買付期間の終了**　応募株主等は，公開買付期間中はいつでも契約を解除することができる（金商27条の12）。投資家の熟慮期間の確保，競合的公開買付けへの乗り換えができるようにするためである。また，公開買付者は，当該公開買付けに係る応募株券等の数その他の事項を公告または公表をし，その内容を記載した公開買付報告書を内閣総理大臣に提出しなければならない（金商27条の13第1項2項）。公開買付けの成功の有無は株式市場へ大きな影響をもたらすから，その情報の開示をするためである。

（4）公開買付けの取引規制

（ア）**全部買付義務**　公開買付者は，原則として，応募株券等の全部について，買付け等に係る受渡しその他の決済を行わなければならない（全部買付義務〔金商27条の13第4項柱書本文〕）。ただし，①公開買付期間中における応募株券等の全部について公開買付けの撤回等を行う場合（金商27条の11第1項但書），②公開買付開始公告・公開買付届出書において一定の条件[9]を付した場合には，全部買付義務はない（金商27条の13第4項柱書括弧書・同項1号2号）。

（イ）**部分的公開買付け**　買付予定の株券等の数を超えるときはその超える部分の全部または一部の買付け等をしないという条件（部分的公開買付け）を付

した場合（金商27条の13第 4 項 2 号）でも，当該公開買付けの後における公開買付者の所有に係る株券等の株券等所有割合（金商27条の 2 第 8 項）が政令で定める割合（ 3 分の 2 〔金商令14条の 2 の 2 〕）を超える場合には，公開買付者に応募株券等の全部の買付け等を義務づける（金商27条の13第 4 項柱書括弧書）。買付後の株券等所有割合が 3 分の 2 を超える場合には，株式所有が特定人に集中して取引所規則により上場廃止の危険が生じるなど零細株主が不安定な地位に置かれるから，対象会社の株主に株式の売却機会を保障するためである。

　（ウ）**按分比例方式**　　部分的公開買付け（金商27条の13第 4 項 2 号）の場合において，応募株券等の数の合計が買付予定の株券等の数を超えるときは，応募株主等から按分比例方式により株券等の買付け等に係る受渡しその他の決済を行わなければならない（金商27条の13第 5 項）。応募の先着順に買い取るといった買付条件は，対象会社の株主に対して応募するように圧力（強圧性といわれる）をかける危険があるからである。

　（エ）**公開買付けによらない別途買付け等の禁止**　　公開買付者は，公開買付期間中においては，公開買付けによらないで当該公開買付けに係る株券等の発行会社の株券等の買付け等を行うことが禁止される（金商27条の 5 ）。一般株主からは公開買付けで買付け，特定の大株主からは市場外で高い価格で買い付けるのは，株主間に不平等が生じるからである。ただし，公開買付開始公告を行う前に買付契約を締結している場合で公開買付届出書において当該契約があることを明らかにしている場合などには，公開買付手続外で買い付けることができる（金商27条の 5 但書）。

　（オ）**公開買付者による公開買付けの撤回および契約の解除の制限**　　公開買付者は，公開買付開始公告をした後においては，原則として，公開買付けに係る申込みの撤回および契約の解除を行うことができない（金商27条の11第 1 項本文）。安易な撤回等を認めると，安易な公開買付けが行われ，公開買付けが株価操作に利用されるからである。ただし，公開買付者が，公開買付開始公告・公開買付届出書において公開買付けに係る株券等の発行者もしくはその子会社の業務・財産に関する重要な変更その他の公開買付けの目的の達成に重大な支障となる事情が生じたときは公開買付けの撤回等をすることがある旨の条件を

付した場合，または公開買付者に関し破産手続開始の決定その他の政令で定める重要な事情の変更が生じた場合には，公開買付けの撤回および契約の解除ができる（金商27条の11第1項但書，金商令14条2項）。

　（カ）**公開買付けに係る買付条件等の変更の制限**　　公開買付者は，原則として買付条件等の変更を行うことができるが（金商27条の6第2項），①買付け等の価格の引下げ，②買付予定の株券等の数の減少，③買付け等の期間の短縮，④その他政令で定める買付条件等の変更をすることができない（金商27条の6第1項，金商令13条）。これらは買付けの撤回と同じ効果をもたらしうるからである。

　ただし，上記①については，公開買付開始公告および公開買付届出書において公開買付期間中に対象会社が株式の分割その他の行為を行ったときは，一定の基準に従い買付け等の価格の引下げを行うことがある旨の条件を付した場合には，価格の引下げを認めることにしている（金商27条の6第1項1号括弧書，金商令13条，公開買付府令19条1項）。たとえば，1対2の割合で株式分割が行われる場合には，2分の1まで買付価格を引き下げることが認められる。

（5）大量保有報告制度

　（ア）**趣　　旨**　　大量保有報告制度は，上場有価証券の発行者の株券等を総議決権の5パーセントを超えて保有する者に対して，保有者に関する情報を開示させる制度である。5パーセントルールともいわれる。大量保有者が誰であり，保有の目的は何かなどの情報を投資家に対し迅速に提供することにより，市場の公正性・透明性を高め，投資家保護を図るためのものである。大量保有報告制度自体は，敵対的買収に対する予防・防御を目的としたものではないが，大量保有報告書の提出により会社の株式を買い集める者の存在が判明して，その者がグリーン・メーラーである場合に，経営陣がそれに何らかの対応をとることが可能となる。

　（イ）**大量保有者**　　株券・新株予約権証券・新株予約権付社債券等を金融商品取引所に上場している発行者が発行する株券等に係るその株券等保有割合が100の5を超えるものが，大量保有者である（金商27条の23第1項，金商令14条の4）。

　大量保有者は，株券等保有割合に関する事項，取得資金に関する事項，保有の目的その他の事項を記載した報告書（大量保有報告書）を大量保有者となった日から5日以内に，内閣総理大臣に提出しなければならないとされる（金商27条の23第1項，金商令14条の4）。大量保有者となった日の後に，保有割合が1パーセント以上変動した場合には，5日以内に変更報告書を提出しなければならない（金商27条の25第1項）。

　（ウ）共同保有者　　保有株5パーセントの計算に当たっては，共同保有者の保有する株券等の数も合算され（金商27条の23第4項），共同保有者には，株式所有関係・親族関係等から共同保有者とみなされる者だけでなく，議決権その他の権利を行使することについて合意している者も含まれる（金商27条の23第5項6項）。

　（エ）機関投資家の特例報告制度　　金融商品取引業者・銀行等が保有する株券等で当該株券等の発行会社の事業活動に重大な変更を加えまたは重大な影響を及ぼす行為（重要提案行為等）を行うことを保有の目的としないもの（特例対象株券等）に係る大量保有報告書は，株券等保有割合が10パーセント（大量保有開示府令12条）を超えない場合には，事務負担を軽減するため開示要件を緩和した特例報告制度が設けられている（金商27条の26第1項）。

4)　株券等とは，議決権のある株券・新株予約権証券・新株予約権付社債券などをいう（金商27条の2第1項柱書，金商令6条1項）。株券が発行されない上場会社の振替株式（社債株式振替128条1項）や，他の株券不発行会社の株式は，有価証券表示権利となり，有価証券とみなされる（金商2条2項柱書）。

5)　会社の発行する株式が金融商品取引所（東京証券取引所等）に上場されている会社（上場会社）はすべて，有価証券報告書の提出義務がある（金商24条1項1号）。

6)　この場合に，60日間に，著しく少数の者〔10名以下〕からの買付け等の場合は，相対取引とみなして除かれる（金商27条の2第1項1号括弧書，金商令6条の2第3項）。

7)　その他，③立会外取引による3分の1を超える取得（金商27条の2第1項3号〔特定売買等という。たとえば東京証券取引所の立会時間外取引であるトスネットワン［ToSTNeT-1〕等），④3ヶ月以内に10パーセントを超える株券等の取得後に3分の1を超える場合（金商27条の2第1項4号，金商令7条2項〜4項），⑤他者による公開買付期間中に株券等所有割合が3分の1を超える他の者が5パーセントを超える株券等の買付け等を行う場合（金商27条の2第1項5号，金商令7条5項6項）には，公開

買付けによらなければならない。

8) 公開買付けは，必ずしも現金を対価として行われず，有価証券を対価とすることもある（交換買付け〔exchange offer〕）。この場合に，当該有価証券の発行会社が金融商品取引法4条による有価証券届出書を公開買付届出書またはその訂正届出書の提出と同時に内閣総理大臣に提出すれば，買付行為を始めることができる（金商27条の4第1項）。

9) 一定の条件とは，応募株券等の数の合計が，①買付予定の株券等の数に満たないときは応募株券等の全部の買付け等をしないこと，②買付予定の株券等の数を超えるときはその超える部分の全部または一部の買付け等をしないこと（部分的公開買付け）である（金商27条の13第4項1号2号）。

3 企業買収の手続

（1）総　　説

　企業買収は，実際上，取引関係等のある会社間の経営陣の同意をえて行われる場合に限らず，企業買収の仲介業務を行っている証券会社・銀行[10]などの紹介により行われる場合にも，買収対象会社の経営陣の賛同をえた上で行われ，友好的買収であることがほとんどである。この場合における企業買収の実行過程では，交渉を始める前に，①秘密保持契約が締結され，次に，②基本合意書の作成，そして③デュー・ディリジェンス，さらに④表明・保証，最終的に⑤買収契約書の作成に至る。

（2）秘密保持契約

　買収対象会社の事業・資産等に対する実地調査（デュー・ディリジェンス）の過程で，対象会社を含む取引関係者から秘密情報の開示が行われることが多い。このため，秘密保持契約（守秘義務契約）（confidentiality agreement）が締結される。

　秘密保持契約書（守秘義務契約書）には，秘密保持契約において保護されるべき情報の範囲の画定・定義（関係者の情報・資産等に関連する情報，買収の検討・交渉の事実などの内容），秘密保持義務（第三者への開示・漏洩の禁止，適切な情報管理措置義務など），秘密情報の目的外利用の禁止，交渉決裂などの場合の秘密情

報の返還・破棄義務，損害賠償義務・合意管轄等の一般条項などである。秘密保持契約書は，実務上，法的拘束力ある契約として締結されている。[11]

（3）基本合意書

（ア）住友信託銀行対 UFJ ホールディングス事件（最決平16・8・30民集58巻6号1763頁）　　X 信託銀行は，平成16年5月21日，Y1株式会社ら3銀行との間で，YグループからXグループに対するY2信託銀行の法人資金業務等を除く業務に関する営業等（本件対象営業等）の移転等からなる事業再編と両グループの業務提携（本件協働事業化）に関し，合意（本件基本合意）をし，その合意内容を記載した書面（本件基本合意書）を作成した。本件基本合意書の12条（誠実協議）は，第三者との間で本件基本合意の目的と抵触しうる取引等にかかる情報提供・協議を行わないこと等を定めていた。本件基本合意書には，X信託銀行およびY1会社らが，本件協働事業化に関する最終的な合意をすべき義務を負う旨を定めた規定はなく，また，本件条項に違反した場合の制裁，違約罰についての定めは存しなかった。その後，Y1会社らは，Yグループの現在の窮状を乗り切るために，平成16年7月14日，X信託銀行に対し，本件基本合意の解約を通告するとともに，A会社に対し，Y2信託銀行の本件対象営業等の移転を含む経営統合の申入れを行い，この事実を公表した。そこで，X信託銀行は，平成16年7月16日，東京地裁に対し，Y1会社らがAグループとの間で経営統合に関する協議を開始したことが本件条項所定のX会社の独占交渉権を侵害するものであると主張して，本件基本合意に基づき，Y1会社らが，X信託銀行以外の第三者との間で，平成18年3月末日までの間，Y2信託銀行の本件対象営業等の第三者への移転等に関する情報提供または協議を行うことの差止めを求める本件仮処分命令の申立てをした。

東京地裁は，平成16年7月27日，本件仮処分命令の申立てを認容する決定をした。これに対し，

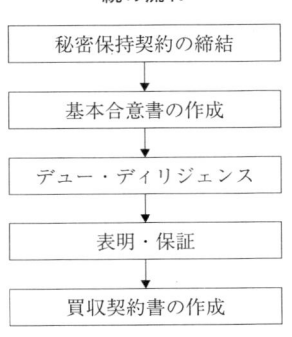

7－4図解：企業買収の手続の流れ

```
┌─────────────────┐
│  秘密保持契約の締結  │
└─────────────────┘
         ↓
┌─────────────────┐
│   基本合意書の作成   │
└─────────────────┘
         ↓
┌─────────────────┐
│ デュー・ディリジェンス │
└─────────────────┘
         ↓
┌─────────────────┐
│     表明・保証     │
└─────────────────┘
         ↓
┌─────────────────┐
│   買収契約書の作成   │
└─────────────────┘
```

Y1会社らが異議の申立てをしたが，同年8月4日，同裁判所は，本件仮処分決定を認可する旨の決定をした。そこで，Y1会社らが，上記異議審の決定を不服として，東京高裁に対し，保全抗告をしたところ，同裁判所は，同月11日，現時点においてX信託銀行とY1会社らとの間の信頼関係はすでに破壊されており，かつ，最終的な合意の締結に向けた協議を誠実に継続することを期待することはすでに不可能となったもので，本件条項は将来に向かってその効力が失われたものと解するのが相当であり，現時点において差止請求権を認める余地はないとして，上記各決定を取消し，本件仮処分命令の申立てを却下する旨の決定をした。これに対し，X信託銀行が許可抗告をした。最高裁は，次のように判示して，抗告を棄却する。

「本件条項は……交渉を第三者の介入を受けないで円滑，かつ，能率的に行い，最終的な合意を成立させるための，いわば手段として定められたものである……。したがって，今後，X信託銀行とY1会社らが交渉を重ねても，社会通念上，上記の最終的な合意が成立する可能性が存しないと判断されるに至った場合には，本件条項に基づく債務も消滅するものと解される。」，「現段階では，X信託銀行とY1会社らとの間で，本件基本合意に基づく本件協働事業化に関する最終的な合意が成立する可能性は相当低いといわざるを得ない。しかし，本件の経緯全般に照らせば，いまだ流動的な要素が全くなくなってしまったとはいえず，社会通念上，上記の可能性が存しないとまではいえないものというべきである。そうすると，本件条項に基づく債務は，いまだ消滅していないものと解すべきである。」，「ところで，本件仮処分命令の申立ては，仮の地位を定める仮処分命令を求めるものであるが，その発令には，『争いがある権利関係について債権者に生ずる著しい損害又は急迫の危険を避けるためこれを必要とするとき』との要件が定められており（民事保全法23条2項），この要件を欠くときには，本件仮処分命令の申立ては理由がないことになる。そして，本件仮処分命令の申立てがこの要件を具備するか否かの点は，本件における重要な争点であり，本件仮処分命令の申立て時以降，当事者双方が，十分に主張，疎明を尽くしているところである。」，「前記の事実関係によれば，本件基本合意書には，X信託銀行とY1会社らが，本件協働事業化に関する最終的な

合意をすべき義務を負う旨を定めた規定はなく，最終的な合意が成立するか否かは，今後の交渉次第であって……Y1会社らが本件条項に違反することによりX信託銀行が被る損害については，最終的な合意の成立によりX信託銀行が得られるはずの利益相当の損害とみるのは相当ではなく，X信託銀行が第三者の介入を排除して有利な立場でY1会社らと交渉を進めることにより，X信託銀行とY1会社らとの間で本件協働事業化に関する最終的な合意が成立するとの期待が侵害されることによる損害とみるべきである。X信託銀行が被る損害の性質，内容が上記のようなものであり，事後の損害賠償によっては償えないほどのものとまではいえないこと，前記のとおり，X信託銀行とY1会社らとの間で，本件基本合意に基づく本件協働事業化に関する最終的な合意が成立する可能性は相当低いこと，しかるに，本件仮処分命令の申立ては，平成18年3月末日までの長期間にわたり，Y1会社らがX信託銀行以外の第三者との間で前記情報提供又は協議を行うことの差止めを求めるものであり，これが認められた場合にY1会社らの被る損害は，相手方らの現在置かれている状況からみて，相当大きなものと解されること等を総合的に考慮すると，本件仮処分命令により，暫定的に，Y1会社らがX信託銀行以外の第三者との間で前記情報提供又は協議を行うことを差し止めなければ，X信託銀行に著しい損害や急迫の危険が生ずるものとはいえず，本件仮処分命令の申立ては，上記要件を欠くものというべきである。」

　（イ）**基本合意書**　基本合意書（Letter of Intent〔LOI［意図表明状］〕またはMemorandum of Understanding〔MOU［了解覚書］〕）は，買収交渉の初期の段階で，これまでの交渉で煮詰まった基本的な事項を当事会社が確認のため記載し取り交わす書面である。基本合意書には買収に関する最終契約に織り込まれる主要条項等が列挙されていることが一般的であるが，これらの条項を最終契約に入れることについてはいずれの当事会社も法的な義務を負わない旨が明記されることが多いとされる。

　基本合意書を作成する主要な理由は，①法的拘束力がなくても以後の交渉において道義的拘束力として働き，基本合意書において確認した事項については，最終契約の交渉のなかで再度時間をかけて交渉する必要がなくなること，

②基本合意書の作成は，買収交渉を通じて早期に交渉領域の存在する条件を選別でき，単に口頭ではなく文書により主要事項を確認し合うことにより，主要な点に関し相手方の意図を誤解するリスクを回避することも可能となることからである。実務上，基本合意の締結後にプレスリリースされることが一般的であるといわれる。

　基本合意書には，(a)買収対象・買収方法・買収予定日のほか表明・保証などについての企業買収の概要，(b)排他的交渉権（独占的交渉権）[12]，(c)誠実交渉義務，(d)買収監査への協力義務，(e)有効期間，(f)その他（法的拘束力の有無，基本合意書の内容も守秘義務契約の対象とすること，合意管轄など）が規定される。実務上，基本合意書のなかのすべての条項について法的拘束力を有しないとする場合，一部の条項についてのみ法的拘束力を有するものとする場合[13]，すべての条項について法的拘束力を有するものとする場合などがある。

　なお，基本合意書中にある独占的交渉権に関する事案で，第三者との間で会社の営業の移転等にかかる協議等を行うことの差止めを求める仮処分命令の申立てについて，買収会社に著しい損害や急迫の危険が生ずるもの（民保23条2項）とはいえないとして，保全の必要性を欠くとした判例[14]がある。

（4）デュー・ディリジェンス

　デュー・ディリジェンス（Due Diligence）は，買収対象会社の営業・資産等を正確に把握するための実地調査である（事前監査あるいは買収監査ともいわれる）。デュー・ディリジェンスは，基本合意書の作成後直ちに行われる。デュー・ディリジェンスは，①事業デュー・ディリジェンス，②財務デュー・ディリジェンス，③税務デュー・ディリジェンス，④法務デュー・ディリジェンス，⑤不動産デュー・ディリジェンス，⑥環境デュー・ディリジェンスに分類される。企業買収におけるデュー・ディリジェンスは，買主の権利であって義務ではないと解されている[15]。

（5）買収契約書

　（ア）意　義　　企業買収においては，合併・会社分割・株式交換・株式移

転および事業譲渡等についての法定の要件を充足することのほか，買収契約書には，①売買の目的物の特定・買取価格および価格の調整条項，②表明・保証条項，③誓約条項（Covenants）[16]，④取引実行（クロージング〔Closing〕）[17]，⑤補償義務[18]，⑥解除などに関する条項[19]が置かれる。

　（イ）表明・保証　　①アルコ事件（東京地判平18・1・17判時1920号136頁）

　金銭の貸付け・その仲介，消費者への貸金業務等を目的とするA株式会社は，債務者からの和解契約（和解債権）に基づく返済金を利息の弁済に充当し，同額の元本についての貸倒引当金の計上をせず（本件和解債権処理），本件和解債権処理は，平成15年3月期のA会社の決算書に注記されなかった。消費者への貸金業務その他の金融業等を目的とするX株式会社は，Y1株式会社・Y2株式会社およびA会社の代表取締役Y3（Y1会社代表者）との間で，X会社によるA会社の買収の話を始め，平成15年7月16日付けで，A会社に対し，A会社の全株式を取得（本件M&A）するとの意向表明書を提出した。X会社は，同年7月30日から同年9月19日までの間，C株式会社に依頼して，A会社のデュー・ディリジェンスを行い（第1次デュー・ディリジェンス），この際に，BらA会社の担当者は，X会社に対し，創業以来の顧客の貸付金，元利入金等の全履歴を磁気データとして記録保存したもので，人的に加工する前の全取引データ（生データ）を交付した。また，X会社は，同月17日から21日までの間，C会社に依頼して，A会社のデュー・ディリジェンス（第2次デュー・ディリジェンス）を行った。

　X会社は，Y1会社らとの間で，平成15年12月18日，Y1会社らが保有するA会社の全株式を，平成15年10月31日時点の貸借対照表に基づくA会社の財務状況により算出された1株当たり1,165円（全200万株で23億3,000万円）でX会社へ譲渡する旨の合意をした（本件株式譲渡契約）。本件株式譲渡契約の8条においては，A会社の財務諸表・帳簿等が完全かつ正確であること，開示された資料・情報は真実かつ正確なものであること等を，Y1会社らはX会社に対し表明・保証し（本件表明保証），同契約の9条1項において，Y1会社らは，上記表明・保証事項に関する違反によりX会社が現実に被った損害・損失を補償するものとされた（本件表明保証責任）。X会社は，本件和解債権処理は本件表明保

証に違反していると主張して，Y1会社らに対し，本件表明保証責任の履行と
して合計3億529万3,523円等を連帯して支払うことを求めたのに対し，Y1会
社らは，X会社は本件和解債権処理について悪意であったか，または重大な過
失によってこれを知らずに本件株式譲渡契約を締結したのであるから，Y1会
社らは本件表明保証責任を負わないなどと主張してこれを争った。東京地裁
は，次のように判示して，X会社の請求を認容した。

　「本件において，X会社が，本件株式譲渡契約締結時において，わずかの注
意を払いさえすれば，本件和解債権処理を発見し，Y1会社らが本件表明保証
を行った事項に関して違反していることを知り得たにもかかわらず，漫然これ
に気付かないままに本件株式譲渡契約を締結した場合，すなわち，X会社が
Y1会社らが本件表明保証を行った事項に関して違反していることについて善
意であることがX会社の重大な過失に基づくと認められる場合には，公平の見
地に照らし，悪意の場合と同視し，Y1会社らは本件表明保証責任を免れると
解する余地があるというべきである。」，「しかし，企業買収におけるデュー
ディリジェンスは，買主の権利であって義務ではなく，主としてその買収交渉
における価格決定のために，限られた期間で売主の提供する資料に基づき，資
産の実在性とその評価，負債の網羅性（簿外負債の発見）という限られた範囲で
行われるものである。……和解債権については，和解内容のとおりに返済がな
されているか否かの確認も行わず，上記生データについても……サンプリング
で抽出された35件全部について照合を行うことはしなかった……ことについて
は特段の問題はない。また，A会社が監査法人による監査を受けていたことか
らすると，C会社がA会社の作成した財務諸表等が会計原則に従って処理がさ
れていることを前提としてデューディリジェンスを行ったことは通常の処理で
あって，このこと自体は特段非難されるべきでない。……本件においては，取
り分け，前記のとおり，A会社及びY1会社らがX会社に対して本件和解債権
処理を故意に秘匿したことが重視されなければならない。以上の点に照らす
と，X会社が，わずかの注意を払いさえすれば，本件和解債権処理を発見し，
Y1会社らが本件表明保証を行った事項に関して違反していることを知り得た
ということはできないことは明らかであり，X会社がY1会社らが本件表明保

証を行った事項に関して違反していることについて善意であることがX会社の重大な過失に基づくと認めることはできない。」，「本件株式譲渡契約において，A会社の株式の譲渡価格は，平成15年10月31日時点の貸借対照表に基づくA会社の財務状況により算出された１株当たり1,165円とすることが明記されており，A会社の簿価純資産額を基準としたものであるところ，同日時点における簿価純資産額は，本件和解債権処理によって，本来減少すべき元本が貸借対照表上不当に資産計上されており……その額……だけ不正に水増しされたものというべきである。したがって，Y1会社らは，本件表明保証責任に基づき，X会社に対し同額を補償する義務を負う。」

　②表明・保証　　上記（４）のデュー・ディリジェンスが比較的短期間に買収対象会社の協力のえられる範囲で行われるにすぎないので，企業買収契約において，表明・保証条項（Representations and Warranties）が置かれることがある。表明・保証は，売却者が対象会社の事業・資産・財務状況・簿外債務・契約関係等の表明・保証をするものであるが，買収会社も企業買収契約を締結するために必要な社内の承認手続を経ていることなどを表明・保証する。対象会社の資産内容等に表明・保証違反があった場合には，売却者の瑕疵担保責任（民570条，商526条）や虚偽の説明に関する不法行為責任[20]，買主側の錯誤ということが法律上問題となるが，必ずしも認められるとは限らないので，通常，表明・保証違反の場合には損害賠償をするという補償条項が置かれる[21]。

10)　証券会社・銀行等は，対象企業の選定（ファインダー機能），買収のとりまとめ（アドバイザー機能）・資金調達の斡旋（ファインダー機能）などを行う。

11)　東京地判平18・3・30判時1958号115頁（営業秘密の要件を欠くか，あるいは不正開示行為が認められないとして，営業秘密の開示の差止めおよび営業秘密を不正に使用した販売差止め請求を棄却）参照。会社法コンメ（17）219頁（三苫裕）。

12)　買収対象会社によって別の買主会社候補との交渉材料として利用（いわゆる当て馬）される危険性があることなどに対処するため，排他的交渉権の内容として，別の買主会社候補を積極的に探さないこと（no shop 条項），別の買収会社候補からの申入れに対し交渉・協議・情報提供等をしないこと（no talk 条項），対象会社の取締役の善管注意義務の関係において排他的交渉期間中に別の買主会社候補からの条件のよい買収提案が提示された場合の処理（fiduciary-out 条項。この場合，排他的交渉権を有する買主会社は，一定期間，買収条件の見直しの提案が可能とすることが多いとされる），一定の違

約金の支払いと引替えに対象会社が排他的交渉義務や誠実義務を免れること（break-up fee 条項）といった類型がある。会社法コンメ（17）222頁—224頁（三苫裕）。

13) たとえば，法的拘束力を有するものとされる一部の条項として規定される事項は，とりわけ，①守秘義務（相手方の同意になしに公表〔プレスリリース〕することの禁止を含む），②相手方が一定期間第三者との買収交渉をしないように優先交渉権の確保および③最終契約に向けて当事会社が誠実に交渉する誠実交渉義務に関するものが挙げられる。

14) 最決平16・8・30民集58巻6号1763頁（前掲住友信託銀行対 UFJ ホールディングス事件）。この判例は，違反による損害賠償の可能性を認めると同時に，独占的交渉権に基づく差止請求権の存在を認めている。これに対し，このような差止請求権を認めると市場機能を著しく阻害するから，実体上差止請求権がないと解すべきであるとする見解が有力である。なお，東京地判平18・2・13判時1928号3頁（UFJ 信託銀行協働事業化事件）は，協働事業化に関する基本合意書に定められた独占交渉義務違反等の債務不履行と協働事業化に関する最終契約が締結されていればえられたであろう利益（履行利益）との間に相当因果関係は認められないとして，損害賠償請求を棄却する。会社法コンメ（17）222頁（三苫裕）。

15) 東京地判平18・1・17判時1920号136頁（後掲アルコ事件）。会社法コンメ（17）219頁（三苫裕）。

16) 買収契約書の作成日から企業買収の実行行為（クロージング）の完了までの期間において，たとえば売却者は善良の注意をもって業務執行等を行うこと，対象会社の剰余金配当等の禁止，競業避止義務，従業員の勧誘禁止義務，クロージング後の秘密情報の使用制限（守秘義務）などの記載する。

17) 事業の引渡し，株式の引渡しと代金の支払い，株主名簿の名義書換えの協力，対象会社に関する資料等の交付など。

18) 補償義務は，損害賠償義務とは異なり，補償義務者に帰責性（悪意・故意または過失）がなくてもよいと一般に解されている。請求可能期間の制限のほか，総額上限（cap），総額下限（複数の個別の請求を累積して総額下限になるまで請求できないとする〔basket〕），個別金額下限（個別の請求が個別金額の下限に満たない場合は補償対象としないとする〔de minimus〕）などを設けることが少なくないといわれる。会社法コンメ（17）231頁—232頁（三苫裕）。

19) 取引実行前は契約違反を理由に解除できるが，取引実行後は契約違反があっても解除できないとすることなどである。

20) 東京地判平15・1・17判時1823号82頁（保険会社間の業務・資本提携交渉時の不実情報開示について情報を提供した会社の不法行為責任）。

21) 東京高判平8・12・18金法1511号61頁（買収対象会社の大半の株式の売主が保証して損害を補償する旨の特約をした場合に，売主の責任を肯定），東京地判平18・1・17判時1920号136頁（前掲アルコ事件〔買収対象会社の全株式の株主である売主の表明・保証違反について，売主の買主に対する損害補償の責任を肯定〕）。

4　敵対的企業買収の予防と防衛

（1）敵対的企業買収の対象となりやすい企業

　企業買収の対象として狙われる可能性が高い企業の特徴は，次のような2つに大別できる。①経済的誘因として，販売網を有する企業，優れた技術・人材・組織を有する企業，成長性ある事業を手がけている企業などのような，経営戦略上の誘因と，含み資産の多い企業などのような株価等採算上の誘因である。②買収の容易性として，浮動株比率の高い企業，時価総額の小さい企業，内部紛争がある企業などである。上記①と②の両方の性質を有する企業は，特に買収の対象として狙われる可能性が高いといわれる。

（2）敵対的企業買収の予防策・防衛策

　公開買付けなどによる敵対的企業買収に対抗するために，多種多様の予防策・防衛策が考案されているが，その多くはアメリカにおいて珍奇な言葉が使われている。

　（ア）株式による予防策　　①株式による予防策　アメリカでは，自己株式の取得により自社の浮動株式数を減少させたり，あるいは，浮動株式を不足させて上場廃止に持ち込むいわゆる「株式の非公開化」（ゴーイング・プライベート〔Going Private〕），敵対的買収が実行されたときに買収者以外の株主に多数の株式を交付することによって買収者の議決権の希釈化や買収コストの上昇を生じさせるように新株予約権を利用する方法（ライツ・プラン，ポイズン・ピル），さらには，買収対象企業の経営陣が自社株を取得してその会社を買収する方法であるMBO（Management Buyout〔マネジメント・バイアウト〕），あるクラスに属する株式の1株当たりの議決権数を他のクラスに属する株式よりも大きな数にした多議決権ないし複数議決権株式（スーパー議決権株式〔dual class stock〕）を発行する方法（dual class capitalization〔2種類の資本構成〕）などが利用される。

　わが国では，従来，取引先等友好的関係にある企業間での株式相互保有や従業員持株制度（ESOP〔Employee Stock Ownership Plan〕）により，安定株主工作

が行われてきたが，これらは敵対的企業買収に対する予防策として最も有効なものと考えられている。その他の予防策として，議決権制限種類株式（会社108条1項3号）・拒否権付種類株式（会社108条1項8号〔黄金株と呼ばれる〕）の発行が考えられる。

　②定款等による予防策　　アメリカでは，経営陣の任期を分散する方法として期差任期取締役会（スタッガード・ボード〔staggered board〕），定款変更により株主総会の重要事項の承認決議要件を加重する条項（スーパー・マジョリティー条項〔supermajority provision〕）を設ける方法（このように企業買収防止策として定款中に定める特別の条項をシャーク・リペレント〔shark repellent〔サメよけ〕〕という），定款中にグリーン・メーラーに対する金銭の支払いを制限する条項を定めるグリーン・メーラー禁止条項などがとられる。また，企業が買収されて，対象企業の経営陣が解任された際には，その経営陣に対して多額の退職金を保証する方法（ゴールデン・パラシュート〔golden parachute〕）などがある。

　（イ）買収防衛策　　敵対的買収を仕掛けられたときに，対象企業の経営陣が友好的な相手（ホワイト・ナイト〔白馬の騎士〕）に株式引受けの選択権（コール・オプション〔call option〕）を無償で付与する方法（株式ロックアップ・オプション〔lock-up stock option〕），買収企業にとって魅力的な事業部門・資産等（クラウン・ジュエル〔crown jewel〕）をホワイト・ナイトに一定の価格で買い取る権利（コール・オプション）を付与する方法（クラウン・ジュエル・ロックアップあるいは資産ロックアップ・オプション〔lock-up asset option〕とも呼ばれる）などにより売却し，買収意欲を喪失させる方法（焦土作戦〔scorched earth〕），敵対的な公開買付けがなされたとき，ホワイト・ナイトに，自社に対する公開買付けを依頼する方法（防戦買い），自社株について買収企業の公開買付けの買付価格より高い価格で公開買付けを行って買収企業の資金負担を加重することにより断念させる方法（自己宛テンダー・オファー〔Self Tender Offer〕），買収の対象となった企業が逆に相手企業に買収を仕掛ける方法（パックマン・ディフェンス〔Pac-man Defense〕）などがある。その他，株式分割の実施等による株価引上げ策，敵対的な買収者との交渉を意図的にできるだけ長引かせてホワイト・ナイトの出現を待ったりすることなどによって最終的に敵対的買収を残念させる

方法（砂袋作戦〔sandbag〕），金融商品取引法・独占禁止法違反を理由として，差止めの請求や訴訟の提起等により，買収を遅らせたり阻止する方法がある。

（3）キャッシュ・アウト

　　（ア）意　義　　キャッシュ・アウト（cash out）とは，会社法において，金銭を対価とする株式の買い取りにより，少数株主を強制的に締め出す方法をいう。スクイーズ・アウト（squeeze-out〔締め出し〕）ともいう。買収対象会社を非上場化して上場維持コストを削減する場合，MBO などにおいて対象上場会社を買収会社の完全子会社とするための前提とする場合，株主総会手続の省略による意思決定の迅速化，株主管理コストの削減など目的とする場合などにキャッシュ・アウトが行われる。

　　（イ）キャッシュ・アウトの方法　　会社法のもとでは，①株主総会の特別決議を要するキャッシュ・アウトの方法として，金銭を対価とする株式交換（会社767条），株式の併合（会社180条），全部取得条項付種類株式の取得（会社171条）などが利用される。②株主総会の決議を要しない方法として，特別支配会社の場合に金銭を対価とする略式株式交換（会社767条・784条），特別支配株主の株式等売渡請求（会社179条）などが利用される。

　　上記②の特別支配株主の株式等売渡請求についてのみ，後述（エ）で取り上げる。

　　（ウ）二段階買収　　二段階買収とは，上場会社の株式の全部を取得しようとする場合，第一段階として，公開買付けの方法で対象会社の支配権を取得できる数の株式を取得し，その後に，取得できなかった残りの株式を，第二段階として，キャッシュ・アウトとして，全部取得条項付種類株式や株式交換などの方法により取得すること（第二段階として略式合併の利用により対象会社の全資産を取得する場合も含まれる）をいう。[23] 二段階買収の場合，第一段階での公開買付価格よりも，第二段階目の取引に係る「公正な価格」や「取引の価格」との関係が問題となる。[24]

　　（エ）特別支配株主の株式等売渡請求　　①意義　　株式会社の総株主の議決権の10の9（これを上回る割合を定款で定めた場合にその割合）以上を有する株主

（特別支配株主[25]）は，当該会社の株主（当該会社・当該特別支配株主を除く）の全員に対し，その有する当該会社の株式の全部を，当該特別支配株主に売り渡すことを請求（株式売渡請求）することができ（会社179条1項），また，株式売渡請求に併せて，その株式売渡請求に係る株式を発行している会社（対象会社）の新株予約権の新株予約権者（対象会社・当該特別支配株主を除く）の全員に対し，その有する対象会社の新株予約権の全部（新株予約権付社債の場合はその社債の全部も）を当該特別支配株主に売り渡すことを請求（新株予約権売渡請求）することができる（会社179条2項3項[26]）。これは，特別支配株主の株式等売渡請求といわれており，会社に対する権利ではなく，他の株主に対する権利である。

②株式等売渡請求の方法・通知・承認　特別支配株主は，株式等売渡請求を行う旨，および，対価として交付する金銭の額またはその算定方法，売渡株式等を取得する日（取得日）などについて定めた一定の事項を，対象会社に通知し，対象会社の承認を受けなければならない（会社179条の2・179条の3，会社則33条の5）。対象会社の承認を受けた後は，取得日の前日までに対象会社の承認をえた場合にかぎり，特別支配株主は売渡請求を撤回することができる（会社179条の6）。

③売渡株主等に対する通知・公告および事前情報開示　対象会社は，②の承認をしたとき，取得日の20日前までに，売渡株主等（売渡株主・売渡新株予約権者）および登録質権者に対し，当該承認をした旨，特別支配株主の氏名その他の一定の事項を通知または公告をしなければならない（会社179条の4）。ただし，売渡株主に対しては，価格決定の申立ての機会を失しないように，必ず通知が要求される（会社179条の4第2項括弧書[27]）。また，事前情報開示として，株式等売渡請求に関する書面等の備置き・閲覧等について定めがある（会社179条の5，会社則33条の7）。

④売買価格の決定の申立て　株式等売渡請求があった場合には，売渡株主等は，取得日の20日前の日から取得日の前日までの間に，裁判所に対し，その有する売渡株式等の売買価格の決定の申立てをすることができる（会社179条の8）。

⑤取得の差止め　(a)株式売渡請求が法令に違反する場合，(b)対象会社が売

渡株主に対する通知もしくは事前開示に関する規定に違反した場合，(c)対価が
対象会社の財産の状況その他の事情に照らして著しく不当である場合におい
て，売渡株主が不利益を受けるおそれがあるときは，売渡株主等は，特別支配
株主に対し，株式等売渡請求に係る売渡株式等の全部の取得をやめることを請
求することができる（会社179条の 7 ）。

　⑥売渡株式等の取得および事後の情報開示　　株式等売渡請求をした特別支
配株主は，取得日に，売渡株式等の全部を取得する（会社179条の 9 ）。また，
事後の情報開示として，売渡株式等の取得に関する書面等の備置き・閲覧等に
ついて定めがある（会社179条の10，会社則33条の 8 ）。

　⑦売渡株式等の取得の無効の訴え　　株式等売渡請求に係る売渡株式等の全
部の取得の無効[28]は，取得日から 6 ヶ月以内（対象会社が公開会社でない場合には当
該取得日から 1 年以内）に，訴えをもってのみ主張することができる（会社846条
の 2 第 1 項）。無効とされると多数の株主等の利害に影響があることから，法的
安定性を図る目的で，特別の無効の訴えの制度が設けられている。売渡株式等
の全部の取得は，対象会社の行為ではないけれども，「会社の組織に関する訴
え」の場合と同様の規定をしている[29]。

22)　MBO（マネジメント・バイアウト）は，わが国でも最近よく見られる。特に，上場
　　会社の経営陣が，投資会社（投資ファンド）や金融機関から資金をえて，受皿会社（買
　　収会社）を設立し，第一段階として，受皿会社が公開買付けの方法で，買収対象会社の
　　支配権を取得できる数の株式を取得し，その後に，取得できなかった残りの株式を，第
　　二段階として，全部取得条項付種類株式を利用して強制的にすることが行われている
　　（二段階買収という）。また，買収会社が，買収資金の調達のために，買収対象企業の資
　　産を担保として買収資金の借入れないし起債をして，買収をする方法は，LBO（レバ
　　レッジド・バイアウト〔Leveraged Buyout〕）といわれる。なお，企業価値研究会「企
　　業価値向上及び公正な手続確保のための経営者による企業買収（MBO）に関する指針」
　　（平成19年 9 月 4 日経済産業省）http://www.meti.go.jp/policy/economy/keiei_innovation/
　　keizaihousei/pdf/MBOshishin2.pdf 参照。
　　　MBO については，対象会社の株式を低価格で取得したい経営陣の利益と，高い価格
　　で売却したい当該対象会社の株主との利益が相反関係にある。裁判例として，最決平
　　21・ 5 ・29金判1326号35頁（レックス・ホールディングス事件），東京高判平23・12・
　　21判タ1372号198頁（シャルレ損害賠償請求事件），東京高判平25・ 4 ・17金判1420号20

頁（レックス・ホールディングス損害賠償請求事件），大阪高判平27・10・29判時2285号117頁（シャルレ株主代表訴訟事件）等参照。

23) 第二段階目の取引は，現金ではなく，買収会社の株式を対価として行う場合もある（東京地決平21・3・31金判1315号26頁（日興コーディアルグループ事件）参照）。

24) 第二段階目の取引の価格が公開買付価格よりも低い場合，第一段階の公開買付けに応じて持株を売却することを望まない株主も，後により低い価格でキャッシュ・アウトされる恐れがあるため，やむをえず公開買付けに応じることが考えられる（これを強圧性という）。最高裁は，公開買付価格とその後の全部取得条項付種類株式の取得価額を同額とするのが相当であるとする（最決平28・7・1金判1497号8頁〔ジュピターテレコム事件〕）。また，東京地決平21・3・31金判1315号26頁（日興コーディアルグループ事件）は，株式交換の前に，その前提として，株式交換完全子会社となる会社の株式について公開買付けが行われた場合において，公開買付価格と当該株式交換における株式交換比率の算定の際の株式交換完全子会社株式の基準価格が同じ価格とされている場合には，公開買付けが実施され，当該交換株式における株式交換比率算定の際の株式交換完全子会社株式の基準価格が決定された後に，株式交換完全子会社の株価が下落したとしても，当該株式交換に反対する同社の株主がした株式買取請求（会社785条1項）に基に基づく株式買取価格決定の際の「公正な価格」は，原則として，当該公開買取価格および当該基準価格を下回ることはないとする。学説は，第一段階の公開買付けが下限となるとする見解が多い。会社法コンメ（18）120頁―121頁（柳明昌）。もっとも，大阪地決平24・4・27判時2172号122頁（三洋電機事件）は，二段階買収による株式交換において，株式交換の場合の買い取り請求（会社785条1項）の際の「公正な価格」はシナジー分配価格を算定して定め，シナジー分配価格が公開買付価格と異なる場合には，それが公開買付価格を上回っても下回っても，いずれにせよ当該シナジー分配価格をもって公正な価格とすべきものであるとして，公開買付価格よりも低い買取価格を相当とする。

25) 株式等売渡請求制度を利用できる特別支配株主は，単独の株主（A）が株式会社（B）の総株主の議決権の10の9以上を有する場合だけでなく，Aが発行済株式の全部を有する株式会社その他これに準ずるものとして法務省令で定める法人（「特別支配株主完全子法人」という）が有しているBの株式を併せて10の9以上を有する場合も含まれる（会社179条1項括弧書，会社則33条の4）。特別支配株主完全子法人と合算して議決権保有要件を満たす場合であっても，株式等売渡請求をし，売渡株式等を取得する特別支配株主は，1人（1社）に限られる（坂本編著・一問一答258頁―259頁）。また，特別支配株主は，特別支配会社（会社468条1項）とは異なり，会社（会社2条1号）に限定されず，自然人，その他の法人でもよい。論点体系〈補完〉121頁（前田修志）。

26) ただし，特別支配株主完全子法人に対しては，株式等売渡請求をしないことができる（会社179条1項但書・2項但書）。特別支配株主完全子法人の保有する株式・新株予約権は，実質的に特別支配株主の支配下にあることから，売渡しを強制する必要がないからである。論点体系〈補完〉122頁（前田修志）。

27)　振替株式発行会社の場合は，株主名簿上，売渡請求の時点の株主を把握できないか
ら，売渡株主・登録質権者に対しては，公告が要求される（社債株式振替161条2項）。
28)　取得の無効原因について，明文の規定がなく，解釈にゆだねられることになる。「会
社の組織に関する訴え」の場合に準じて，取得手続の瑕疵が著しい場合，対価が著しく
不当な場合などが無効原因となるものと解される。坂本編著・一問一答289頁～290頁，
論点体系〈補完〉544頁～546頁（前田修志）。
29)　訴えを提起することができる者（原告適格）は，取得日に売渡株主（または売渡新株
予約権者）であった者，取得日に対象会社の取締役・監査役・執行役であった者または
対象会社の取締役・清算人に限られる（会社846条の2 第2項）。被告は，特別支配株主
である（会社846条の3）。その他，訴えの管轄（会社846条の4），担保提供命令（会社
846条の5），弁論等の必要的併合（会社846条の6），対世効（会社846条の7）。遡及効
の排除（会社846条の8），原告が敗訴した場合の損害賠償責任（会社846条の9）が規
定されている。

5　敵対的買収に対する防衛策についての裁判例

（1）第三者割当による新株発行

　わが国では，従来，買収を仕掛けられた場合の最も迅速かつ効果的な防衛手
段として，第三者割当による新株発行の方法がとられてきたが，主要目的ルー
ルをとる裁判例は，資金調達の必要性を理由として第三者割当ての方法により
行う新株の発行が著しく不公正な方法（商旧280条ノ10〔会社210条〕）によるもの
とはいえないとされ，株発行差止仮処分の申立てを認めないものが多い。ただ
し，支配権の維持・剥奪を目的で新株発行をしたもので不公正発行にあたると
して新株発行差止仮処分命令の申立てを認容した裁判例もある。

　買収を仕掛けられた場合には，取締役等の経営陣は，会社に対する善管注意
義務・忠実義務により，自己の利益のみに従って行動することは許されず，会
社の利益のために行動しなければならない。したがって，取締役等が買収に対
する予防・防止策を実施する際に具体的な法令・定款違反行為を行った場合の
みならず，取締役等がその善管注意義務・忠実義務に違反して自己の地位を保
全する目的で予防・防衛策を講じた場合には，会社に対して損害賠償責任を負
うことになり，また，株主に対する責任も問われる可能性がある。たとえば，
株主に対する責任が問われたものとして，原告株主の持株割合を低下させる目

的で違法な新株の有利発行がなされた場合や，違法・無効な取締役会決議により経営支配権の侵奪を目的とする不公正な新株発行がなされた場合に，株価下落による損害賠償を認める裁判例がある。

（2）新株予約権の発行等

　買収防衛策として，最近では，新株予約権が第三者割当により発行されたり，差別的行使条件の付された新株予約権を発行する場合（ライツ・プランとかポイズン・ピルという）が多い。買収者による買収対象会社の株式買集めにより会社支配権の争奪が具体化した段階（いわゆる有事）だけでなく，会社支配権の争奪が具体化しない段階（いわゆる平時）においてもあらかじめ新株予約権を発行するための措置を講じておくことが容易であるからである。

　（ア）有事の防衛策　　①ブルドックソース事件（最決平19・8・7民集61巻5号2215頁）　　日本企業への投資を目的とする投資ファンドＸは，関連法人と併せ，Ｙ株式会社の発行済株式総数の約10.25パーセントを保有していたが，Ｘの完全子会社Ａは，Ｙ会社の発行済株式のすべてを取得することを目的とする公開買付け（本件公開買付け）を行う旨の公告をし，公開買付開始届出書を提出した。Ｙ会社の意見表明報告書に対するＡの質問回答報告書（本件回答報告書）には，ＸがＹ会社を自ら経営する意思はなくＹ会社の支配権取得の場合における事業計画等を有しないことなどが記載され，投下資本の回収方針については具体的な記載がなかった。このため，Ｙ会社の取締役会は，本件公開買付けは，Ｙ会社の企業価値を毀損し，Ｙ会社の利益ひいては株主の共同の利益を害するものと判断し，本件公開買付けに対する対応策として，(a)一定の新株予約権無償割当てに関する事項を株主総会の特別決議事項とすること等を内容とする定款変更議案（本件定款変更議案），および(b)これが可決されることを条件として，新株予約権無償割当てを行うことを内容とする議案（本件議案）を，定時株主総会（本件総会）に付議することを決定した。本件総会において，本件定款変更議案および本件議案は，いずれも出席した株主の議決権の約88.7パーセント，議決権総数の約83.4パーセントの賛成により可決された。

　本件総会において可決された新株予約権の無償割当て（本件新株予約権無償割

当て）は，基準日の最終の株主名簿・実質株主名簿に記載・記録された株主に対し，その有するY会社株式1株につき3個の割合で割り当て，払込金額は株式1株当たり1円とされ，XおよびAを含むXの関係者（X関係者）は，非適格者として本件新株予約権を行使することができず（本件行使条件），Y会社はX関係者の有する本件新株予約権を取得しその対価として本件新株予約権1個につき396円（本件公開買付けにおける当初の買付価格の4分の1に相当）を交付することができ（本件取得条項），さらに，譲渡による本件新株予約権の取得についてはY会社取締役会の承認を要するというものであった。

　Xは，本件総会に先立って，本件新株予約権無償割当てには会社法247条の規定が適用または類推適用されるところ，その無償割当ては株主平等の原則に反して法令・定款に違反し，かつ，著しく不公正な方法によるものであるなどと主張して，差止めを求める仮処分命令の申立てた。第1審は，その申立てを却下した。第2審もXの抗告を棄却した。最高裁も，次のように判示して，Xの抗告を棄却した。

　(i)株主平等の原則に反するとの主張について「個々の株主の利益は，一般的には，会社の存立，発展なしには考えられないものであるから，特定の株主による経営支配権の取得に伴い，会社の存立，発展が阻害されるおそれが生ずるなど，会社の企業価値がき損され，会社の利益ひいては株主の共同の利益が害されることになるような場合には，その防止のために当該株主を差別的に取り扱ったとしても，当該取扱いが衡平の理念に反し，相当性を欠くものでない限り，これを直ちに同原則〔株主平等の原則〕の趣旨に反するものということはできない。そして，特定の株主による経営支配権の取得に伴い，会社の企業価値がき損され，会社の利益ひいては株主の共同の利益が害されることになるか否かについては，最終的には，会社の利益の帰属主体である株主自身により判断されるべきものであるところ，株主総会の手続が適正を欠くものであったとか，判断の前提とされた事実が実際には存在しなかったり，虚偽であったなど，判断の正当性を失わせるような重大な瑕疵が存在しない限り，当該判断が尊重されるべきである。」，「本件議案は，議決権総数の約83.4%の賛成を得て可決されたのであるから，X関係者以外のほとんどの既存株主が……判断した

ものということができる。……当該判断に，その正当性を失わせるような重大
な瑕疵は認められない。」，「X関係者は……その持株比率が大幅に低下するこ
とにはなる。しかし，本件新株予約権無償割当ては，X関係者も意見を述べる
機会のあった本件総会における議論を経て，X関係者以外のほとんどの既存株
主が，Xによる経営支配権の取得に伴うY会社の企業価値のき損を防ぐために
必要な措置として是認したものである。さらに，X関係者は……本件新株予約
権の……対価として金員の交付を受けることができ……上記対価は，X関係者
が自ら決定した本件公開買付けの買付価格に基づき算定されたもので，本件新
株予約権の価値に見合うものということができる。これらの事実にかんがみる
と，X関係者が受ける上記の影響を考慮しても，本件新株予約権無償割当て
が，衡平の理念に反し，相当性を欠くものとは認められない。」，「したがっ
て，X関係者が原審のいう濫用的買収者に当たるといえるか否かにかかわら
ず，これまで説示した理由により，本件新株予約権無償割当ては，株主平等の
原則の趣旨に反するものではなく，法令等に違反しないというべきである。」

(ii)著しく不公正な方法によるものとの主張について「本件新株予約権無償割
当ては，突然本件公開買付けが実行され，XによるY会社の経営支配権の取得
の可能性が現に生じたため，株主総会においてY会社の企業価値のき損を防
ぎ，Y会社の利益ひいては株主の共同の利益の侵害を防ぐためには多額の支出
をしてもこれを採用する必要があると判断されて行われたものであり，緊急の
事態に対処するための措置であること，前記のとおり，X関係者に割り当てら
れた本件新株予約権に対してはその価値に見合う対価が支払われることも考慮
すれば，対応策が事前に定められ，それが示されていなかったからといって，
本件新株予約権無償割当てを著しく不公正な方法によるものということはでき
ない。」

②有事の防衛策　(a)新株予約権の第三者割当て　有事に新株予約権を第
三者割当により発行することが不公正発行（会社247条2号）にあたるかどうか
が争われた事例で，平成17年東京高裁決定[34]（前掲ニッポン放送事件）は，前記の
第三者割当による新株発行の場合と同様に主要目的ルールの適用があることを
明らかにしたうえで，株式の敵対的買収に対抗して現経営陣に事実上の影響力

を及ぼす関係にある特定の株主による経営支配権を確保することを主要な目的とする新株予約権の発行は不公正発行にあたると判示した。これは，機関権限の分配秩序維持を根拠として，会社の支配権争いの帰趨は原則として株主総会での決議を通じて表明される株主の意思により決するべきであるという考えを前提とする。このニッポン放送事件決定は，例外的に，経営支配権の維持・確保を主要な目的とする発行も不公正発行に該当しない特段の事情として，会社を食い物にしようとしている場合が挙げられている。

　(b)株式分割　　買収対象会社の株式を多数取得して当該会社の筆頭株主となった買収会社が，業務提携の協議を申し入れたところ，対象会社の取締役会において「事前の情報提供に関する一定のルール」（本件大規模買付ルール）を導入し，十分な情報提供と一定の評価期間を求め，そのルールの不遵守の場合に，その対抗策として一定の基準日の株主に対する株式分割を決定する旨を公表した事例として，東京地決平17・7・29判時1909号87頁（日本技術開発事件）がある。

　上記事例において，上記ルールの公表後，買収会社は対象会社の要求を拒絶したので，対象会社の取締役会が株式分割の決議をしたのに対し，買収会社は対象会社株式の公開買付けを開始し，また，当該株式分割の差止仮処分の申立をしたところ，本件東京地裁は，「企業の経営支配権の争いがある場合に，現経営陣と敵対的買収者……のいずれに経営を委ねるべきかの判断は，株主によってされるべきであるところ，取締役会は，株主が適切にこの判断を行うことができるよう，必要な情報を提供し，かつ，相当な考慮期間を確保するためにその権限を行使することが許されるといえる。」，「そうであれば，取締役会としては，株主に対して適切な情報提供を行い，その適切な判断を可能とするという目的で，敵対的買収者に対して事業計画の提案と相当な検討期間の設定を任意で要求することができるのみならず，合理的な要求に応じない買収者に対しては，……必要な情報提供と相当な検討期間を得られないことを理由に株主全体の利益保護の観点から相当な手段をとることが許容される場合も存するというべきである。」，「取締役会が本件株式分割を決議した意図（取締役会の保身を図るものとは認められず，経営権の帰属に関する株主の適切な判断を可能とするも

のであること），既存株主に与える不利益の有無及び程度（株主の権利の実質的変動をもたらすものではないこと）並びに本件公開買付けに対して及ぼす効果（本件株式分割が本件公開買付けの効力の発生を定時株主総会以降まで引き延ばすものにすぎず，その目的の達成を法的に妨げる効果を有するものとは認められないこと）の観点からみて，本件株式分割が，証券取引法の趣旨や権限分配の法意に反するものとして，直ちに相当性を欠き，取締役会がその権限を濫用したものとまでいうことはできない。」として，本件株式分割を適法と認めている。

　本決定は，適切な情報提供と相当な検討期間の要求に応じずに買収者の開始した公開買付けに対抗して，買収対象会社の取締役会が決議した株式分割を認めたものであるが，後述（ウ）の事前警告型防衛策の導入につながる裁判例といえる。

　(c)新株予約権無償割当て　　平成19年の前掲最高裁決定（前掲ブルドックソース事件）[35]は，敵対的な公開買付けに対抗してなされた新株予約権無償割当て（会社277条）が，当該買収者の新株予約権の行使条件・取得条項が差別的な取扱いの内容（新株予約権を行使できず，その対価として金銭が支払われる）であった場合について，株主平等の原則（会社109条1項）の趣旨は新株予約権無償割当ての場合についても及ぶことを認めるけれども（会社278条2項参照），特定の株主による経営支配権の取得により会社の企業価値が毀損される場合には，衡平の理念に反し相当性を欠くものでないかぎり，当該株主の差別的取扱いが同原則の趣旨に反するものということはできず，また，会社の企業価値が毀損されるか否かについては，最終的には，会社の利益の帰属主体である株主自身すなわち株主総会により判断されるべきものであると判示して（本件総会では議決権総数の約83.4パーセントの賛成をえて可決され，その手続に適正を欠く点がなかったとする），新株予約権無償割当ての差止仮処分命令の申立てを却下した（本件事案では，会社が買収者の新株予約権について本件公開買付け当初の買付価格の4分の1に相当する金銭を交付するので，買収者の経済的損失は生じない）。

　この最高裁決定は，敵対的企業買収に対して差別的行使条件を内容とする新株予約権に株主平等の原則の趣旨が及ぶことを前提としている点で，買収対象会社の経営陣にとって厳しい要件が課される可能性が指摘されるが，ニッポン

放送事件決定によって要求される不公正発行に該当しない特段の事情を会社側の経営陣が立証する責任を負わされることと比べて，株主総会の承認を得れば不公正発行とはならないと解される点で，敵対的企業買収に対抗するための新株予約権の利用が容易となる。ただし，本決定は，株主総会の決議要件（普通決議でもよいのか）・差別的条件の相当性の基準について不明確であるとの指摘もなされうる。

　（イ）平時の防衛策　　　新株予約権の発行の場合には，新株予約権が多様な目的で利用することが認められ，原則として資金調達の必要性は要求されないと解されることから，平時に第三者割当てなどの方法で発行する場合に何が適正な目的であるかについて問題となる。[36]

　平時導入型の防衛策として，濫用的な敵対的買収者の出現の場合にその買収者の保有割合を希釈して現経営者・その支持株主の経営支配権を維持することを目的とする新株予約権（ポイズン・ピル）が，基準日における株主名簿上の株主に対し 1 株につき 2 個の割合で無償割当て（会社277条以下）された事例で，平成17年の東京高裁決定（ニレコ事件）[37]は，株式分割と同様に会社資産に増加がないのに，現実に当該新株予約権が行使されて新株が発行されたときには，会社の株式の価額は相当程度大幅な下落の可能性があり，当該新株予約権は，基準日以後の株式の移転に随伴しないことから株価を低迷させ，また既存株主は本件新株予約権の譲渡が禁止されているため，敵対的買収者が出現して新株が発行されないかぎりは，新株予約権を譲渡することにより，上記のような株価低迷に対する損失を填補する手立てはなく，既存株主は予測し難い損害を被るものであるから，取締役会に与えられている権限（新株予約権無償割当て・譲渡制限を付する権限）を逸脱してなされた著しく不公正な方法によるものであるとして，その発行の差止め（会社247条対比）を認めた。

　この東京高裁決定は，既存株主が予測し難い損害を被るという面から，不公正の判断を行っており，現経営者の支配権維持の目的の存在を直接の理由とはしていない。本決定によれば，平時導入型の防衛策として譲渡制限付きの新株予約権の無償割当てを導入時に行うことは，買収者以外の株主も損害を被ってしまうので，認められないことになる。

（ウ）事前警告型防衛策　①意義　　事前警告型防衛策とは，買収者が出現したとき（たとえば対象会社の株式の20パーセント以上の取得または公開買付けがなされた場合），その者に対し買収後の事業計画の提案等の情報提供，当該提案を対象会社の取締役会が検討する期間（一般的に60日ないし90日）の確保を要求し，その要求に応じないときは差別的な内容の新株予約権（買収者以外の株主のみが行使できるとする差別的行使条件，あるいは買収者以外の株主のみが普通株式を対価として取得できるとする差別的取得条項）の無償割当等の対抗策を発動する旨をあらかじめ公表するという防衛策である。これは，防衛策導入の公表時には無償割当等を行わず，将来その発動をすることがあることを警告するだけであるから，事前警告型と呼ばれる。現在の上場会社のなかには，この防衛策を導入する会社が多い。

　②株主による判断と特別委員会　　事前警告型防衛策は，買収者が必要な情報提供等をした場合には，原則として防衛策を発動せず，買収に応じるか否かについての判断は株主にゆだねられるものとされている。なお，社外取締役・社外監査役・外部の有識者からなる特別委員会（あるいは第三者委員会）を設けて，この委員会の勧告に基づいて防衛策の発動をする旨の定めがなされることが多い。取締役会が恣意的に発動しないようにするためである。また，株主総会で防衛策導入の承認がなされ，通常，防衛策の有効期間（1年ないし3年）が満了後，再び株主総会の承認をえるものとされている。

30)　東京地決平1・9・5判時1323号48頁（宮入バルブ第二事件），東京高決平16・8・4金判1201号4頁（前掲ベルシステム24事件），大阪地決平16・9・27金判1204号6頁（ダイソー事件）。

31)　東京地決平1・7・25判時1317号28頁（忠実屋・いなげや事件），東京地決平10・6・11資料版商事173号193頁（ネミック・ラムダ事件）。

32)　東京地判平4・9・1判時1463号154頁。

33)　千葉地判平8・8・28判時1591号113頁。

34)　東京高決平17・3・23判時1899号56頁。

35)　最決平19・8・7民集61巻5号2215頁。

36)　買収防衛策は，事業報告への記載が要求される（会社則118条3号ロハ）。

37)　東京高決平17・6・15判時1900号156頁。

38)　東京高決平17・6・15判時1900号156頁（前掲ニレコ事件）の事案では，利害関係の

ない有識者，弁護士または公認会計士2名以上3名以内の委員からなる特別委員会を最大限尊重する旨のガイドラインを定めていた。

6　企業買収における取締役の義務と責任

（1）取締役の義務と責任に関する一般規定

　企業買収が行われる場合に，買収対象会社の取締役が買収後の会社の役職の確保や何らかの報酬の確保をすることなどによって，会社の株主と取締役との間に利益相反の問題が生じる。特に，対象会社の経営陣との交渉による合意に基づかない敵対的買収に対して買収防衛策がとられる場合には，株主と取締役との間に利益相反関係が特に顕著なものとなる。

　このような企業買収の場面における取締役の義務については，会社法は，取締役の会社に対する善管注意義務（会社330条，民644条）および忠実義務（会社355条）に関する一般的規定をし，また，取締役が会社との関係で利益相反取引をする場合について規律しているにすぎない（会社356条1項2号3号）。しかし，取締役が株主に対して義務を負うとする明文の一般規定はない[39]。

　取締役の義務違反による責任については，会社法は，取締役の会社に対する責任（会社423条）を規定し，対象会社の損害について，その会社の株主が事後の取締役の損害賠償責任を株主代表訴訟により追及する方法が規定される（会社847条～847条の3）。また，取締役の第三者に対する責任（会社429条）により，対象会社の株主が取締役の行為により被った損害について取締役に対して直接に責任を追及することが認められる。さらに，不法行為の一般規定（民709条）によっても，取締役や支配株主が株主等に対して不法行為責任を負わされうる。

（2）株式の有利発行に対する取締役の責任

　株主総会の特別決議を経ずに株式の有利発行を行う場合（会社199条2項3項・201条1項・309条2項5号），これにより会社・株主に何らかの損害が発生したとき，取締役は会社に対して損害賠償責任を負うのか，あるいは対第三者責

任規定（会社429条1項）により株主に対して直接に責任を負うのかについて，従来，裁判例・学説において問題とされてきた。

　裁判例として，違法な有利発行の場合に，会社が公正な発行価額と実際の発行価額との差額の損害を被ったとして，株主の代表訴訟による取締役に対する損害賠償請求を認容したものがある[40]。他方，違法な有利発行の場合において株主の取締役に対する損害賠償請求を認容したものもある[41]。しかし，裁判例がそれぞれの請求を認める理論的根拠は，必ずしも明確ではない。

　これに対し，従来の学説は，①違法な有利発行によって，会社は公正な払込金額と実際の払込金額と差額分の損害を被り，その反射的効果として株主に損害（いわゆる間接損害）が生じると解する間接損害説（従来の伝統的な多数説）と，②会社がその予定額が調達できれば会社に損害が生じたということはないが，公正な払込金額の場合であれば予定額を調達するために，より少ない株式数でよかったのであるから，有利発行によって既存株主に希薄化による損害を与えたことになり，株主が直接損害を被ると解する直接損害説とに大別される[42]。間接損害説によれば，原則として，間接損害については株主代表訴訟により取締役の会社に対する責任が追及されることになり，取締役は対第三者責任規定（会社429条1項）により株主に対して直接責任を負わないと解されることになる。他方，直接損害説によれば，株主代表訴訟による責任追及は否定され，株主は対第三者責任規定（会社429条1項）により取締役に対して直接の損害賠償請求をすることが認められると解されることになるであろう。株主代表訴訟，取締役の第三者に対する責任規定および不法行為規定などの法規整の相互間の整合性を考えれば，間接損害説の立場のほうが妥当であると考える[43]。

（3）MBO 等の場面における対象会社の取締役の義務と責任

　（ア）取締役・株主間の構造上の利益相反関係　　わが国における MBO は，出資者が取締役のみである場合は少なく，多くの場合において，取締役と投資ファンド等が共同して MBO が行われているといわれる。このような MBO の場面において，対象会社の経営者自身が買収者と同一視できるときには，通常の企業買収と比べて，経営者は株主との間で潜在的に利益相反となる可能性が

高くなり，また，対象会社に関する正確かつ豊富な情報を有している取締役（株式の買付者側）と株主（株式の売却者側）との間には大きな情報の非対称性が存在し，低く設定される買付価格の妥当性などについて株主・投資家が適切に判断を下すことが難しいという問題がある。

　さらに，親会社が，上場子会社の完全子会社化を目指して株式の買付けを実施するなどのように，支配会社と従属会社の関係にある会社間で組織再編が行われる場合にも，上記の MBO の場合と同様の問題が生じ，すでに親会社の支配下にある子会社の取締役会が，少数株主利益の最大化よりも親会社の意向を優先し，買付価格を低く設定する危険が存在し，この場合にも子会社の取締役と株主との間に利益相反が存在する。

　（イ）株主の共同利益の配慮義務　　MBO に関する裁判例として，レックス・ホールディングス損害賠償請求事件がある。本件は，上場会社の MBO を実施するために設立された受皿会社が株式公開買付けを行い，株式公開買付け後にその対象会社において全部取得条項付種類株式の取得が行われ，その後に対象会社は受皿会社に吸収合併されたが，対象会社の株主が本件 MBO 実施によりその所有する株式を低廉な価格で手放すことを余儀なくされ，適正な価格との差額分の損害を被ったと主張して，対象会社の取締役らに対し会社法429条または民法709条に基づき損害賠償金等の支払いを求めて，訴えを提起された事案がある。

　本件事案で，裁判所は，取締役が株主の共同利益の配慮義務を負うことを認め，取締役が当該配慮義務に違反した場合には，善管注意義務・忠実義務違反を理由として責任を負う場合があることを明らかにしているが，取締役らに義務違反があったとは認められないとして，株主の損害賠償請求を棄却している[44]。本件裁判例は，会社法の枠組みと整合的な方法で株主への義務を導くために，営利会社は企業価値の向上を通じて株主の共同利益を図ることが一般的な目的となることを根拠に，取締役は会社に対する善管注意義務・忠実義務の一環として，株主の共同利益に配慮する義務を負うとしている。また，株主の共同利益の配慮義務の具体的内容として，公正価格移転義務および適正情報開示義務を認めている[45]。

（ウ）取締役の会社に対する責任　　MBO の頓挫を理由とする取締役の会社に
対する損害賠償責任に関する裁判例として，取締役兼執行役らが取締役の善管
注意義務違反ないし忠実義務違反（公開買付価格への不当介入等による義務違反）
に当たる行為をし，そのために本件 MBO が第一段階で頓挫したことから，対
象会社が無駄な費用を支出したことなどを主張して，株主代表訴訟が提起され
た事案において，裁判所は，本件 MBO の公正が疑われたことにより，対象会
社がその検証・調査等のために支出を余儀なくされた費用を，会社が被った損
害として，賠償すべき義務を負うと判示する。[46]

39) 取締役は株主に対して誠実義務を負うとか，株主の共同の利益に配慮する義務あるい
　　は株主全体の利益を最大化する義務を負うとする諸見解が，近時，主張されている。学
　　説について，畠田・会社の目的210頁・215頁参照。
40) 東京地判平12・7・27判タ1056号246頁，東京地判平24・3・15判時2150号127頁。
41) 東京地判昭56・6・12判時1023号116頁，京都地判平4・8・5判時1440号129頁，東
　　京地判平4・9・1判時1463号154頁，大阪高判平11・6・17判時1717号144頁等。
42) 学説について，畠田・会社の目的211頁—213頁参照。
43) ただし，取締役と支配株主とが一体である閉鎖的会社において少数株主の被る損害
　　や，会社の支配権維持のためなどのような不公正発行の場合において株主の被る損害に
　　ついては，取締役の任務懈怠行為と株主の損害との間に相当因果関係があるかぎり，対
　　第三者責任の規定を適用することが認められるものと解すべきである。畠田・会社の目
　　的213頁。
44) 東京高判平25・4・17金判1420号20頁（レックス・ホールディングス損害賠償請求事
　　件），東京地判平23・2・18金判1363号48頁（レックス・ホールディングス損害賠償請
　　求事件原審判決）。レックス・ホールディングス損害賠償請求事件原審判決は，株主共
　　同の利益に配慮する義務に違反するか否かについて，具体的な基準を提示している。
45) 東京高判平25・4・17金判1420号20頁（レックス・ホールディングス損害賠償請求事
　　件）。同判決は，価格交渉義務を否定する。なお，大阪高判平27・10・29判時2285号117
　　頁（シャルレ株主代表訴訟事件）は，取締役の情報開示義務違反に該当する事実を認め
　　なかった。
46) 大阪高判平27・10・29判時2285号117頁（シャルレ株主代表訴訟事件）。

問　　題
1　友好的買収方法と敵対的買収方法についての種類および違いは何であるか。

2　A株式会社は，B株式会社の発行済株式総数の約40パーセントを所有していたが，A会社とB会社の代表取締役社長Cとの間において，B会社の経営方針等をめぐって確執が生じるようになった。B会社の取締役会において，D会社と包括的業務提携のための資金調達の必要性が説明され，募集株式の発行が承認された。本件株式発行の具体的内容は，B会社が普通株式2万株を発行し，そのすべてをD会社に1株につき5万円で引き受けるものであった。本件株式発行による発行予定株数は，従来の発行済株式総数の約110パーセントに相当し，A会社のB会社に対する株式保有割合は，約40パーセントから約20パーセントへと減少する一方，D会社の保有割合は約51パーセントとなる状態であった。

(1)　A会社のB会社に対する株式発行の差止めは認められるか。

(2)　募集株式の発行により差止めを求める株主の持株比率が下がっても，当該株主の持株状況は，持株比率が10パーセントから8パーセントに低下するにすぎなく，直ちに支配権に関する争いが生じない場合に，不公正発行とはならないか。

3　X株式会社は，これまで企業買収を繰り返して急成長してきた後，Y株式会社の発行済株式総数の30パーセントを買い占めた。これに対する対抗措置として，Y会社の取締役会は，同じ企業グループに属するA会社に，発行済株式総数の1.5倍の株式を目的とする新株予約権を発行する決議をした。そこで，X会社は，旧態依然としたY会社の経営陣が企業価値の向上を目指さず，経営支配権の維持・確保を目的とした新株予約権の発行をするものであるとして，新株予約権の発行の差止めの仮処分の申立てを行った。これに対し，Y会社は，X会社による買収はA会社の企業価値を毀損するものであると主張して仮処分異議の申立てをした。Y会社の異議の申立ては，認められるか。

4　企業への投資を目的とするX株式会社は，Y株式会社の発行済株式総数の10パーセント保有していたが，Y会社の発行済株式のすべてを取得することを目的とする公開買付けを行う旨の公告をし，公開買付の開始を行った。X会社の提出した質問回答報告書には投下資本の回収方針については具体的な記載がなかったため，Y会社の取締役会は，本件公開買付けは，Y会社の企業価値を毀損し，Y会社の利益ひいては株主の共同の利益を害するものと判断し，本件公開買付けに対する対応策として，Y会社の株主総会の特別決議により，新株予約権無償割当ての議案が，出席した株主の議決権の約75パーセント，議決権総数の約70パーセントの賛成により可決された。本件新株予約権無償割当ては，基準日の最終の株主名簿に記載された株主に対し，その有するY会社株式1株につき2個の割合で割り当て，払込金額は株式1株当たり1円とされ，X会社は非適格者として本件新株予約権を行使する

ことができないとされ，また，Ｙ会社は，Ｘ関係者の有する本件新株予約権を取得しその対価として本件新株予約権１個につき本件公開買付けの買付価格の４分の１に相当する金銭を交付することができ，さらに，譲渡による本件新株予約権の取得についてはＹ会社取締役会の承認を要するというものであった。Ｘ会社は，本件新株予約権無償割当てには会社法247条の規定が適用または類推適用されるところ，その無償割当ては株主平等の原則に反して法令・定款に違反し，かつ，著しく不公正な方法によるものであるなどと主張して，差止めを求める仮処分命令の申立てをした。Ｘ会社の申立ては認められるか。

主要参考文献

[概説書]（紙幅の関係で平成26年会社法に関するものを掲載する）

伊藤靖史＝伊藤雄司＝大杉謙一＝齋藤真紀＝田中亘＝松井秀征『事例で考える会社法〔第2版〕』（有斐閣，2015年）

伊藤靖史＝大杉謙一＝田中亘＝松井秀征『会社法〔第3版〕』（有斐閣，2015年）

江頭憲治郎『株式会社法〔第6版〕』（有斐閣，2015年）

落合誠一『会社法要説〔第2版〕』（有斐閣，2016年）

川村正幸＝仮屋広郷＝酒井太郎『詳説会社法』（中央経済社，2016年）

神田秀樹『会社法〔第17版〕』（弘文堂，2015年）

楠本純一郎『サマリー会社法』（中央経済社，2016年）

近藤光男『最新株式会社法〔第8版〕』（中央経済社，2015年）

酒井太郎『会社法を学ぶ』（有斐閣，2016年）

髙橋公忠＝砂田太士＝片木晴彦＝久保寛展＝藤林大地『プリメール会社法〔新版〕』（法律文化社，2016年）

高橋美加＝笠原武朗＝久保大作＝久保田安彦『会社法』（弘文堂，2016年）

龍田節『会社法大要〔第2版〕』（有斐閣，2017年）

田中亘『会社法』（東京大学出版会，2016年）

畠田公明『株式会社のガバナンスと会社法』（中央経済社，2015年）

三浦治『基本テキスト会社法』（中央経済社，2016年）

宮島司『新会社法エッセンス〔第4版補正版〕』（弘文堂，2015年）

弥永真生『リーガルマインド会社法〔第14版〕』（有斐閣，2015年）

山本為三郎『会社法の考え方〔第9版〕』（八千代出版，2015年）

吉本健一『会社法〔第2版〕』（中央経済社，2015年）

[平成17年・26年改正立法担当者解説書・コンメンタールその他の主要な参考著書]

相澤哲編著『一問一答新会社法〔改訂版〕』（商事法務，2009年）

相澤哲＝葉玉匡美＝群谷大輔編著『論点解説　新・会社法』（商事法務，2006年）

江頭憲治郎＝森本滋編集代表『会社法コンメンタール』（商事法務，2008年～）

江頭憲治郎＝中村直人編著『論点体系会社法（1）～（6）・補巻』（第一法規，2012年，2015年）

太田洋＝中山龍太郎『敵対的M&A対応の最先端・その理論と実務』（商事法務，2005

　　　年）

黒沼悦郎『金融商品取引法』（有斐閣，2016年）

近藤光男＝吉原和志＝黒沼悦郎『金融商品取引法』（商事法務，2009年）

酒巻俊雄＝龍田節編集代表『逐条会社法』（中央経済社，2008年〜）

坂本三郎編著『一問一答平成26年改正会社法〔第2版〕』（商事法務，2015年）

武市一浩＝太田洋＝中山龍太郎編『企業買収防衛戦略』（商事法務，2004年）

田中亘編著『数字でわかる会社法』（有斐閣，2013年）

野村修也＝中東正文『M&A 判例の分析と展開』（経済法令研究会，2007年）

［その他の会社財務に関する主要な参考著書］

井出正介＝高橋文郎『経営財務入門〔第4版〕』（日本経済新聞出版社，2009年）

伊藤邦雄『新企業価値評価』（日本経済新聞出版社，2015年）

砂川伸幸『コーポレート・ファイナンス入門〔第2版〕』（日本経済新聞出版社，2017
　　　年）

［判例研究・判例集および演習教材］

岩原紳作＝神作裕之＝藤田友敬編『会社法判例百選〔第3版〕』（有斐閣，2016年）

前田雅弘＝洲崎博史＝北村雅史『会社法事例演習教材〔第3版〕』（有斐閣，2016年）

弥永真生『演習会社法〔第2版〕』（有斐閣，2010年）

山下友信＝神田秀樹編『商法判例集〔第6版〕』（有斐閣，2014年）

索　　引

■ 著者紹介

畠 田 公 明（はただ　こうめい）

　1953年　福岡生まれ
　1976年　福岡大学法学部法律学科卒業
　1982年　福岡大学大学院法学研究科民刑事法専攻博士課程後期単位取得満期退学
　1998年　福岡大学法学部教授
　2004年　福岡大学大学院法曹実務科法務専攻（専門職学位課程）教授
　現　在　福岡大学法学部教授，博士（法学）
　　　　　米国カリフォルニア大学バークレー校ロースクール客員研究員（1991〜1992年）
　　　　　米国コロンビア大学ロースクール客員研究員（2001〜2002年）

主要著作
　『コーポレート・ガバナンスにおける取締役の責任制度』（法律文化社，2002年）
　『商法・会社法総則講義』（中央経済社，2008年）
　『なるほど！法律学入門』（共編著，法律文化社，2009年）
　『会社法講義・I・II』（中央経済社，2009年，2010年）
　『商取引法講義』（中央経済社，2011年）
　『会社の目的と取締役の義務・責任― CSR をめぐる法的考察』（中央経済社，2014年）
　『株式会社のガバナンスと会社法』（中央経済社，2015年）

Horitsu Bunka Sha

会社法のファイナンスと M&A

2017年10月10日　初版第1刷発行

著　者　畠　田　公　明

発行者　田　靡　純　子

発行所　株式会社　法律文化社

〒603-8053
京都市北区上賀茂岩ヶ垣内町71
電話 075(791)7131　FAX 075(721)8400
http://www.hou-bun.com/

＊乱丁など不良本がありましたら、ご連絡ください。
お取り替えいたします。

印刷：中村印刷㈱／製本：㈱吉田三誠堂製本所
装幀：仁井谷伴子

ISBN 978-4-589-03869-2

Ⓒ2017　Koumei Hatada Printed in Japan